JOHANN HEINRICH FÜSSLI
DAS VERLORENE PARADIES

JOHANN HEINRICH FÜSSLI

DAS VERLORENE PARADIES

Christoph Becker
mit Beiträgen von Claudia Hattendorff

Verlag Gerd Hatje

INHALT

JOHANN HEINRICH FÜSSLI – LEBEN UND MEINUNGEN

»Zeit und Handlung sind das Medium der Dichtung, das der Bildenden Künste sind Raum und Gestalt. Die Dichtung erreicht dann ihren Höhepunkt, wenn ihre Hand die Zeit stillstehen läßt und die Handlung leibhaftig darstellt. Der Höhepunkt der bildenden Künste wird dagegen erreicht, wenn sie dem Marmor oder der Leinwand Flügel verleihen und vom gegenwärtigen Augenblick her Strahlen in die Vergangenheit zurück und in die Zukunft voraussenden.«
Johann Heinrich Füssli, Aphorismen, Nr. 239

In Füsslis Biographie, die auf den ersten Blick ein wenig verwickelt wirkt, lassen sich fünf Lebensabschnitte ausmachen, die jeweils mit verschiedenen Orten verknüpft sind: Seine Jugend verbrachte er in Zürich und ging 1764 zu einem ersten, sechs Jahre dauernden Aufenthalt nach England, zog von dort 1770 für acht Jahre nach Italien, kam 1778 in die Schweiz zurück und ging 1779 erneut nach England, wo er bis zu seinem Tod im Jahr 1825 lebte. In dieser zweiten Londoner Zeit entstanden die meisten seiner Hauptwerke, darunter auch die Gemälde zu seiner Milton-Galerie.

Aufgewachsen ist Johann Heinrich Füssli in Zürich, wo er am 6. Februar 1741 als Sohn des Malers und Gelehrten Johann Caspar Füssli d. Ä. (1706–1782) geboren wird. Mit zehn Jahren beginnt er nach deutschen und niederländischen Zeichnungen Kopien anzufertigen. Sein Vater bestimmt ihn zu einer geistlichen Laufbahn, und nach seinem Theologiestudium erhält Johann Heinrich 1761 die Ordination. Er gehört mit Felix Hess zum Kreis von Johann Jacob Bodmer (1698–1783) und Johann Caspar Lavater (1741–1801), den wichtigsten Vertretern der Aufklärung in der Schweiz, mit denen er sich 1762 an die Spitze einer Freiheitsbewegung gegen einen despotischen Landvogt setzt. Ein gemeinsam verfaßtes Pamphlet führt zur Ausweisung und einem vorübergehenden Exil in Berlin, wo er sich im Kreis von Johann Georg Sulzer aufhält (Kat.Nr. 1–3).[1]

Von Berlin bricht Füssli 1764 nach England auf.[2] Dieser erste Aufenthalt in London ist von editorischen Arbeiten bestimmt, und es ist Füsslis Verdienst, die neueste theoretische Kunstliteratur jener Zeit in England eingeführt zu haben. 1765 erscheint seine Überset-

James Northcote
Bildnis Johann Heinrich Füssli
1778
Öl auf Leinwand, 77 x 64 cm
Standort unbekannt

Kat.Nr. 1
Johann Caspar Lavater, Felix Hess und Heinrich Füessly bey Spalding zu Barth in Schwedisch Pommern im Jahr 1763
Kupferstich von Christian von Mechel (1810) nach einem nicht erhaltenen Grisaille-Gemälde Füsslis von 1763, 46 x 63 cm
Staatsgalerie Stuttgart, Graphische Sammlung, Inv.Nr. A 46847
Schiff 288; Weinglass 1994, Nr. 289

Kat.Nr. 2
Porträt Johann Jakob Bodmer, Kopf en face mit Mütze, 1778–1779
Bleistift, 24,4 x 30,5 cm, in ovalem Passepartout von 27 cm Höhe
London, National Portrait Gallery, Gallery Number 3027
Schiff 581

Kat.Nr. 3
Selbstbildnis Füsslis (?), um 1777
Schwarze und weiße Kreide, 32,4 x 50,2 cm
London, National Portrait Gallery, Gallery Number 4538
Schiff 1743

zung der »Gedanken über die Nachahmung der griechischen Werke in Malerei und Bildhauerkunst« von Johann Joachim Winckelmann (1717–1768), und gleichzeitig arbeitet er an der Übertragung von Winckelmanns »Geschichte der Kunst des Alterthums«. Neben seinen schriftstellerischen Aktivitäten entsteht allmählich sein Profil als bildender Künstler, vor allem unter dem Einfluß von Sir Joshua Reynolds, der ihn bestärkt, Maler zu werden. Die Bekanntschaft mit dem Bankier Thomas Coutts führt ihn in die Kreise der Hochfinanz und der Aristokratie, zugleich pflegt er Umgang mit dem Schauspieler David Garrick, dessen Shakespeare-Interpretationen er bewundert. Erste Illustrationsaufträge stellen sich ein. Aber erst sein Aufenthalt in Italien wird den Durchbruch in seiner künstlerischen Entwicklung bringen.[3] An Lavater schreibt er aus London am 23. Juni 1763:
»Es ist itzt mein fester Entschluß, seitdem ich mich in den Anfangsgründen des Ölmalens geübet und ein paar Gemälde gesudelt, für zwei oder drei Jahre nach Italien zu gehn. Die Freunde, die ich in England gemachet, und die Meinung, die ich hier Mittel gefunden von meinem Talente festzusetzen, versprechen mir, Gott gnädig, viel –«[4] Erst sieben Jahre später realisiert er das Vorhaben und geht nach Rom, wo er sich vorwiegend im großen und lebhaften Zirkel deutschsprachiger Künstler um den Bildhauer Tobias Sergel (1740–1814) bewegt (Kat.Nr. 4).[5] Seine Einstellung zur bildenden Kunst ändert sich. Das wichtigste Indiz ist die scharfe Kritik an Anton Raphael Mengs, dem wichtigsten Protagonisten einer Erneuerungsbewegung im Sinne klassisch-antiker Ideale, wie Winckelmann sie gefordert hatte. Der Winckelmann-Übersetzer Füssli wendet sich nun gegen den klassizistischen Theoretiker. Seine eigene Position als Künstler wird noch Gegenstand weiterer Erörterungen sein (Kapitel V und Epilog).
In Rom ist nicht nur die Antike gegenwärtig, auch andere Vorbilder sind greifbar nahe. Raffaels Darstellung der Erzengel in der »Vertreibung des Heliodor«, die Figuren Michelangelos in der Sixtinischen Kapelle, seine Darstellung von Christus und Satan und der alttestamentarischen Frauengestalten. Andere Vorbilder findet Füssli in den antiken Skulpturen

Kat.Nr. 4*
Sergels Atelier in Rom, 1775–1778
Feder, laviert, 19,9 x 27,1 cm
Stockholm, Nationalmuseum, Inv.Nr. NM 1762/1875
Schiff 566

Kat.Nr. 5*
Kopf, vielleicht angeregt durch den vorderen der Heliodor aus dem Tempel vertreibenden Genien bei Raffael, Stanza di Eliodoro, Vatikan, 1770–1778
Öl auf Leinwand, 65 x 57 cm
Weimar, Staatliche Kunstsammlungen, Inv.Nr. G 706
Schiff 362

Kat.Nr. 6*
Kopf des Ugolino, 1770–1778 (?)
Dante, Inferno XXXIII
Öl auf Leinwand, 46,5 x 37 cm
Weimar, Staatliche Kunstsammlungen, Inv.Nr. G 985
Schiff 361

Kat.Nr. 7*
Rossebändiger »opus Phidiae«, Hand- und Gesichtsskizzen, ornamentale Motive, 1770–1778
Feder, 22,5 x 19,5 cm
Florenz, Gabinetto Disegni e Stampe degli Uffizi, Inv.Nr. 6073 Horne
Schiff 635

Kat.Nr. 8*
Die Rossebändiger vom Montecavallo auf Sockeln im Meer, 1810–1825
Bleistift, aquarelliert, 46,6 x 31,0 cm
Auckland Art Gallery, New Zealand, Inv.Nr. 1965-72
Schiff 1826

Kat.Nr. 9
Freie Kopie der Leda des Michelangelo, 1770–1778
Kreide, 45,5 x 58,5 cm
Basel, Öffentliche Kunstsammlung, Kupferstichkabinett
Schiff 682

und Reliefs, vor allem bei den Rossebändigern auf dem Kapitol (Kat.Nr. 7 und 8), die in fast obsessiven Wiederholungen in seinem Werk auftauchen. Neben den Studien nach den Vorbildern setzt die Serie erotischer Zeichnungen ein, die sein gesamtes Schaffen durchzieht (mehr dazu in dem Kapitel »Der andere Eros«).

Um die Mitte der siebziger Jahre hatte sich Füssli endgültig entschlossen, als bildender Künstler zu arbeiten. Im Gegensatz zu den meisten seiner Künstlerkollegen war er ohne eine akademische Ausbildung nach Rom gekommen. Freunde ermutigen ihn, Gemälde nach London zu schicken, und 1774 nimmt er mit einem Bild an der Jahresausstellung der Royal Academy teil.[6]

Von einem engeren Kontakt zu dem schon berühmten Klassizisten Jacques-Louis David (1748–1825), der sich gleichfalls in Rom aufhält, ist nichts Näheres bekannt, obwohl die beiden Künstler sich in der überschaubaren Künstlergemeinde kaum verfehlt haben dürften. In Deutschland wird Goethe auf Füssli aufmerksam und bittet Lavater, ihm Zeichnungen zu schicken. Goethe ändert seine Meinung über Füssli mehrfach, was symptomatisch ist für die zeitgenössische Rezeption von dessen Kunst: »Was für ein Geist und Ingenium in dem Menschen ist,«[7] schreibt er an Lavater.

Füsslis wohl bekannteste Zeichnung jener Zeit ist »Der Künstler, verzweifelnd vor der Größe der antiken Trümmer« (Kat.Nr. 10). Die monumentalen Fragmente – der abgebrochene Fuß der kolossalen Konstantin-Statue – repräsentieren »die Antike«, die ihrer Wiedergeburt harrt. Stets wird die Zeichnung so interpretiert, als sei das Ideal antiker Größe unerreichbar für den zeitgenössischen Betrachter, der darüber in tiefe Schwermut verfällt.[8] Aber schwingt, angesichts des fragmentarischen Zustands der »Antike« und der Bemühungen von Füsslis Zeitgenossen Mengs und Winckelmann, das antike Ideal noch zu verbessern, nicht auch Ironie mit? Traum und Imagination spielen im Werk Füsslis eine wichtige Rolle und könnten in diesem Zusammenhang eine neue Perspektive eröffnen, denn Füsslis Antikenrezeption ist schon in Rom anti-positivistisch und selektiv. Zunächst sind es viele Künstler, denen sein Interesse gilt, doch konzentriert er aus den vielfältigen Eindrücken seine wesentlichen Motive und Gestaltungskriterien. Vielleicht ist das Blatt, löst man sich von dem alle Interpretationen beherrschenden Titel, auch anders zu verstehen. Der Künstler vermag die antike Welt nur *im Traum* in ganzer Größe zu erfahren. Und aus ihren Trümmern entsteht in seiner Imagination eine neue zeitgemäße, moderne Welt. Die Mischung von »Geist und Ingenium«. – Füsslis Kunst?

Im Jahr 1778 kehrt Füssli, von Italien kommend, in die Schweiz und seine Geburtsstadt Zürich zurück. Eine boshafte Karikatur illustriert sein inzwischen gebrochenes Verhältnis zur alten Heimat (Kat.Nr. 11). Unter dem Bettstuhl steht ein Nachttopf mit der Aufschrift »Switzerland«, links oben entfliegt ein geflügelter Phallus in Richtung Italien.[9] In Zürich entfaltet sich 1778/1179 ein bewegtes Liebesleben, das zwischen verschiedenen jungen Frauen oszilliert, und eine Fortsetzung seines römischen Lebensstils vor dem Hintergrund der deutschen Sturm und Drang-Bewegung sein dürfte. Die Schwestern seines Freundes Hess und die Nichte Lavaters, Anna Landolt, sind die Protagonistinnen dieser Welt (Kat.Nr. 12) und werden in einem eigenen Kapitel vorgestellt.

Füssli fühlt in seiner Heimat seine gerade errungene künstlerische Freiheit zu vielen Zwängen ausgesetzt und beschließt, wieder nach England zu gehen. Dort hat er die längste und künstlerisch fruchtbarste Zeit seines Lebens verbracht. Nach dem ersten Aufenthalt in den sechziger Jahren kommt er 1779 zurück nach London, wo er bis zu seinem Tod 1825 leben und arbeiten wird (Kat.Nr. 3).[10]

In den Augen der Engländer sollte er zu Lebzeiten stets ein Schweizer Künstler bleiben und erst nach seinem Tod wurde er allmählich zu einem der bekanntesten »English painters« des 19. Jahrhunderts. Nach seiner Ankunft kann er an alte Beziehungen anknüpfen, zu den Künstlern Thomas Lawrence, John Flaxman und William Blake, mit dem ihn seit 1787 eine

Kat.Nr. 11
Satirische Selbstkarikatur Füsslis beim Eintritt in die Schweiz nach seinem Italienaufenthalt, 1778
Feder, 24,5 x 19,3 cm
Zürich, Kunsthaus, Inv.Nr. 1938/688
Schiff 568

Kat.Nr. 12
Füssli, den Schwestern Hess vorlesend, 1779
Feder und Sepia, 36 x 30,9 cm
Zürich, Kunsthaus, Inv.Nr. 1940/126
Schiff 580

Kat.Nr. 10
Der Künstler, verzweifelnd über der Größe der antiken Trümmer, 1778–1780
Rötel, mit Sepia getönt, 42 x 35,2 cm
Zürich, Kunsthaus, Inv.Nr. 1940/144
Schiff 665

Freundschaft verbindet.[11] Sein Geld verdient er zunächst wieder als Redakteur, Zeitschriftenautor und Herausgeber; er überwacht die kritische Neuübersetzung von Homer durch William Cowper und schreibt für die Monatsschrift »Analytical Review«, die der Buchhändler Joseph Johnson herausgibt, mit dem er seit den sechziger Jahren freundschaftlich verbunden ist. Füsslis profunde Kenntnisse der Geschichte und Kunst Italiens lassen sich in den langen Essays und Rezensionen nachvollziehen, die er zu den wissenschaftlichen Publikationen befreundeter Historiker veröffentlicht.[12] Er ist nun ein Literat von Rang und scheut sich nicht mehr, mit seinem alten Lehrer Bodmer in den Diskurs unter Gleichrangigen aufzurücken (Kat.Nr. 13).[13]
Welche Fähigkeiten als Künstler hat Füssli, als er in London ankommt?
Der außerordentliche Grad seiner Bildung und ein immenses Bildgedächtnis, seine profunden Kenntnisse der deutschen, italienischen und englischen Kunst verschaffen ihm einen

Kat.Nr. 13*
Der Künstler im Gespräch mit Johann Jakob Bodmer, 1778–1781
Öl auf Leinwand, 163 x 155 cm
Zürich, Kunsthaus, Inv.Nr. 70 (der Zürcher Kunstgesellschaft 1847 geschenkt von H. Escher-Escher zum Wollenhof)
Schiff 366

beträchtlichen Vorsprung vor seinen englischen Kollegen, und obwohl er ohne akademische Ausbildung ist, hat er seine Maltechnik in Italien verbessert. Wie um seine Fähigkeiten unter Beweis zu stellen, nimmt er große Bildformate und speziell englische Themen in Angriff und gerät sofort ins Blickfeld der Öffentlichkeit. Seine ersten Bilder sind durchaus umstritten. Dem scharfen Beobachter und wichtigsten Kunstkritiker der Zeit, Horace Walpole, gefallen sie nicht, er findet sie »extravagant und lächerlich«.[14] Füssli beginnt mit Werken zu Themen aus Shakespeare und Milton.[15] Unmittelbar nach seiner Ankunft im Jahr 1779 malt er sein erstes Bild zu einem Milton-Thema »Satan flieht, von Ithuriels Speer berührt«. Es sollte den Nukleus seines größten Projekts bilden, der Milton-Galerie.

An Füssli als Maler erinnert sich sein Schüler B. R. Haydon:
»Füssli war ungefähr 5 Fuss, 5 Zoll groß, hatte eine kleine gedrungene Figur, stand fest an seiner Staffelei, malte mit der linken Hand, hielt niemals die Palette auf dem Daumen, sondern hatte sie auf seinem Stein liegen, und, da er sehr kurzsichtig war, aber zu eitel ein Glas

zu tragen, tauchte er gewöhnlich seinen wilden Pinsel in das Öl und im Dunkeln rund um die Palette fegend, nahm er einen großen Klumpen Weiß, Rot oder Blau auf, wie's gerade traf, und pflasterte den über eine Schulter oder ein Gesicht. Zuweilen bekam er es in seiner Kurzsichtigkeit fertig, einen schrecklichen Schmarren Preussischblau in das Fleisch zu setzen und dann vielleicht, den Irrtum entdeckend, ein Stück Rot zu nehmen um das Blau zu dämpfen und schließlich, es näher betrachtend, sich zu mir herumzudrehen und zu rufen: Bei Gott, das ist ein feiner Purpur, grad so wie bei Correggio, bei Gott! Und dann wieder konnte er plötzlich mit einem Zitat aus Homer, Tasso, Dante, Ovid, Vergil oder den Nibelungen herausplatzen und mich andonnern: Mal das!«[16]

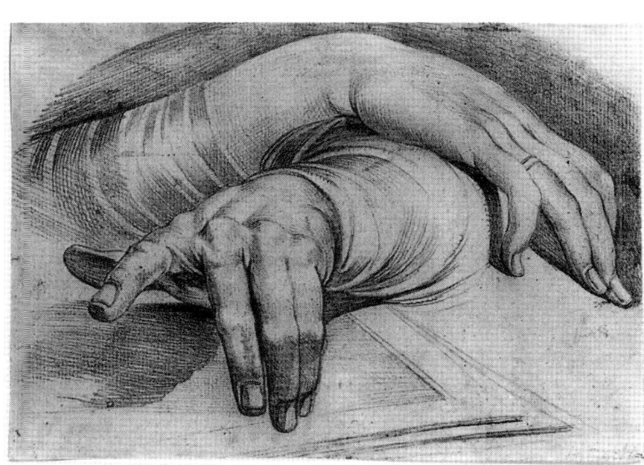

Kat.Nr. 14
Frauen- und Männerhand, gekreuzt, 1775–1779
Entwurf für die Lavater-Illustrationen 788, 972
Bleistift, 17,2 x 23,5 cm
Winterthur, Museum Oskar Reinhart am Stadtgarten

1 Jean Turner, »Fuseli and Lavater. The Personification of Character«. In: Athanor, IV (1985), S. 33–41.
2 Siehe dazu Vogel 1992, S. 302ff.
3 Nancy L. Pressly, Ausst.Kat. The Fuseli Circle in Rome. Early Romantic Art of the 1770s. New Haven, Yale Center for British Art. New Haven 1979.
4 Füssli 1942, S. 146f.
5 S. Federmann 1927, S. 45ff.
6 »Der Tod des Kardinals Beaufort«; der Auftrag wurde durch den einflußreichen englischen Gesandten Gavin Hamilton vermittelt, der Füssli in der zahlreichen englischen Gemeinde in Rom protegierte.
7 Zit. nach Schiff I 1973, S. 82, Anm. 43.
8 Weiterführend: S. G. Lindsay, »Emblematic Aspects of Fuseli's ›Artist in Despair‹«. In: Art Bulletin 68 (1986), S. 483–484; Klemm 1986, Kat.Nr. IV; Tomory 1972, S. 51 und 92.
9 Tomory 1972, S. 50, erkennt in dem geflügelten Phallus eine Anspielung auf den Chronos-Mythos in Hesiods Theogonie.
10 Über die Identität des Dargestellten wird gestritten. Einige Forscher sehen in der Zeichnung ein Porträt des Schauspielers John Cartwright (1763–1808), der zwischen 1778 und 1808 in Londoner Theatern spielte. Füssli wohnte bei Cartwright nach seiner Ankunft in London 1779 in No. 100 St. Martin's Lane. S. Ausst.Kat. Master Drawings from the National Portrait Gallery, London 1993/1994, Kat.Nr. 15, Lit. Kat. Nr. 33.
11 S. Paula Dunbar, William Blake's Illustrations of the Poetry of Milton, Oxford 1980.
12 Eine längere Rezension von William Roscoes »Lorenzo de' Medici« bei Knowles I 1831, S. 110ff.
13 S. Hahn 1982, S. 177ff.
14 Whitley 1928, S. 377.
15 Vgl. dazu den Kupferstich von Johann Heinrich Lips, »Fuessli und Bodmer«, 47 x 33,5 cm.
16 The Life of B. R. Haydon, Hrsg. T. Taylor, Band I, London 1853, S. 29, 30; zit. nach Federmann 1927, S. 55f.

I DIE MILTON-GALERIE

»Die Dinge kamen zu Raphael und Shakespear.
Michelangelo und Milton kamen zu den Dingen.«
Johann Heinrich Füssli, Aphorismen, Nr. 215

Warum Milton ?

In den Jahrzehnten zwischen 1760 und 1800 war an zeitgenössischen Lesestoffen in Europa kein Mangel. Aus dem Wust von moderner und modischer Literatur ragten ältere Texte aus dem Barock, der Renaissance und dem Mittelalter wie große fremdartige Blöcke heraus. Das Lesepublikum in den Städten kannte das Nibelungenlied, den Don Quichotte oder die Göttliche Komödie vom Titel her, aber die meisten Ausgaben waren veraltet und schwer zugänglich. Es ist ein Phänomen der Aufklärung, daß sich die Gelehrten an die Neuedition der alten Dichtungen machten. Einer von ihnen war Johann Jakob Bodmer in Zürich. Schon 1724 hatte er Texte des englischen Barockdichters John Milton aus dem Englischen übersetzt, vor allem das große Versepos Paradise Lost, um das es im folgenden gehen wird. Bodmer sah in Miltons Paradise Lost ein fast vergessenes literarisches Denkmal, das es zu retten galt, und er konnte sich auf eine allgemeine Milton-Begeisterung in der deutschen Lesewelt stützen.[1]

Das Resultat von Bodmers Arbeit ist durchaus bemerkenswert, denn trotz seiner immensen Länge bot der Text über weite Strecken eine spannende Lektüre. Allerdings verweigerten die Zürcher Zensoren zunächst die Erlaubnis zur Drucklegung, weil Miltons Schöpfungsgeschichte in vielen Einzelheiten der offiziellen Theologie zuwiderlief. Sie erschien den Zeitgenossen zu gefühlsbetont und dramatisch, zu ausschweifend und mit erotischen Anspielungen behaftet. Die Debatte schlug Wogen bis nach Frankreich, wo Voltaire scharfe Attacken gegen Miltons theologische Position führte. Erst 1732 erschien Bodmers Übertragung des Paradise Lost ins Deutsche; ihr folgten die Übersetzungen der »Großen Heidelberger Liederhandschrift« (1748), der »Odyssee« und des »Nibelungen Lied« (1755) sowie »Zwei Gesänge der Ilias« (1760).[2] Mit Bodmers Übersetzung wurde die außerordentliche stilistische Qualität von Miltons Sprache, vor allem aber seine unorthodoxe Perspektive deutlich.

Miltons Hauptwerk Paradise Lost ist die wichtigste Quelle für die Milton-Galerie Johann Heinrich Füsslis. Die Grundzüge des Textes seien deshalb in aller Kürze referiert. Die englische Originalfassung ist ein Versepos in Blankversen, das aus zwölf Büchern besteht, von denen jedes zwischen 600 und 1100 Verse umfaßt. Es entstand in den Jahren zwischen 1650 und 1665, die erste Ausgabe erschien im Jahr 1667 in London.[3] Milton erzählt die Schöpfungsgeschichte, das heißt die Vorgeschichte der Erschaffung der Welt. Seine Grundfrage ist, wie es zur Vertreibung von Adam und Eva aus dem Paradies kommen konnte. Im Kern geht es um den Widerstreit von Gut und Böse, zum einen vertreten durch Gottvater, seinen Sohn und die guten Engel, denen die abtrünnigen, gefallenen Engel gegenüberstehen. Die Gegenwelt des Himmels ist das Chaos. Herrscher in diesem dunklen Reich ist Satan. Tod und Sünde sind seine wichtigsten Verbündeten, die gefallenen Engel sind sein Heer. Die Auseinandersetzung erfolgt nicht nur direkt, in Form einer großen Schlacht, sondern auch über das ausgefeilte Werk der Verführung von Adam und Eva – Satans Versuch, Gottes größtes Werk, das Paradies, zu zerstören. Adam und Eva und ihre Verführung sind

die Katalysatoren für den Krieg der lichten und dunklen Mächte. Das Grundthema ist also voller Dramatik, und viele Passagen in Miltons Epos sind auch heute noch anregend und spannend zu lesen.
Es hatte auch vor Bodmer schon zahlreiche Ausgaben des Textes gegeben, die seit dem Ende des 17. Jahrhunderts mit Kupferstichen illustriert wurden. Erste malerische Versuche anderer Künstler zu Paradise Lost lassen sich in England in den sechziger Jahren nachweisen, so malte Hogarth, ohne offiziellen Auftrag, im Jahr 1764 eine Szene aus Miltons Epos. Doch kein Künstler sollte sich intensiver mit Milton beschäftigen als Johann Heinrich Füssli. Wann er zuerst mit Milton in Berührung kam, läßt sich nicht genau feststellen. Als junger Mann gehörte er in Zürich dem Kreis um Bodmer, Breitinger und Lavater an und wollte zunächst Schriftsteller werden; seine Gedichte sind vom Sturm und Drang und der Anakreontik beeinflußt.
Es ist sehr wahrscheinlich, daß Füssli Bodmers Übersetzung ebenso gelesen hatte wie das englische Original. Füssli faszinierte, was die Zensoren im calvinistischen Zürich bemängelt hatten: die dramatische Wucht der Erzählung, die ausschweifenden Schilderungen Satans, die erotischen Untertöne und der visionäre Anspruch, mit dem Milton die Leser in seinen Bann zog. Füssli ging später so weit, seine eigene Biographie zu der Miltons in Beziehung zu setzen. Wie erwähnt hatte er Dichter werden wollen; er war wie Milton in Italien gewesen und hatte dort die entscheidenden schöpferischen Impulse empfangen. Miltons langwierige und entbehrungsreiche Arbeit am Verlorenen Paradies verglich er schließlich mit seinem eigenen Ringen, das Projekt der Milton-Galerie zu realisieren. Füssli sah nicht zuletzt in der vermeintlichen Not des Dichters eine Parallele zu seiner notorischen Geldknappheit. Damals vermuteten die Biographen, Milton sei durch die Arbeit an seinem Text fast völlig verarmt gewesen. Tatsächlich lebte Milton nicht als armer Mann, obwohl magere 15 Pfund das Honorar aus den ersten drei Auflagen von Paradise Lost waren und der Dichter bereits vor Erscheinen der zweiten Auflage starb. Füssli war sich bewußt, daß Miltons Paradise Lost mit kritischem Blick gelesen werden mußte: »Hat nicht Miltons erhabener Geist, durch eine elende Schultheologie verführt, der göttlichen Majestät selbst Reden in den Mund gelegt, die ins Niedrige fallen?«, fragte er in einem Artikel, den er für Sulzers »Allgemeine Theorie der Schönen Künste« (1792) schrieb. Jedenfalls erfuhr der junge Künstler seine bildnerische Stimulation aus der Lektüre und begann, einzelne Szenen herauszugreifen. Die ersten Zeichnungen, die er zum Paradise Lost schuf, entstanden indessen nicht in Zürich, sondern im Jahr 1776 in Rom, und genaugenommen beschäftigten zwei Dichter Füssli damals gleichermaßen, Shakespeare und Milton. (In Rom plante er eine Shakespeare-Gedenkhalle, für die er Fresken entwarf.)
So viel zur dichterischen Vorlage. Fast zwei Jahrzehnte später, in den neunziger Jahren des 18. Jahrhunderts, wurden Miltons Werke und das Leben des Dichters zum zentralen Thema von Füsslis Kunst. Über fünfzig Gemälde und ungefähr hundert Zeichnungen hat Füssli zu Milton geschaffen, und im Zentrum dieser Auseinandersetzung steht die Milton-Galerie, eines der größten künstlerischen Projekte der Zeit um 1800.[4] Der Schauplatz der Entstehung ist London. Als Füssli im Jahr 1779 zum zweiten Mal in der englischen Hauptstadt Fuß faßte, konnte er an viele Bekanntschaften und Freundschaften aus seinem ersten Aufenthalt anknüpfen. Die folgenden Personen sind für die Genese der Milton-Galerie von besonderem Interesse:

Mr. John Boydell (1719–1804), Erfinder der Shakespeare-Galerie,
für die er 150.000 Pfund zusammenbrachte.

Mr. Joseph Johnson (1737–1809), Buchhändler und Verleger in London, Anreger zur Milton-Galerie.
Mr. William Roscoe (1753–1831), treuer Freund und Geldgeber.
Mr. Moses Haughton (1772 – um 1848), Kupferstecher.
Mr. Thomas Coutts (1735–1822), Bankier, Vater von zwei Töchtern.
Miss Mary Wollstonecraft (1759–1797), Geliebte (?), Blaustrumpf, unkonventionelle Anhängerin der bürgerlichen Revolution.
Mrs. Henry Fuseli, geb. Sophia Rawlins, Füsslis Gemahlin, Modell, Inspirationsquelle.

Die Milton-Galerie als Projekt

»Der allein kann konzipieren und komponieren, der mit einem Mal ein Ganzes vor sich sieht.«
Johann Heinrich Füssli, Aphorismen, Nr. 72

In London kam Füssli im Jahr 1786 in Kontakt mit dem Verleger und Künstler John Boydell und dessen Idee zu einer großen Shakespeare-Gesamtausgabe, zu der die wichtigsten englischen Künstler Stichvorlagen liefern sollten. Diese sogenannte Shakespeare-Galerie war kurz nach 1800 mit 170 Werken abgeschlossen, darunter neun Gemälde von Füssli.[5] Der Ort für solche Unternehmungen war die Londoner Buchhandlung, die Joseph Johnson im Jahr 1790 gründete. Johnson wirkte auch als Verleger, was damals die Regel war, und war zuvor durch die Veröffentlichung der Gedichte von William Cowper und Erasmus Darwin bekannt geworden.

Großangelegte Serien von Gemälden oder Graphiken zu einem bestimmten Thema oder Autor waren zu Füsslis Zeit keine Ausnahme, obwohl die Shakespeare-Galerie bis dahin das größte Projekt dieser Art war. Der Erfolg von Boydells und Johnsons Unternehmung verlockte zu neuen Überlegungen, denn zahlreiche Subskribenten sorgten für die finanzielle Sicherheit der Beteiligten. Johnson als Verleger regte daraufhin eine vergleichbare Ausgabe zu den Werken John Miltons an, dem nach Shakespeare berühmtesten Dichter Englands. Cowper hatte sich bereits mit Kommentaren zu einer neuen, zeitgemäßen Milton-Ausgabe beschäftigt, und Füssli wurde gefragt, ob er die Vorlagen für dreißig Stiche in der Ausgabe malen wollte. Es war ein großer Auftrag und versprach eines der größten Bildprojekte eines einzelnen Künstlers um 1800 zu werden.[6] Die Finanzierung war indessen alles andere als sicher, so daß Füssli sich ratsuchend an Freunde wenden mußte.[7] Aus einem Brief von William Cowper, dem designierten Kommentator der Milton-Ausgabe, erfährt man im Oktober 1791 über die geplante Herausgabe: »Nur Wenige haben Milton intensiver studiert und sind vertrauter mit seinem poetischen Werk als ich selbst. Aber ich habe ihn noch nicht aus dem Blickwinkel des Kommentators betrachtet: deshalb weiß ich, ebenso wie sie, noch nicht, was mich erwartet, aber ich werde mich sicher in den beiden nächsten Jahren mit der Sache beschäftigen. Füssli soll der Maler sein und wird dreißig kapitale Bilder für den Stecher herstellen.«

Johnson hatte kurz zuvor, am 1. September 1791, das folgende »Proposal« veröffentlicht, das die Milton-Galerie als Projekt vorstellte. Der dem »Proposal« beigefügte Text enthält Informationen für die potentiellen Subskribenten, aber auch eine Rechtfertigung, warum Milton als Dichter Shakespeare ebenbürtig zu Seite zu stellen und deshalb die Neuedition seiner Werke ein dringendes Desiderat sei.[8] Angesichts des Erfolgs der Shakespeare-Galerie kurze Zeit zuvor hoffte man, rasch ähnlich viele Subskribenten zu gewinnen. Geworben wurde vor allem mit den Stichen und ihrem Schöpfer, wobei den Lesern folgende Vorschläge unterbreitet wurden. Die Ausgabe sollte 15 große und 15 kleinere Tafeln der besten Stecher (Bartolozzi, Sharpe, Holloway und Blake) enthalten, die auch einzeln vertrieben wurden. Zusätzlich sollten dem Text 45 Vignetten beigegeben werden, zu Beginn und Ende der Bücher von Paradise Lost und der übrigen Dichtungen.

London, Sept. I, 1791

MILTON
This Day are published
Proposals for engraving and publishing by Subscription
THIRTY CAPITAL PLATES
From subjects in Milton, to be painted principally, if
not entirely,
By HENRY FUSELI, R.A.
And for copying them in a reduced Size to accompagny a correct and magnificent
Edition, embellished also with Forty-Five elegant Vignettes, of
MILTON's POETICAL WORKS,
With Notes, Illustrations, and Translations of the Italian and Latin Poems.
By W. Cowper of the Inner Temple, Esq.
Printed for J. Johnson, in St. Paul's Church-yard;
and J. Edwards, in Pall-Mall.

Die Milton-Galerie war also von Anfang an als kommerzielles Unternehmen geplant. Mit den Bildern ließ sich zweimal Geld verdienen, als Vorlagen für den Stecher und durch den Verkauf. Das bedingte eine Ausstellung aller Werke, wenn die Galerie abgeschlossen sein würde, wobei auch vorher schon Einzelwerke verkauft werden konnten, die der neue Besitzer dann noch einmal zur Verfügung stellte. Sollte die Milton-Galerie ebenso erfolgreich sein wie die Shakespeare-Galerie, dann waren Füsslis Finanzen auf Jahre hinaus gesichert.
Aber Cowpers seelischer Gesundheitszustand begann sich zu verschlechtern, und er zeigte wiederholt Anzeichen einer schweren Geisteskrankheit. Zudem konkurrierte das Projekt mit einer anderen Edition und Boydell geriet unter Druck. Schließlich zog sich Johnson als Verleger zurück, und damit war nicht nur das Projekt gestorben, sondern Füsslis Beitrag zunächst hinfällig. Aber die Idee einer Milton-Galerie war geboren, und zwar unabhängig vom ursprünglich geplanten Zweck der Bilder. Vielleicht hat Füssli die Schwierigkeiten geahnt, als er seine eigene Einschätzung am 17. August 1790 an Roscoe niederschrieb:
»Ich bin berufen, ganz alleine das Ei zu legen, es auszubrüten und es aufzubrechen, wenn ich das kann. Was dabei herauskommt, kann ich noch nicht mit Sicherheit sagen, aber das Resultat wird eine Serie von Bildern für eine Ausstellung, so wie die von Boydell und Macklin (für die Shakespeare-Galerie, d.V.). Um das zu erreichen, wird es nötig sein, daß es in meiner Macht steht, ohne Auftrag und zunächst ohne den geringsten Gewinn, für zumindest drei Jahre zu arbeiten; in dieser Zeit, da bin ich mir sicher, werde ich mindestens zwanzig Bilder unterschiedlichen Formats malen können.«[9]
Das erwähnte »Proposal«, an dem Füssli mitgearbeitet haben dürfte, enthält eine aufschlußreiche Bemerkung zu seiner Aufgabe bei der Milton-Edition. »Das Charakteristische an Milton ist die Erhabenheit (›sublimity‹). Die wichtigsten Bestandteile des Erhabenen sind Großartigkeit und Einfachheit; und da der Entwurf des Paradise Lost alle bekannten menschlichen Hervorbringungen übertrifft, jene Homers nicht ausgenommen, in der

räumlichen Dimension der Szenen und der Einfachheit ihrer Gegenstände, glänzt es auch in der *Zahl* erhabener Gegenstände.
Das Erhabene wird man in das *Reine* und das *Vermischte* zu scheiden haben: wenn man dies betrachtet, scheint das Erstaunen (›astonishment‹) über jedes andere Gefühl zu herrschen; dies fügt ein Interesse hinzu, das aus unserer Natur und ihren Leidenschaften stammt.«[10]

Diese Sätze, die im folgenden in den Bildern Füsslis Bestätigung finden werden, sind zweifellos von den Ideen der zeitgenössischen Milton-Rezeption bestimmt (siehe dazu im Kapitel »Traum und Schrecken«).

Der größere Teil der Gemälde zur Milton-Galerie entstand zwischen 1791 und 1795. Nachdem »Satan und Tod, von der Sünde getrennt«[11] im Jahr 1791 als erstes Bild fertig war, arbeitete Füssli stets an mehreren Bildern gleichzeitig. Im Februar 1793 meldete er ein Drittel der Werke in verschiedenen Formaten als abgeschlossen; drei Jahre nach dem Beginn waren mindestens zwanzig Gemälde fertig. Sein Versprechen hatte er gehalten, aber unter schwierigen Bedingungen. Das größte Problem war das Geld. Der Maler war durch die aufreibende Arbeit an den drei auf vier Meter großen Leinwänden zu beschäftigt, um für regelmäßige Einkünfte zu sorgen, und eine Vorabfinanzierung war schwierig, da die Arbeit an der Milton-Edition stockte. Zur Sicherung seines Lebensunterhalts waren mehr als dreihundert Guineen pro Jahr nötig, es sollten deshalb Subskribenten gesucht werden sowie regelmäßige Käufer und Sammler seiner Kunst. Darüber hinaus hatte Füssli Einnahmen durch die Arbeit an der englischen Ausgabe von Lavaters »Physiognomischen Fragmenten«, von Darwins botanischem Lehrgedicht »The Botanic Garden« und der Dramensammlung »Bell's British Theatre«.[12]

Die Finanzierung stand auf wackeligen Füßen, und der Versuch, einzelne Bilder zunächst zu verkaufen, um sie später für kurze Zeit an den jeweiligen Stecher für die Illustrationen wieder auszuleihen, hatte nur sporadischen Erfolg. Deshalb drohte das ganze Projekt fast unausgesetzt am Geldmangel zu scheitern, und es ist durchaus verständlich, daß der überwiegende Teil von Füsslis Korrespondenz der neunziger Jahre sich um die Finanzierung seiner künstlerischen Produktion dreht. Anfangs versuchte Füssli durch Kontakte mit Thomas Coutts, dem Bankier König George III., und zur englischen Aristokratie an Geld zu kommen. Seine Freundschaft zu den Töchtern von Coutts, Susan und Sophia, die reiche Aristokraten heirateten, läßt eine Verbindung entstehen, die bis in Füsslis hohes Alter nachwirken sollte. (Coutts half dem Maler während seiner Arbeit an der Milton-Galerie 1796 mit einem Betrag von 100 Pfund unter der Auflage, ungenannt zu bleiben.) Doch der Kontakt zu Thomas Coutts lockerte sich aufgrund persönlicher Animositäten.

Der wichtigste Förderer Füsslis war der schon mehrfach genannte William Roscoe, der seinen Lebensweg in England als Freund und Förderer ohne Unterbrechung begleitet hat.[13] Roscoe war als Rechtsanwalt in Liverpool ansässig. Füssli hatte ihn schon 1767 in Liverpool kennengelernt und nach seiner Rückkehr aus Italien 1779 den Kontakt wiederaufgenommen. Er hatte 1782 Füsslis Gemälde in London gesehen, darunter »Der Nachtmahr« (Kat.Nr. 166). Die beiden Männer verband nicht nur eine Freundschaft in künstlerischen Dingen, sie teilten auch politische Ansichten. Roscoe veröffentlichte Schriften gegen den Sklavenhandel und schrieb Gedichte und Oden zur Verherrlichung der Französischen Revolution. Roscoe machte dem angesichts der immensen Aufgabe immer wieder verzagenden Füssli Mut. Am 24. Mai 1794 schrieb er ihm:

»Ich habe manches Mal bedauert, daß aus Ihrer Absicht, eine Serie von Bildern zu Shakespeare zu malen, nichts geworden ist, aber nach dem, was ich von Milton gesehen habe, bin ich überzeugt, daß nur er den richtigen Maßstab für Ihre Möglichkeiten bietet. Ich maße mir nicht an, etwas zu prophezeien, noch habe ich, um die Wahrheit zu sagen, eine sonderlich hohe Meinung vom Geschmack unserer Zeit, aber sollte das Publikum sich dem großen Fest verschließen, das jetzt vor ihm ausgebreitet wird, zweifle ich vollends an seiner künftigen Besserung.«[14]

Am 9. August 1796 konnte Füssli von 22 Bildern melden, sie seien abgeschlossen, das ist etwas mehr als die Hälfte, und der Rest war schon skizziert. Es gab große und mittelgroße Formate, wobei die großen annähernd drei mal vier Meter maßen. Zum ersten Mal öffnete Füssli die Türen seiner Werkstatt und begann sich um die Organisation einer Ausstellung der Bilder zu kümmern. Am 11. Januar 1798 waren 28 Bilder fertig. Noch aber fehlte die Öffentlichkeit für das »große Fest«, das Roscoe prophezeit hatte.

1799: Die Erste Ausstellung der Milton-Galerie

Als vierzig Bilder vollendet waren, beschloß Füssli, sich der Kritik zu stellen, ein notwendiger Schritt, denn Verkäufe waren dringend notwendig, um seine prekäre Finanzlage zu bessern. Über die Einzelheiten einer Ausstellung seiner Milton-Galerie unterrichtete er Roscoe am 6. August 1798: »Ich habe die Räume von Christie's gemietet, die frühere Alte Akademie (die Royal Academy, d.V.) in Pall Mall, wo das größte meiner Bilder schon hingebracht worden ist – aber ich brauche ihre Hilfe noch, und bis ich von Ihnen höre, muß ich mich still verhalten.«[15]

Die erwähnte »old academy« befand sich auf der Südseite von Pall Mall, gegenüber der ehemaligen Market Lane (später die Royal Opera Arcade). Mr. Christie hatte seinerseits einen Teil der Räume gemietet und annoncierte in seinen Verkaufskatalogen. Zur ersten Ausstellung der Milton-Galerie in Mr. Christies »Great Rooms« erschien ein gedruckter Katalog, in dem die Titel sämtlicher Bilder und die zugehörigen Passagen aus Miltons Texten abgedruckt sind. Für die Zweite Ausstellung im Jahr 1800 wurde ein Bogen mit dem Verzeichnis neu entstandener Bilder (Milton-Galerie Nr. 41 – Nr. 47) beigelegt. Diese acht Bilder waren bereits zur ersten Ausstellung angekündigt und sollten ursprünglich während der Ausstellung integriert werden, so daß der Zyklus als ein »work in progress« erschienen wäre. Wie man sich die ideale Präsentation der Milton-Galerie vorzustellen hat, verrät ein Brief Roscoes an Füssli vom 12. Dezember 1797. Er schlägt vor, die Wände sparsam zu stuckieren und den Bildern breite, geschnitzte Rahmen zu geben, die »in kühner Manier« bemalt werden könnten. Tatsächlich sind nur wenige Rahmen erhalten, die aus der Zeit der beiden ersten Ausstellungen stammen. Es sind schlichte, vergoldete Leisten, entweder mit einer tiefen Kehlung oder glatt und ohne ein Profil.[16]

Über die tatsächliche Präsentation in Pall Mall weiß man nichts Genaues. Es gibt jedoch eine Abbildung von der Shakespeare-Galerie, und der Eindruck in Mr. Christies Galerieräumen wird ähnlich gewesen sein (s. Abb.). Die Wände waren dicht behängt, wobei die großen Formate über den kleineren hingen. Es ist übrigens unwahrscheinlich, daß sie in der Reihenfolge der Katalognummern gehängt waren, da dekorative Gesichtspunkte für solche Verkaufsausstellungen eine wichtige Rolle spielten. Kurz vor Beginn mußte sich Füssli wieder an Roscoe wenden (am 17. August 1798), weil die großen Formate nun das Atelier versperrten, und er sie vor Ort, also in den Räumen der künftigen Ausstellung, zu Ende bringen wollte. »Wenn die Unterstützung mich nun im Stich läßt, wird es womöglich zum Stillstand kommen, oder sich noch weiter hinauszögern und mich vielleicht nötigen, den gemieteten Raum aufzukündigen. Wenn ich dort meine Bilder nicht zu Ende bringen

Die Shakespeare Gallery auf der Pall Mall in London

Francis Wheatley:
Die Eröffnung der Shakespeare Gallery, 1790, London, Victoria and Albert Museum

kann, werde ich sie wohl nie abschließen und werde sie überhaupt nicht ausstellen können. Die größten werden nie zufriedenstellend abgeschlossen werden können, nur in dem Raum, in dem sie anschließend ausgestellt werden.«[17]
Die letzten Werke mußten mit zusätzlichen Öfen im Atelier getrocknet werden, und schließlich meldete Füssli an Roscoe am 20. Mai 1799: »›Iacta est alea‹, the Rubicon is past; I have opened my doors this morning, without Your presence, without your Muse«.[18] Als die Erste Ausstellung der Milton-Galerie eröffnete, tauchen in den Londoner Zeitungen Anzeigen auf wie diese aus dem »Courier«, den auch William Roscoe bezog:

»Milton Gallery. A Series of Pictures from the Poetic Works of John Milton. Painted by Henry Fuseli, R. A. This Exhibition is now open, And will Continue every Day, Sunday excepted, from Nine in the Morning till Seven in the Evening, at the Royal Academy Rooms, No. 118, near Carleton House, Pall-Mall. Admission 1s. – List of the Pictures gratis. — Catalogues, with the Passages to which they refer, 6d. Catalogues may also be had at Mr. Evan's Bookseller, No. 26, Pall Mall.«[19]

Roscoe schrieb auf Füsslis Bitten eine lange Rezension in Versen, die man eher als Werbung denn Kritik seiner Werke verstehen sollte und die Mitte Juni im »Morning Herald« erschien. Die zeitgenössische Rezeption von Füsslis Bildern zu Milton setzte schon vor der Eröffnung der Ersten Ausstellung ein. In Zeitungsannoncen versuchten anonyme Gegner Füsslis, einzelne Bilder zu diffamieren und ihn als Künstler zu diskreditieren. Der Grund dürfte in der schroffen Reaktion des Malers gelegen haben, als einige Mitglieder der Akademie versuchten, ihre eigenen Werke in die Milton-Galerie einzuschleusen.[20]
Wie die Milton-Galerie beim Publikum aufgenommen wurde, schrieb William Shepherd in einem Brief an William Roscoe am 5. Juni 1799, als die Ausstellung gerade zwei Wochen lief. »Ich habe keine andere Möglichkeit sie zu beurteilen, als durch die Ermutigungen, die er erhält. Ich war drei Mal in der Galerie und fand jedesmal zwischen zehn und zwanzig Besuchern, aber niemals eine große Menschenmenge. Ich war allerdings nicht zu den beliebten Zeiten da. Die Bilder übertreffen noch meine höchsten Erwartungen. Es ist eine Stimmigkeit in ihnen, die ich Füssli gar nicht zugetraut hätte [...]«.[21]
Ein unerwartetes Problem war der mangelnde Zuspruch der Besucher. In diesen Jahren gab es zahlreiche Ausstellungen in Pall Mall, die oft gleichzeitig stattfanden, und die Galerien wurden als eine Art gehobener Freizeitbelustigung oft von großen Menschenmengen besucht. Zwischen den Anbietern gab es nicht selten Gerangel um das Publikum, und schlagkräftige, ja reißerisch formulierte Werbung war ein wichtiges Medium, um breites

Interesse zu wecken. In einem Brief an William Roscoe schreibt Füssli am 12. Juni 1799 über die Schwierigkeit, Presseberichte über die Ausstellung zu lancieren: »Nur unter Schwierigkeiten gelingt es, einmal eine Anzeige zu bekommen, und nicht mal Geld kann sie dazu bewegen, einen Abschnitt hineinzunehmen, eine Kritik oder irgend etwas, was meiner Sache guttut. Das Schweigen ist die Waffe jener, die mich nicht öffentlich zu verurteilen wagen.«[22]

Einen Monat nach der Eröffnung, am 20. Juni 1799, verzeichnete Füssli 117 Pfund Einnahmen aus Eintrittsgeldern und dem Verkauf der Kataloge. Es war zuwenig. Angesichts der hohen Jahresmiete für die Räume, die 200 Pfund betrug, wurden seine Mittel knapp. Ende Juli 1799 mußte die Ausstellung abgebaut werden.[23]

1800: Die Zweite Ausstellung der Milton-Galerie

Ein halbes Jahr nach der ersten Präsentation der Milton-Galerie machte Füssli Pläne zu der Zweiten Ausstellung, die am 21. März 1800 eröffnet wurde. Nicht weniger als sieben neue Bilder waren in der Zwischenzeit entstanden, die in einem Anhang an den ersten Katalog verzeichnet waren. Diesmal streckte Roscoe die Saalmiete für die Räume bei Christie in Pall Mall von 200 Pfund vor, und wieder wartete man auf die Besuchermassen. Sie blieben aus. Dennoch war der gesellschaftliche Erfolg beträchtlich. Die beiden Ausstellungen haben nicht wenig zum hohen Ansehen des Künstlers in jener Zeit beigetragen. Höhepunkt der Zweiten Ausstellung war ein Bankett, zu dem die Repräsentanten der Royal Academy einluden:[24]

»Royal Academy, 2nd of May, 1800

Messrs Dance, Banks, and Opie, the Stewards, request the favour of your company to dine with the President, Council, and the rest of the Members of the Royal Academy, at the ›Milton Gallery‹, on Saturday, the 17th of May, at five o'clock.

Tickets, price fifteen shillings, to be had at the ›Milton Gallery‹, and at the ›Freemasons‹ Tavern', till Saturday, the 10th of May. Any Member desirous of introducing a friend, may be accomodated with a ticket for that purpose.

The favour of an answer is desired as soon as possible.«

Ein illustrer Kreis aus Aristokraten, Bankiers, Künstlern und Professoren der Royal Academy feierte damals die Milton-Galerie und ihren Schöpfer. Diese Exklusivität ist symptomatisch für die spezielle Form der Begeisterung, die Füsslis Bilder hervorriefen. Dem breiten Publikum blieben sie zunächst fremd. »Im Augenblick ist es mir auferlegt,« notierte Füssli, »so wachsam wie ein Einschleichdieb in der Dämmerung vor einem Fleischerladen in meiner Galerie von Hammelkeulen und Lendenstücken auf der Lauer zu liegen.«[25] Die Lendenstücke blieben fast alle an den Haken, und allen Bemühungen zum Trotz, wurde auch die Zweite Ausstellung des Jahres 1800, die am 21. März 1800 eröffnet und am 18. Juli geschlossen wurde, kein großer Publikumserfolg.

Füssli war zunächst gründlich desillusioniert, aber allmählich stellte sich der Erfolg ein. Es gab Interessenten, die einzelne Werke oder ganze Konvolute erwerben wollten. John Julius Angerstein, die Countess of Guilford (eine der Töchter von Thomas Coutts, die 1796 Lord North geheiratet hatte) und ihr Vater waren unter den ersten Käufern und gehörten lange

Zeit zu den wichtigsten Sammlern seiner Werke. Es ist nicht verwunderlich, daß Füsslis Gemälde die Betrachter nicht sofort in ihren Bann zogen, dazu waren viele Themen zu wenig vertraut, die Darstellungen nicht selten brutal, die Figuren zu furchteinflößender Monumentalität gesteigert und die meisten Bilder schlicht zu groß, um sie einfach en passant zu erwerben. Im Lauf des 19. Jahrhunderts wurden dennoch viele Werke der Milton-Galerie, fast ungeachtet ihrer ursprünglichen Bestimmung, zu berühmten und häufig reproduzierten Bildern. Die Milton-Galerie aber ist in die Geschichte der Kunst eingegangen als ein großes, ehrgeiziges und teures Projekt. Sie war schon zerstreut, als sie in den ersten Jahrzehnten des 19. Jahrhunderts von den Künstlern und Sammlern in ihrer ganzen Bedeutung verstanden wurde.[26] Die Rezeptionsgeschichte wird noch einmal am Ende dieses Kapitels und im Zusammenhang mit »Traum und Schrecken« aufgegriffen.

Bemerkenswerterweise war der anfängliche Mißerfolg der Milton-Galerie beim Publikum nicht ausschlaggebend für Füsslis berufliche Karriere. Denn gleichzeitig fanden Verhandlungen für das renommierte (und gut bezahlte) Amt des Professor of Painting an der Royal Academy statt, an deren Ende er sich gegen John Opie durchsetzen sollte.

William Hamilton sagte seine Stimme bei Füsslis 1799 anstehender Wahl zu, nachdem er die Milton-Galerie gesehen hatte. Mit Protektion von Lawrence, auch er ein begeisterter Bewunderer der Milton-Bilder, wurde Füssli auf der Generalversammlung am 3. Juni 1799 vorgeschlagen und nach der geglückten Wahl am 29. Juni 1799 ernannt.[27]

1997: Die Dritte Ausstellung der Milton-Galerie

Die Milton-Galerie besteht aus insgesamt 47 Gemälden. Die beiden Ausstellungen der Galerie fanden im Jahr 1799 (40 Bilder) und im Jahr 1800 (47 Bilder) statt. Drei weitere Bilder erhielten keine Nummern, und es ist fraglich, ob sie überhaupt in die Galerie aufgenommen werden sollten. Der größte Teil der Gemälde war als Vorlage für verschiedene Kupferstecher gedacht, das heißt, auch diese Kupferstiche sind strenggenommen Teil der Milton-Galerie. Füsslis ursprüngliche Idee, die Kupferstiche nach seinen Bildern für eine Werkausgabe von Miltons Schriften zu verwenden, ließ sich nicht realisieren. Das heißt, sie ließ sich *zunächst* nicht realisieren. Von zwölf Bildern der Milton-Galerie gab Füssli Stiche bei Moses Haughton in Auftrag, die als Einzelblätter verkauft wurden. Diese Stiche von Moses Haughton, die also nicht als Buchillustrationen dienten, werden bei den Katalognummern der Milton-Galerie durchweg verzeichnet. Weitere Reproduktionen sind jeweils in den Anmerkungen notiert.

Nach der Zweiten Ausstellung der Milton-Galerie im Jahr 1800 fand sich doch noch ein Verleger, Francis Isaac Du Roveray, aber die Gemälde standen nun nicht mehr vollständig zur Verfügung. Für diese sogenannte Du Roveray-Ausgabe malte Füssli in kurzer Zeit noch einmal sechs Bilder, alle im gleichen Format. Diese Gemälde sind erhalten und werden von Claudia Hattendorff in einem eigenen Beitrag (Kapitel II) vorgestellt.

Die Milton-Galerie ist nur auf den ersten Blick eine etwas komplexe Angelegenheit. Die Zeitläufe haben das ihrige zur Verwirrung über die vielen Bilder, Zeichnungen und Graphiken beigetragen. Die Galerie wurde im Lauf des ersten Jahrzehnts des 19. Jahrhunderts zerstreut. Einzelne Bilder blieben der Öffentlichkeit zugänglich, viele Werke verschwanden über lange Zeit in Privatbesitz und galten als verschollen. Zwei Drittel der Gemälde sind heute erhalten. Vier Fünftel aller Bilder der Galerie sind durch Zeichnungen und Stiche belegt. Wir sind also durchaus in der Lage, Füsslis Projekt als Ganzes noch einmal zu rekonstruieren. Angesichts seiner Größe und Bedeutung eine verlockende Aufgabe. Obwohl man, wie schon bekannt, nicht sagen kann, wann genau Füssli sich zuerst mit Miltons Dichtungen beschäftigte, liegen die Anfänge seiner Milton-Galerie keineswegs im Dunklen.[28]

Prolog. »Satan flieht, von Ithuriels Speer berührt«

Nr. 0
Satan flieht, von Ithuriels Speer berührt, 1779
Satan Starting, Touched by Ithuriel's Spear
Milton, Paradise Lost IV, 810–822

Der Ausgangspunkt für Füsslis Beschäftigung mit Milton in der Malerei ist in dem Gemälde der Staatsgalerie Stuttgart zu sehen: »Satan flieht, von Ithuriels Speer berührt« (Kat.Nr. 16). Es entstand 1779 in London, gleich nach Füsslis Ankunft aus Italien. Zum gleichen Thema hat er mehrere Zeichnungen geschaffen, deren früheste noch in Rom entstanden (Kat.Nr. 17). Das größte Leinwandformat, das Füssli bis dahin in Angriff genommen hatte, wurde 1780 in der Royal Academy ausgestellt und sofort verkauft.[29]

Der Erfolg des Bildes war der überraschten Reaktion unter den Mitgliedern der Royal Academy zuzuschreiben. Füsslis großer Wurf sprach sich herum, und die Besucher drängten sich vor dem ersten »englischen« Werk des Neuankömmlings. Daß Füsslis Bekanntheit in den ersten drei Jahren rasch wuchs, lag an seinem wohl populärsten Bild, »Der Nachtmahr«, das er in der Jahresausstellung der Royal Academy 1782 zeigte (Kat.Nr. 166).

Doch zu »Satan flieht, von Ithuriels Speer berührt«: Der Schauplatz ist der Paradiesgarten. Drei fliegende Männer dominieren die beiden oberen Drittel; die Figur rechts ist Satan, die beiden anderen sind Ithuriel und Zephon, zwei Erzengel, die den Paradiesgarten bewachen. Offensichtlich schlagen sie den nackten Satan durch die einfache Berührung mit der Speerspitze in die Flucht. Zuvor hatte er sich dem friedlich im Gebüsch schlummernden Paar Adam und Eva zu nähern versucht, um sie im Schlaf zu überzeugen, daß das Paradies nicht die einzig mögliche Welt sei.

Füssli nahm eine Passage aus dem vierten Buch des Paradise Lost als Thema seines monumentalen Bildes. Es war im Hinblick auf das Publikum in den Royal Academy-Ausstellungen geschickt gewählt, denn den Londonern waren der Stoff und die Szene wohlvertraut. Sie war schon von anderen Malern der Academy dargestellt worden und fand sich in vielen illustrierten Milton-Ausgaben. Ein Bild in dieser Größe aber hatte es noch nicht gegeben, und manches war vollkommen anders.[30] Adam und Eva wurden wie ein Liebespaar in einer

Kat.Nr. 17*
Satan flieht, von Ithuriels Speer berührt, 1776
Feder, laviert, 27,1 x 39,3 cm
Stockholm, Nationalmuseum, Inv.Nr. NM 1685/1875
Schiff 482
Entwurf zu Nr. 0

Kat.Nr. 15
Kain, nach der Ermordung Abels von Gott gezeichnet, 1781
Schwarze Kreide, weiß gehöht, Feder und schwarze Tusche, 63 x 53,1 cm
Zürich, Kunsthaus, Inv.Nr. 1938/769
Schiff 791

durchaus erotisch gemeinten Umarmung gezeigt. Der angenehme Schauer, den die Betrachter empfanden, rührte von der subtil eingesetzten Bedrohlichkeit der Situation. In Schlaf und Traum ist das Paar bösen Mächten wehrlos ausgeliefert und wird erst in letzter Sekunde gerettet. Dem muskulösen und vollkommen nackten Satan sah man an, daß er ursprünglich zu den Engeln gehört hatte. Seine schöne Wildheit besaß durchaus etwas Anziehendes, und Füssli hatte sich offenkundig Mühe gegeben, die unsympathischen Züge der Figur zu tilgen. Ungewöhnlich waren auch die dramatische Aktion und theatralischen Gesten, die bedeutende künstlerische Vorbilder verrieten, Michelangelo und die antike Plastik hatten Pate gestanden. Die Komposition des Ganzen wirkte überzeugend, wogegen manche Details der Naturdarstellung zu wünschen übrig ließen. Diese Beobachtungen, die das zeitgenössische Publikum an dem Bild gemacht haben dürfte, enthalten schon die wichtigsten Parameter von Füsslis Kunst – monumentale Figuren, theatralische Gebärden, großangelegte Kompositionen und große Themen: die Ambivalenz von Gut und Böse, Licht und Dunkel, von Traum und Wachsein, aber auch die Schwächen, wenn es um Einzelheiten der Ausarbeitung ging. Was vermutlich niemand sehen konnte, waren die drei Jahre zuvor in Rom entstandenen Zeichnungen, in denen sich Füssli des Themas zuerst angenommen und sich die Komposition erschlossen hatte.

Die Zeichnungen in Stockholm (Kat.Nr. 17) und London (Kat.Nr. 18) zeigen die Komposition der drei fliegenden Figuren schon in den Grundzügen, wogegen Adam und Eva in unbequemen Posen wie ohnmächtig zusammengesunken erscheinen. Auf dem Gemälde ist daraus der Schlummer der Unwissenden geworden. Der flüssige Zeichenstil mit rasch gestrichelten Schraffuren und freien Lavierungen findet sich auch in der gleichzeitig entstandenen Zeichnung »Satan und Tod, von der Sünde getrennt«, die den Entwurf abgeben sollte zu dem ersten Bild, das Füssli für die Milton-Galerie 1791 malte (Kat.Nr. 26, vgl. auch Kat.Nr. 15). Das Blatt aus Privatbesitz (Kat.Nr. 19) ist insofern interessant, weil es eine spätere Nachzeichnung sein dürfte, die wahrscheinlich von Füssli selbst stammt. Solche Nachzeichnungen nach besonders wichtigen Bilderfindungen tauchen vereinzelt in seinem Werk auf.[31] Füssli hat sich in den Anfängen seines zweiten Londonaufenthalts mit weiteren biblischen Szenen beschäftigt, die häufig dramatische Themen und Kompositionen haben (Kat.Nr. 15).

»Satan flieht, von Ithuriels Speer berührt« wurde nach der ersten Ausstellung in der Royal Academy verkauft und befand sich verborgen mehr als zwei Jahrhunderte bei verschiedenen privaten Besitzern in England und der Schweiz, so daß der Bearbeiter des Werkverzeichnisses, Gert Schiff, es in den siebziger Jahren als ein verlorenes Werk bezeichnete.

Kat.Nr. 18
Satan flieht, von Ithuriels Speer berührt, 1776
Feder und Tusche, grauviolett laviert, 28 x 40,1 cm
London, British Museum, Römisches Album, Bl. 13v, Nr. 15, Inv.Nr. 1885-3-14-213
Schiff 483
Entwurf zu Nr. 0

Kat.Nr. 19
Satan flieht, von Ithuriels Speer berührt, um 1800
Lavierte Federzeichnung, 46 x 60,5 cm
Privatbesitz
Nicht bei Schiff
Nachzeichnung zu Nr. 0

Kat.Nr. 16
Satan flieht, von Ithuriels
Speer berührt, 1779
Öl auf Leinwand,
230,5 x 276,3 cm
Staatsgalerie Stuttgart,
Inv.Nr. 3708
Schiff Lost 18

Dann tauchte das Bild in der Sammlung des Tänzers Rudolf Nurejew auf, der es für sein New Yorker Appartement auf einer Auktion erwarb.
Es sei noch einmal darauf hingewiesen, daß das Stuttgarter Bild nicht Bestandteil der Milton-Galerie gewesen ist. Es erhält deshalb hier die Nr. 0. Füssli hat das gleiche Thema später in die Milton-Galerie aufgenommen. Dieses Bild Nr. 14 der Milton-Galerie wird weiter unten besprochen.[32]

Die Themen der Milton-Galerie

> »Voraussetzung der Anordnung sind anzuordnende Materien: wie die Früchte erst auf die Knospe und das Laub folgen, so auch das Urteil erst auf das Schwelgen der Phantasie.«
> Johann Heinrich Füssli, Aphorismen

Füssli realisierte die Milton-Galerie ab 1791, also mehr als ein Jahrzehnt nach dem Stuttgarter Bild »Satan flieht, von Ithuriels Speer berührt«, wobei er auf die bildnerische Methode dieses Werks zurückkam. Er griff einzelne Passagen aus Miltons Text heraus und machte sie zu Themen seiner Bilder. Oft sind es nun aber nicht mehr ein halbes Dutzend Verse, sondern längere Passagen des Epos Paradise Lost und weiterer Versdichtungen Miltons, auf die sich Füssli bezieht. Über diesen Teil der Vorgeschichte wurde schon berichtet.
Aus folgenden Werken Miltons wählte Füssli die Themen seiner Bilder: aus den beiden Versepen Paradise Lost (Das Verlorene Paradies, zwölf Bücher) und Paradise Regained (Das Wiedererlangte Paradies, vier Bücher) sowie aus den Gedichten »L'Allegro« (Der Heitere), »Il Penseroso« (Der Nachdenkliche), »Comus« (Der Freund) und »Lycidas«.
Die Milton-Galerie umfaßte in der Ersten Ausstellung 1799 vierzig fortlaufend numerierte Gemälde (Milton-Galerie Nr. 1 – Nr. 40). Am Beginn stehen Bilder zu Miltons Hauptwerk Paradise Lost, die quantitativ den Hauptteil der Galerie ausmachen. Auf die Wahl der Themen soll bei der Besprechung der einzelnen Werke eingegangen werden. Den Bildern zu Paradise Lost folgen einige Gemälde zu Themen aus den oben genannten Gedichten. Die letzten Nummern der Milton-Galerie sind dem Leben des Dichters gewidmet.
Für die Zweite Ausstellung schuf Füssli sieben weitere Gemälde, die in den Zyklus eingegliedert werden konnten, jedoch fortlaufende Nummern erhielten (Milton-Galerie Nr. 41 – Nr. 47). Es sei noch einmal darauf hingewiesen, daß die Numerierung der Werke nicht der Chronologie ihrer Entstehung entspricht. Füssli begann im Jahr 1791 nicht mit Nr. 1, sondern mit der Nr. 5 und arbeitete stets an mehreren Bildern gleichzeitig, auch an solchen, die nicht zur Milton-Thematik gehören.
Überblickt man die vielfältigen Bildthemen, so fallen thematische Gruppen und Zäsuren in der Abfolge auf: In einer *Exposition* (Milton-Galerie Nr. 1 – Nr. 4) werden zwei Hauptthemen angeschnitten, *Chaos und Traum.* Als der eigentliche Held des Zyklus wird Satan eingeführt.
Die Charakterisierung der Hauptfigur – *Satan als Held* – nimmt breiten Raum ein (Milton-Galerie Nr. 5 – Nr. 12), Füssli widmete sich dabei auffallend intensiv den Episoden aus dem zweiten und dritten Buch von Paradise Lost.
In den Bildern, die *Satan und Eva* als Protagonisten haben, wird Eva als Satans Werkzeug im Feldzug gegen das Paradies dargestellt (Milton-Galerie Nr. 13 – Nr. 15).
Adam ist zunächst eine Nebenfigur und übernimmt erst nach der Verführung Evas durch Satan eine Hauptrolle (*Die Lust der Verführung,* Milton-Galerie Nr. 16 – Nr. 24). Milton macht ihn zu einer Art Medium, durch das die Folgen des Sündenfalls in *Visionen* anschaulich gemacht werden (Milton-Galerie Nr. 25 – Nr. 27).

In den Ablauf dieser biblischen Ereignisse sind scheinbar unvermittelt ganz andere Szenen eingeschaltet, die unter dem Abschnitt *Lycidas & Co.* zusammengefaßt sind. Einige Bilder geben Mythen, Sagen und Legenden aus verschiedenen englischen und kontinentalen Quellen wieder. Ein ganzes Arsenal von Geistern, Feen und Kobolden wird freigesetzt, das nicht zu dem ernsten biblischen Stoff passen will. Schon die ersten Betrachter der Milton-Galerie waren von dem abrupten Themenwechsel überrascht. Der Grund ist einfach; Füssli übernahm die Struktur der barocken Dichtung. Milton schweift an manchen Stellen vom biblischen Handlungsfaden ab und streut gleichnishafte Erläuterungen ein. Sie haben rhetorische Bedeutung, da sie stets eine verschlüsselte Aussage enthalten, die wie eine gelehrte Anmerkung an das gerade Gelesene anknüpft, es erläutert und gelegentlich konterkariert. Füssli hat aus den Passagen, in denen Milton Fabeln und volkstümliche Mythologie eingeflochten hat, die Themen mehrerer Bilder abgeleitet (Nr. 4, Nr. 8, Nr. 10, Nr. 12) – Träume, Geister, Hexen, düstere Visionen von Wollust, Wahnsinn und Tod.
Die Bilder schließlich zu *Miltons Leben* entstanden nach 1795 und damit relativ spät, als der Entschluß gefaßt war, die ganze Galerie öffentlich auszustellen. Sie sind als Zugeständnis an das zeitgenössische Publikum zu verstehen und verraten viel über die zeitgenössische Rezeption des bedeutenden, aber damals schon nicht mehr viel gelesenen Barockdichters.
Vorab seien die wichtigsten Figuren und Schauplätze der Milton-Galerie genannt:

Satan,
Eva (und Adam),
Sünde (und Tod),
himmlische und gefallene Engel,
Feen, Hexen und Kobolde,
und der Dichter, seine Ehefrauen und Töchter.
Die Bilder haben folgende Schauplätze:
The Fiery Lake (»der feurige See«), die Höllenschlucht und das Chaos, jene Regionen, die Satan beherrscht. Ihnen steht das göttliche Empyreum gegenüber, mit Gottvater und Messias an der Spitze; ferner eine Schafweide, diverse Paläste und Speisekammern und, nicht zuletzt, Träume...

Die Bilder zu Paradise Lost

Exposition: Chaos und Traum
Milton-Galerie Nr. 1 – Nr. 4

Nr. 1
Satan steigt aus dem feurigen See, 1797–1799
Satan Risen from the Fiery. Lake, Beelzebub Rising
Milton, Paradise Lost I, 221, 238

Den größten Teil der Milton-Galerie nehmen die Werke zu Paradise Lost ein, sie umfassen 28 Gemälde in unterschiedlichen Formaten. 1797 arbeitet Füssli fast das ganze Jahr hindurch an dem künftigen Gemälde Nr. 1 der Milton-Galerie, mit über vier Metern Höhe eines der größten Formate. Es ist Satan gewidmet. Die Schönheit des Bösen mag als abgegriffener Topos erscheinen, hier wird er mit monumentaler Geste ins Bild gesetzt. Füssli referiert ziemlich genau Miltons Einstieg in seine Schöpfungsgeschichte, indem er die gefallenen Engel an den Beginn stellt und einen Gegenpol schafft zur lichten Welt von Gottvater und Christus. Gott selbst hatte die abtrünnigen Engel verstoßen und damit das Unheil heraufbeschworen. Ihr Anführer ist Satan, dem es gelingt, die finsteren Heerscharen zu formieren, ein revolutionärer Befreier, wenn auch im negativen Sinn.

Die drei ersten Gemälde der Milton-Galerie machen mit einer Schwierigkeit bei der Rekonstruktion des ganzen Projekts vertraut. Von den ersten Bildern sind zwei nur als Photographien bekannt, ein weiteres ist verschollen und durch keine Abbildung überliefert. Der mitunter schlechte Erhaltungszustand der Bilder rührt zum Teil von Füsslis Maltechnik, zum Teil von der Aufbewahrung her. Füssli verwendete Asphalt als Untermalung und teilweise als Beimischung seiner Pigmente. Asphalt steigert die Brillanz der Farben und verlangsamt den Trocknungsprozeß, so daß grobe Risse in den Farbschichten entstehen, die bis in die Untermalung reichen. Nach einiger Zeit dunkelt die gesamte Oberfläche stark nach, teilweise bis zur Unkenntlichkeit der Darstellung. Die großen Leinwandformate, ungefähr die Hälfte der Milton-Galerie, stellten spätere Besitzer vor Aufbewahrungsprobleme, weshalb viele Bilder für längere Zeit auf großen Rollen gelagert wurden. Nach mehreren Jahrzehnten können Malschicht und Leinwand beim Abrollen brechen. Diese Umstände haben zum Verlust von ungefähr einem Drittel der Milton-Galerie geführt.

Die ersten drei Bilder der Milton-Galerie sind der Revolution der dunklen Mächte gegen Gott gewidmet. Nach dem Höllensturz hat Satan neue Kräfte gesammelt und ruft die gefallenen Engel zu sich, von Beelzebub beobachtet, und aus der wabernden Tiefe bewegen sich wie ein Strom die dunklen Helfer seines künftigen Zerstörungswerks. Noch ist seine kolossale Gestalt nur als feuriger Umriß sichtbar (Kat.Nr. 20).

Füsslis Satan ist tatsächlich von imposanter Größe, denn die Figur ist auf der Leinwand dreieinhalb Meter hoch. Kraftstrotzend, nackt, den Schild in der Linken hoch erhoben, zeigt Füssli seinen Protagonisten von Anfang an in der Pose des Siegers – die Hauptfigur des ganzen Zyklus. Die Komposition folgt einer kreisenden Bewegung um eine Mittelachse wie eine riesenhafte Woge. Das erste Bild der Milton-Galerie dürfte seine Wirkung auf die Betrachter nicht verfehlt haben. Einer der zeitgenössischen Rezensenten beschrieb seinen Eindruck folgendermaßen:

»Die Konzeption, die Form und der Umriß der Figur zielten auf Großartigkeit, und die Farbigkeit resultiert aus einem Licht, das die Düsternis sichtbar machen hilft auf einem an sich leuchtenden Körper; ein furchteinflößendes Leuchten ist über das Ganze gebracht. Im Vordergrund ist eine große Form von Flammen umgeben, und die bedrohliche Gestalt einer Hauptfigur, vielleicht des Molochs, der die Arme über die Wogen erhebt, ergibt zusammen mit der großartigen Gestalt des Beelzebub, der nahebei auf einem Felsen hockt, eine Maßstäblichkeit, die vom kolossalen Anführer zu den fliegenden Geistergestalten weiter hinten reicht, die in winzige Dimensionen zusammenschrumpfen.«[33]

Auf dem zweiten Bild (Kat.Nr. 21) formiert Satan seine Legionen; nun steht er frontal zum Betrachter, den Schild hoch erhoben. Die Aufgerufenen befinden sich also nicht im Hintergrund, sondern vor dem Bild. Den Auftakt der Milton-Galerie bestimmt ein theatralischer Effekt: Satan richtet seine unheilschwangere Aufforderung an die Betrachter. Eine Legion gefallener Engel soll ihn im Kampf gegen den scheinbar allmächtigen Gott unterstützen. Füsslis Satan ist eine erhabene, auf unheimliche Weise schöne und anziehende Erscheinung.

Nr. 2
Satan ruft seine Legionen auf,
1799–1800
Satan Calling up his Legions
Milton, Paradise Lost I, 299, 314, 330

Die Figur selbst hat ein berühmtes Vorbild, das sich als Motiv bei Füssli in vielen Werken findet, den »Rossebändiger opus Phidiae« auf dem Montecavallo in Rom (Kat.Nr. 7), den er in zahlreichen römischen Skizzen festgehalten hatte. Die antiken römischen Skulpturen und die Figuren Michelangelos liefern die ästhetischen Parameter für die Gestalten, die seine Bilder bevölkern. Die Komposition wird wiederum von Kreissegmenten beherrscht und

Nr. 3
Satan spricht zu seinem Heer
Satan Haranguing his Host
Milton, Paradise Lost I, 663
(verschollen)

Nr. 4
Der Traum des Schäfers, 1793
The Shepherd's Dream
Milton, Paradise Lost I, 781 ff.

dadurch monumentalisiert, das Format der Leinwand tut das Übrige. Großes Welttheater. Auf dem dritten Bild, das verschollen ist, erklärt Satan seinen Rekruten den Schlachtplan. Wenn Adam und Eva zur Übertretung des höchsten Gebotes verführt würden, könnte das Böse wie ein gigantischer Mechanismus in Gang gesetzt werden und Gottes Schöpfung untergehen.[34]

Das Thema des vierten Bildes (Kat.Nr. 22) paßt nicht zu den vorigen. Mit sanften Fesseln hält ein Schwarm von Elfen den Schäfer in seinem Schlummer fest. Das eigenartige Thema ist Miltons poetischer Auslegung zu verdanken. Um im Pandämonium Platz zu schaffen für immer größere Heerscharen jener Engel, die aus dem Himmel verstoßen wurden, verringern diese ihre Größe und werden zu Zwergen. Darüber berichtet Milton am Schluß des ersten Buches und führt die sogenannten »Fairies« zum Vergleich an. Die Fairies sind unseren Feen verwandt, Luftwesen, die ihre Gestalt und Größe ändern. In Englands volkstümlicher Überlieferung sollen die Fairies einen eingenickten Schäfer in der Dämmerung mit ihrem traumspendenden Zauberstab berühren und mit ihrer überirdischen Musik betören. Die Seele des Träumenden verkörpert, als durchaus traditionelles Symbol, ein auffliegender Schmetterling. Auf detaillierten Zeichnungen in Wien und Princeton (Kat.Nr. 23 und 25) sind viele Gestalten der englischen Mythologie zu sehen, so Robin Goodfellow-Puck, vor der Mondscheibe schwebend, oder Ariel, der links auf einer Fledermaus reitet. Rechts sitzt Queen Mab auf den Stufen des Feenpalasts, den boshaften kleinen Alb an der Kette. Die Fee links neben dem Schäfer mit dem kessen Hut hat eine offene Schachtel im Schoß, die sie als Umdeutung der Pandora kenntlich macht. Als die Pandora der antiken Mythologie das verschlossene Gefäß öffnete, kam das Unheil über die Menschen.[35] Der träumende Schäfer ist eine Umdeutung von Pandoras Bruder Epimetheus (der Nachdenkliche). Der Sage nach sind die »Fairies« gefallene Engel, denen magische Kräfte angedichtet wurden. Den Menschen unsichtbar, werden sie nur von Tieren wahrgenommen, und hier ist es der Hund des Schäfers, der sich verstört umblickt. Die Pforte des Feenpalasts ist als eine Reminiszenz an die elfenbeinerne Pforte erkannt worden, aus der nach Homer und Vergil nachts die Träume hervorgehen.[36]

Auch die Komposition des Bildes unterscheidet sich von den vorigen. Den Prolog mit den düsteren Ursprüngen der Schöpfungsgeschichte hatte Füssli durch monumentale Figuren

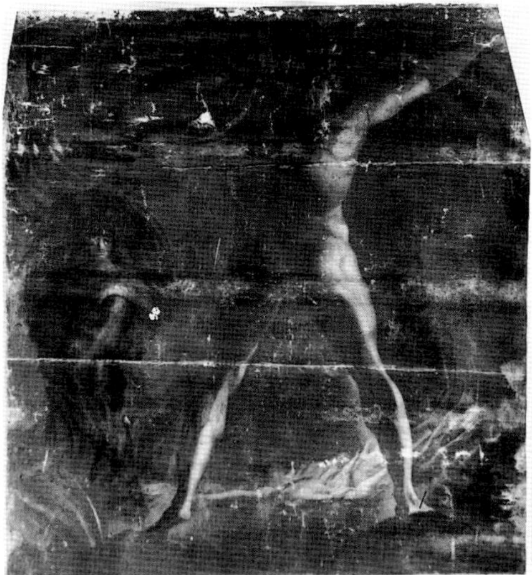

Kat.Nr. 20*
Satan steigt aus dem feurigen See, 1797–1799
Öl auf Leinwand, 442 x 366 cm
Stratfield Haye, Berks., H. G. The Duke of Wellington
Schiff 889
Gemälde Nr. 1 der Milton-Galerie

Kat.Nr. 21*
Satan ruft seine Legionen auf, 1799–1800
Öl auf Leinwand, 396 x 366 cm
Stratfield Saye, Berks., H.G. The Duke of Wellington
Schiff 890
Gemälde Nr. 2 der Milton-Galerie

Kat.Nr. 23
Der Traum des Schäfers, 1785
Bleistift und Rötel, grau getönt, 40 x 55,2 cm
Wien, Graphische Sammlung Albertina, Inv.Nr. 14652
Schiff 829
Vorstudie zu Nr. 4

Kat.Nr. 25*
Der Traum des Schäfers, 1785–1793
Deckfarben auf Bleistift-vorzeichnung, quadriert, 36,7 x 51,8 cm
The Art Museum, Princeton University, Bequest of Dan Fellows Platt, Class of 1895 (48-991)
Schiff 1762a
Entwurf zu Nr. 4

Kat.Nr. 24*
Der Traum des Schäfers, 1793–1795
Weiße Kreide auf braunem Papier, quadriert, 31,6 x 51,8 cm
New Haven, Connecticut, Yale Center for British Art, Paul Mellon Collection, Inv.Nr. B1975.4.1921
Schiff 1762b
Entwurf zu Nr. 4

FEBRUARY 2017

SUNDAY	MONDAY	TUESDAY	WEDNESDAY	THURSDAY	FRIDAY	SATURDAY
			1 National Freedom Day	2 Groundhog Day	3 ◐	4
5	6	7	8	9	10 ○	11
12	13 Family Day (BC Canada)	14 Valentine's Day	15 National Flag Day (Canada)	16	17	18 ◑
19	20 Presidents' Day Family Day (AB, ON, SK Canada)	21	22	23	24	25
26 ●	27	28 Mardi Gras				

JANUARY 2017

S	M	T	W	T	F	S
1	2	3	4	5	6	7
8	9	10	11	12	13	14
15	16	17	18	19	20	21
22	23	24	25	26	27	28
29	30	31				

MARCH 2017

S	M	T	W	T	F	S
			1	2	3	4
5	6	7	8	9	10	11
12	13	14	15	16	17	18
19	20	21	22	23	24	25
26	27	28	29	30	31	

● New Moon ◐ First Quarter ○ Full Moon ◑ Last Quarter

Kat.Nr. 22
Der Traum des Schäfers, 1793
Öl auf Leinwand,
154 x 215 cm
London, Tate Gallery,
Inv.Nr. 7466-59-1
Schiff 1762
Gemälde Nr. 4 der Milton-Galerie

und dunkle Farben charakterisiert. Dagegen zeigt der »Traum des Schäfers« eine Vielzahl fremdartiger Figuren in unterschiedlichen Größenmaßstäben; das Kolorit ist heller, und bunte Lichtreflexe geben dem Ganzen einen phantastischen Zug. Im Vergleich zu den vorigen Bildern zeigt sich ein Grundprinzip von Füsslis Kompositionstechnik. Den ausschnitthaften Vergrößerungen stehen detaillierte Darstellungen gegenüber (manchmal auf demselben Bild, so bei »Euphrosyne«, Milton-Galerie Nr. 45). Der Wechsel der Perspektive ist auf Füsslis Beschäftigung mit naturwissenschaftlichen Methoden zurückgeführt worden, so benutzte er beispielsweise das damals sehr moderne Mikroskop, um Insekten zu betrachten.[37]

Mit einer Reihe von Studien hat Füssli das Bild vorbereitet, darunter ist die Zeichnung mit dem Titel »The Shepherd's Dream«, die Füssli schon 1785 in der Royal Academy ausstellte (Kat.Nr. 23)[38]. Die Hauptwerke der Milton-Galerie sind also gleichsam im Verborgenen gereift, oft viele Jahre bevor das Projekt als Ganzes realisiert wurde. Das Gemälde war 1793 vollendet, wie aus einem Brief an William Roscoe hervorgeht.[39] Es gehört damit zu den zuerst entstandenen Werken der Milton-Galerie, in dem zugleich ein Leitmotiv des Zyklus eingeführt wird. Schlaf und Traum generieren eine fremdartige, geheimnisvolle Wirklichkeit.[40]

Satan als Held
Milton-Galerie Nr. 5 – Nr. 12

Nr. 5
Satan und Tod, von der Sünde getrennt, 1799–1800
Satan and Death, Separated by Sin
Milton, Paradise Lost II, 722, 815

Das zweite der zwölf Bücher von Paradise Lost ist zweifellos das spannendste. Die beherrschende Figur der Milton-Galerie ist Satan. In sieben Bildern (Milton-Galerie Nr. 5 – Nr. 12) breitet Füssli seine Geschichte aus und kompiliert eine Anzahl verstreuter Textstellen bei Milton, die Satans strahlende Gestalt beschreiben, seinen Schild, der so groß wie der Mond, und den Speer, der lang wie ein Baum ist. Der Dichter schildert nicht nur die heldische Schönheit Satans, sondern auch die Tränen verwundeten Stolzes und die tiefen Furchen der Sorge in seinen fahlen Wangen.[41]

Die Tatsache, daß Satan die dominierende Figur der Milton-Galerie ist, hat zwei Gründe. Zum einen gab ihm schon Milton die Rolle des Protagonisten, einem Motor vergleichbar, der das dramatische Geschehen vor dem Sündenfall antreibt. Zum anderen liegt es an der Rezeption Miltons in der Aufklärung. Symptomatisch ist eine Passage aus einem »Dialog« in Daniel Webbs »Remarks on the Beauties of Poetry«, die 1766 im Zürcher Verlag von Füsslis Vater auf Deutsch erschienen:

»In dieser Beobachtung erkennen wir den Grund, warum die hauptsächlichen Schönheiten in Miltons ›Verlorenem Paradies‹ so natürlich mit der Person des Satans verknüpft sind. Eine permanente und unveränderliche Glorie zu beschreiben hieße, ohne Schatten zu malen; man hat mehr Vergnügen an der Sonne, wenn sie untergeht, als wenn sie auf der Mittagshöhe steht. Göttliche Vollkommenheit und reine, engelhafte Naturen können keine Wolken haben bzw. keine Gegensätze; sie sind alle im hellen Glanz. So aber ist es nicht in der Beschreibung gefallener Größe; von gemindertem oder gebrochenem Glanz; von einer überragenden Natur, die zwar gesunken und in Ungnade gefallen ist, aber gelegentlich aus ihrer Verstoßenheit auftaucht. Dies ist ein wahrhaft poetischer Gegenstand; er gibt Anlaß zu einer derartigen Folge von fließenden Bildern, daß – nehmen wir einmal den Gegenstand in seiner ganzen Anstößigkeit, solange die Gefahr, wie in diesem Fall, fern ist – er die Vor-

Kat.Nr. 27
Satan und Tod, von der Sünde getrennt, 1776
Feder und Sepia, braun und grau getönt, 26,2 x 37,7 cm
Oxford, The Visitors of the Ashmolean Museum, DBB 658
Schiff 480
Entwurf zu Nr. 5

Kat.Nr. 26*
Satan und Tod, von der Sünde getrennt, 1799–1800
Öl auf Leinwand, 64,7 x 57,1 cm
Los Angeles, County Museum, Inv. Nr. 7466-59-1
Schiff 891
Verkleinerte Version des Gemäldes Nr. 5 der Milton-Galerie (?)

stellungskraft hinwegrafft, alle sanfteren Überlegungen beiseite wirft, und die Sinne davoneilen – weit außer Reichweite besonnener Überlegung.«

Auf diese Rede Eugenios läßt Webb den Aspasia antworten: »Dies ist die beste Verteidigungsrede für satanische Größe, die ich je gehört habe.«[42] Die Übereinstimmung dieser Passage (die schon im Katalog der Hamburger Ausstellung 1974 zitiert wurde) mit Füsslis Konzeption der Satansfigur mag erstaunlich sein, zeigt aber letztlich nur, wie zeitgemäß sie war. In den Gemälden ist Satan der wichtigste Handlungsträger, er agiert und reagiert, und für seine machtvollen und gefährlichen Spiele hatte schon Milton anschauliche Vergleiche parat, wenn er sie mit gefährlichem Hexentreiben oder mit dem Mut des antiken Helden Odysseus gleichsetzte.

In den Bildern der Milton-Galerie taucht Satan häufiger auf als irgendeine andere Gestalt. Satan, Sünde und Tod stellen das Personal in einem Drittel der Milton-Galerie. Satan hat keinen Widersacher, der ihm an Kraft und Schönheit gleichkommt. Füssli klammert Gottvater und Messias fast völlig aus, obwohl ihnen Milton die Gegenposition in rhetorischer Ausführlichkeit zuweist. Die Heraushebung Satans in Füsslis Konzeption war schon den Zeitgenossen aufgefallen. So schrieb Füsslis Freundin Mary Wollstonecraft an William Roscoe über den Maler, Milton und Satan am 3. Januar 1792: »Unser Freund Füssli geht mit mehr als dem gewöhnlichen Esprit vor, wie schon Milton scheint auch er in der Hölle zu Hause zu sein – sein Teufel wird der Held der poetischen Serie sein, wobei ich, entre nous, meine Zweifel habe, ob er eine Eva erschaffen wird, die mir auch nur in einer einzigen Situation gefällt, die er ausgewählt hat, es sei denn nach dem Sündenfall […]«.

Die Verquickung von Tod und Sünde (Milton-Galerie Nr. 5, 6 und 7) ist auch vor Füsslis Beschäftigung mit Milton in der englischen Malerei in ähnlicher Weise dargestellt worden, zum Beispiel von Francis Hayman, George Romney, James Barry, William Hogarth und William Blake.[43] Schon in der ersten Zeichnung (Kat.Nr. 27) von 1776, die wie die Entwürfe zu »Satan flieht, von Ithuriels Speer berührt« noch in Rom entstand, findet Füssli eine neue, dramatische Bildformel. Auf der Zeichnung steht der helle Satan links, der dunkle, gekrönte Tod rechts. Während der Tod auf den wutentbrannten Satan zielt, wendet dieser den Speer gegen den sich blitzartig aufrichtenden Schlangenleib der Sünde. Der Tod taumelt zurück. Im Gemälde wird dieser Moment noch gesteigert (Kat.Nr. 26), so daß der Tod ins Dunkel stürzt und Satan den Halt auf schmalem Untergrund zu verlieren droht. Die Sünde, mit geflügeltem Haupt, ist hier fast ganz entblößt und schien den zeitgenössischen Betrachtern als eine Verkörperung zügelloser Lüsternheit. Ihr beinahe konturloses Profil ist Satan zugewendet, als wollte sie seinen Kuß erheischen, ein Vorgriff auf »Die Sünde, vom Tod verfolgt« (Milton-Galerie Nr. 7). In einem Brief von Füssli an Roscoe am 22. Oktober 1791 wird der Beginn der Arbeit an der Originalfassung (»13 Feet to 10«) erwähnt. Dieses großformatige Bild, das zuletzt 1929 im Kunsthandel war, ist seither verschollen, seine Komposition jedoch in einer Fassung überliefert, die etwas kleiner ist als Füsslis »small half length«. Über ihre Bestimmung oder Auftraggeber ist bislang nichts bekannt.

Nr. 6
Satan und die Geburt der Sünde, 1791
Satan and the Birth of Sin
Milton, Paradise Lost II, 746–758

Milton konstruierte im zweiten Buch des Paradise Lost die verwandtschaftlichen Beziehungen von Satan, Sünde und Tod folgendermaßen: Die Sünde wird aus Satan geboren, ist also seine Tochter. Mit ihr zeugt Satan den Tod. Auch Tod und Sünde vereinigen sich, und die Sünde gebiert, als Resultat des prähistorischen Gruppeninzests, die Hexen. Fortan bellen die Höllenhunde aus der hohlen Tiefe ihres Schoßes. Bei Milton und Füssli spielt die Szene in der Hölle. Wie Gottvater im Himmel hat auch Satan an diesem Ort einen Thronsitz inne, der ihn über alle übrigen Engel erhebt. Seinem Haupt entspringt die Sünde, die Milton als »Goddess arm'd« bezeichnet. Sie ist das Sinnbild für seinen Vorsatz, das erste Menschenpaar zur Sünde zu verleiten. In theatralischer Inszenierung ist sie als Lichtquelle sinnbildhaft für ihre weitreichende zerstörerische Kraft. Zugleich aber ist das Motiv ambivalent. Als Vorbild für die Figur der Sünde dient Athena: Es ist bezeichnend, wie Füssli sich aus dem traditionellen bildnerischen Kanon bedient. Interessanter ist die eigentümliche Lichtmetaphorik, denn der Lichtschein, traditionell positiv besetzt, ist hier Sinnbild für die strahlende Kraft der Verführung, wobei die Personifikation der Sünde fast unsichtbar in ihrem Schatten bleibt (Kat.Nr. 28, 29).[44]

Im siebten Bild (Kat.Nr. 30) kulminiert die erotische Spannung zwischen Mutter und Sohn in einer Umarmung zwischen Kampf und Liebesakt; vielleicht war es deshalb während des 19. Jahrhunderts eines der berühmtesten, berüchtigtsten der ganzen Serie. Die Wirkung des Bildes wird in einem Vers eines längeren Gedichts nachvollzogen, das Roscoe über die Milton-Galerie verfaßte. Dort wird die Umarmung als »incestuous rite«, als inzestuöser Ritus bezeichnet. Obwohl es nur ganz wenige Äußerungen Füsslis über seine Bilder gibt, erläuterte er in einem Brief an Roscoe vom 22. Oktober 1791: »Beharrlichkeit muß meine Tugend sein – ich meine das im Hinblick auf mein Publikum, weil es in der Natur des Werks liegt, daß große Vielfalt in ihm ist und die Folge davon ist unausgesetzte Unterhaltung (›perpetual amusement‹). Ich war gelangweilt von einem einzigen Thema oder einer einzigen Sorte von Themen. Das erwähnte Bild (Kat.Nr. 30, d.V.) ist für einen der zentralen Plätze in der Galerie bestimmt und wird wahrscheinlich von Sharp gestochen werden.«[45] Die Stelle ist in zweifacher Hinsicht interessant. Zum einen zeigt sie die Bedeutung gerade dieses Werks in der Präsentation der Milton-Galerie. Zum anderen weist Füssli ausdrücklich auf ein Charakteristikum der Bilderfolge hin: die Bandbreite der Themen und ihren oft abrupten Wechsel, der das Publikum »unterhalten« sollte. Dieses Charakteristikum wird uns im folgenden noch beschäftigen.

Nr. 7
Die Sünde vom Tod verfolgt, 1794–1796
Sin, Pursued by Death
(Sin chained by Death)
Milton, Paradise Lost II, 787 ff.

Kat.Nr. 30
Die Sünde, vom Tod verfolgt,
1794–1796
Öl auf Leinwand,
119 x 132 cm
Eigentum der Gottfried Keller-Stiftung Depositär Kunsthaus Zürich,
Inv.Nr. 1838
Schiff 892
Gemälde Nr. 7 der Milton-Galerie

Kat.Nr. 31*
Die Sünde, vom Tod verfolgt,
1794–1796
Schwarze Kreide,
15,0 x 21,6 cm
London, British Museum,
Inv.Nr. 1862-11-8-138
Schiff 1019
Entwurf zu Nr. 7

Kat.Nr. 32
Die Sünde, vom Tod verfolgt
Punktierstich von Moses Haughton und F. C. Lewis (1804), 35 x 50 cm
London, British Museum, Department of Prints and Drawings, Inv.Nr. B.M. 1872-5-11-975
Schiff 892a; Weinglass 1994, Nr. 188
Stich nach Nr. 7

Kat.Nr. 28
Satan und die Geburt der Sünde, um 1795
Öl auf Leinwand, 142 x 117 cm
Dallas Museum of Art, Foundation for the Arts Collection, Mrs. John B. O'Hara Fund, 1996.104.FA
Schiff Lost 34
Gemälde Nr. 6 der Milton-Galerie

Kat.Nr. 29*
Die Geburt der Sünde
Stich von Abraham Raimbach nach Füssli, als Titelblatt der Ausgabe des Paradise Lost veröffentlicht von Suttaby, Crosby und Corall, London 1806, 7,6 x 5,0 cm
London, British Museum
Schiff 1307; Weinglass 1994, Nr. 261
Stich nach Nr. 6 (o. Abb.)

Das Publikum war mit erotischen Szenen, wie sie »Die Sünde, vom Tod verfolgt« darstellte, durchaus vertraut, solche Werke waren allerdings in den kleinen Formaten der modischen Kabinettbilder für einen intimen Genuß bestimmt. Hier spielt sich eine Szene der Schöpfungsgeschichte ab, und die körperliche Vereinigung der wollüstigen Schönheit mit dem grauen, ungestalten Tod (im Entwurf noch konventionell als Gerippe wiedergegeben, Kat.Nr. 31) ließ dem Publikum kalte Schauer über den Rücken laufen. Keiner der Zeitgenossen Füsslis malte das Thema vorher oder nachher mit einer vergleichbar direkten, sinnlichen Präsenz. Das Schreckliche hatte eine bildliche Form gefunden, die das 19. Jahrhundert überdauern sollte. Das »schönste aller Werke« war zugleich die »schreckliche Vision«, wie in einer »Anweisung für junge Maler« der Zeit zu lesen ist. In der zweiten Ausstellung der Milton-Galerie 1800 fügte Füssli eine weitere Szene ein, »Die Sünde empfängt den Schlüssel zur Hölle« (Milton-Galerie Nr. 41), die jedoch verschollen ist.

Nr. 8
Die wilde Jägerin auf ihrem Flug zu den lappländischen Hexen, 1796
The Night-Hag Visiting Lapland Witches
Milton, Paradise Lost II, 662–666

Um das eigenartige Thema des nächsten Bildes »The Night-Hag Visiting the Lapland Witches« zu erklären, muß man etwas ausholen. Die Topographie der Hölle läßt sich nach Milton folgendermaßen zusammenfassen. Das Zentrum des sogenannten Pandämoniums bildet der Thronsaal Satans, um den die gefallenen Engel ihren Platz haben. Der Höllenkreis ist nur an einer Stelle durchlässig, und von dort erstreckt sich das Chaos, in dem vollkommene Dunkelheit herrscht. Nur wenn der Flug durch das Chaos gemeistert wird, ist die Erde zu erreichen. In dem Stadium der Weltgeschichte, in dem Milton sich in seiner Dichtung bewegte, war die Erde noch das Paradies.

Auf seinem Flug zu den Grenzen seines Reiches kommt Satan an die Pforten der Hölle. Ein Aberglaube, der noch zu Miltons Zeit vertreten wurde, besagte, daß Lappland geographisch unweit der Grenzen von Satans Reich lag, in der Nähe der dreifach verschlossenen Höllentore. Dort wachen Sünde und Tod. Der Tod gleicht einem amorphen Schatten, der sich spinnenhaft bewegt und ein tiefes Brüllen hören läßt. Der Oberkörper der Sünde ist verführerisch, aber aus dem Schoß ihres Schlangenleibes bellen die Höllenhunde, die Früchte ihrer inzestuösen Verbindung mit dem Tod. Da sie im Besitz der Höllenschlüssel ist, muß Satan sie auf seinem Flug zur Erde überwinden. Satan verspricht der Sünde, er werde sie

Kat.Nr. 33
Die wilde Jägerin auf ihrem Flug zu den lappländischen Hexen, 1796
Öl auf Leinwand, 101,6 x 126,4 cm
New York, The Metropolitan Museum of Art, Purchase Bequest of Lillian S. Timken by exchange, and Victor Wilbour Memorial, The Alfred N. Punnett Endowment, Marquand and Charles B. Curtis Funds, 1980; Inv.Nr. 1980.411
Schiff Lost 35
Gemälde Nr. 8 der Milton-Galerie

holen, sobald er das Paradies erreicht habe, und sie von ihren Qualen befreien. Die Sünde läßt sich überreden und löst den Schlüssel von ihrem Gürtel. Das Unheil nimmt seinen Lauf.

Nun zum Thema des Bildes (Kat.Nr. 33). Zur Charakterisierung der Sünde fügt Milton zwei Vergleiche ein. Gegen sie seien sogar die schlimme Skylla und die düsteren Nachthexen (Night-Hags) harmlos. Im volkstümlichen Aberglauben galt die Night-Hag als besonders gefährlich, da man ihr nachsagte, sie würde bei Neumond durch das Blut geschlachteter Kinder angelockt. Genau diesen kurzen, nur sechs Verse umfassenden Vergleich in Miltons ansonsten sehr ausführlicher Schilderung nimmt Füssli zum Bildthema:

> – follow the night-hag, when call'd
> In secret, riding through the air she comes,
> Lur'd with the smell of infant blood, to dance
> With Lapland witches, while the lab'ring moon
> Clipses at their charms. –
>
> Paradise Lost II, 662

Der Hexenglaube war zu Miltons Zeit und noch im 18. Jahrhundert weit verbreitet, und das Thema deshalb gewiß populär. Als Satan den Schlüssel zur Hölle erhalten und die Pforten geöffnet hatte, entwichen aus ihr auch die Hexen. Aus dem hohen Norden wurden die Hexen ausgeschickt, um im Gefolge von Tod und Sünde Unwetter und Krankheiten bis in weit entfernte Länder zu tragen. (Der Name Hag hängt übrigens etymologisch mit der griechischen Göttin Hekate zusammen.[46])

Diese sehr dunkle Seite an Miltons Paradise Lost wurde in den neunziger Jahren entdeckt. R. A. Bromley schrieb am 8. April 1794 an Füssli: »Wird irgendjemand es mit ihrem Zeichenstift aufnehmen können, den Milton zu illustrieren? Obgleich dieses großartige Buch stets nur von gebildeten Schreibern behandelt wurde, war es doch Ihnen vorbehalten, all diesen Szenen ihren ursprünglichen Geist zu geben – Engel und Teufel, Geister und Schemen, Hydren und Chimären, verfluchte Gnome, Höllenhunde mit dem Maul des Zerberus. [...] alle haben auf ihre Hand gewartet, damit sie ihnen Leben und Wirkung geben, mehr als die Vorstellung des Dichters zu geben vermag. Es scheint unwahrscheinlich, daß Sie im Pandaemonium einen Rivalen haben.«

Füssli selbst schätzte das Bild zusammen mit »Satan und Tod...« (Milton-Galerie Nr. 5) hoch ein, » – one of my very best – yet no one has asked its price till now – it requires a poetic mind to feel and love such a work.«[47] Offenbar lag ihm besonders an der unheimlichen Atmosphäre des Bildes zwischen all den Satan-Themen. Es fügte den düsteren Szenen eine weitere Facette hinzu. In diesem Zusammenhang ist seine Bemerkung aus dem Ausstellungskatalog zur Milton-Galerie aufschlußreich: »Dieses Thema und die übrigen, die dieser Deformation der Sünde gewidmet sind, zeigen die unvergleichbare Macht von Bildern, wenn sie durch Töne oder optische Eindrücke vermittelt werden. Der Poet kann etwas nur mit Worten ausdrücken, und er wird vielleicht für etwas bewundert, für das der Maler verabscheut würde, hätte er es dargestellt.«[48] Der Satz, obwohl eher beiläufig an den Rand gedruckt, enthält doch eine wichtige Stellungnahme. Er belegt, warum Bilder wie »The Night-Hag« oder »Satan, Sin and Death« das Publikum mehr erregten und beunruhigten als die Lektüre der entsprechenden Textpassagen. Zugleich aber braucht der Betrachter jenen »poetic mind«, um die Wirkung möglichst vollkommen zu empfinden.

Nr. 9
Satan fliegt auf von der Hölle, 1794–1796
Satan's Ascent from Hell
Milton, Paradise Lost II, 927–929
(verschollen)

Nr. 10
Ein Greif verfolgt einen Arimaspen, 1794–1796
A Gryphon Pursuing an Arimaspian
Milton, Paradise Lost II, 943
(verschollen)

Nr. 11
Satan fliegt ohne Antwort auf vom Chaos, 1794–1796
Satan Bursts from Chaos
Milton, Paradise Lost II, 1010ff.

Es ist also nicht erstaunlich, daß Füssli dem satanischen Themenkreis große Aufmerksamkeit schenkte. Bei keiner Bildsequenz der Milton-Galerie folgen die Textstellen so dicht aufeinander, daß die Geschichte mit den Gemälden förmlich nacherzählt werden kann. Nachdem Satan den Höllenschlüssel erhalten und die Pforten der Hölle geöffnet hat, fliegt er zur Erde (Kat.Nr. 34). Für die ungeheure Geschwindigkeit dieses Fluges zieht Milton einen Vergleich aus der Mythologie heran. Der mythische Vogel Greif, der einen Goldschatz bewacht, verfolgt mit rasender Geschwindigkeit einen Krieger aus dem sagenhaften Stamm der Arimasper, der das Gold geraubt hatte. Füsslis Bild ist nicht erhalten, aber seine Funktion im Zusammenhang ist die gleiche wie im achten Bild »The Night-Hag«.
Bei seinem Flug zur Erde streift Satan den äußeren Höllenbezirk, das Chaos, dessen Personifikation ihm den Weg zur Erde weist. Der deutsche Titel ist mißverständlich, da das englische »burst« nicht getroffen wird. Das originale Gemälde der Milton-Galerie, eines der mittelgroßen Formate (»large half length«), ist ebenso erhalten wie eine vorbereitende Zeichnung, die von der ausgeführten Komposition deutlich abweicht.
In dem Gemälde (Kat.Nr. 35) wird Chaos in seinem »dark pavilion« gezeigt, einem dorischen Tempel, neben ihm sind Nacht und Orkus personifiziert, und unter diesen Figuren ist Hades mit ausgebreiteten Armen zu sehen. Chaos, in der viel ausführlicheren Zeichnung ein bärtiger Gnom, weist Satan den Weg zur Erde, wo er sein Verführungswerk in Gang setzen wird. Die Nacht, fröstelnd in einen Pelzmantel gehüllt, hockt dabei, auf der anderen Seite hat sich die märchenhafte Gestalt des zotteligen Orkus dazugesellt, und schließlich ist die Hölle am tief heruntergezogenen Kopftuch auszumachen. Beinahe gestaltlos ist Demogorgon, dessen Name Unheil kündet, ferner tauchen Personifikationen von »Gerücht«, »Zufall«, »Verwirrung« und der ewige Widerstreit der Atome auf (deren Heerführer sind Warm, Kalt, Trocken, Feucht). Während in der Zeichnung (Kat.Nr. 36) die ganze boshafte Gesellschaft komische Züge trägt, ist das Gemälde, wie häufig in der Milton-Galerie, von wenigen Figuren bestimmt. Wie aus einer Rakete abgeschossen, schnellt Satan in kühner perspektivischer Verkürzung der Erde entgegen und läßt Chaos' »dark

Kat.Nr. 34*
Satan fliegt auf von der Hölle, Sünde und Tod blicken ihm nach, 1821–1822
Bleistift, aquarelliert, 39,8 x 30,1 cm
Auckland Art Gallery, New Zealand, Inv.Nr. 1965-77
Schiff 1820
Nachzeichnung nach einer Replik von Nr. 9

Kat.Nr. 35
Satan fliegt ohne Antwort auf vom Chaos, 1794–1796
Öl auf Leinwand, 126 x 101 cm
Zürich, Privatbesitz
Schiff 893
Gemälde Nr. 11 der Milton-Galerie

pavilion« (der sein Vorbild in Giulio Romanos Fresken im Palazzo del Tè in Mantua hat) unter sich zurück. Füssli hat seiner Phantasie beim Zeichnen offenbar mehr Lauf gelassen als beim Malen. Was in den Gemälden zu monumentaler Düsterkeit erstarrt ist, verrät auf den Zeichnungen jenen geistreichen Charme, in dessen Licht die hehre literarische Vorlage karikierend verfremdet ist.

Auch das Bild »Odysseus zwischen Skylla und Charybdis« (Kat.Nr. 37) verdankt sein in Miltons Kontext überraschendes Thema einem der erläuternden Exkurse des Textes. Der Dichter vergleicht Satans Flug zur Erde mit der Reise des mutigen Helden Odysseus vorbei an Skylla und Charybdis.

Nr. 12
Odysseus zwischen Skylla und Charybdis, 1794–1796
Odysseus between Scylla and Charybdis
Milton, Paradise Lost II, 1019 ff.

Odysseus, dessen Haltung an den Borghesischen Fechter erinnert, hat den Schild der Skylla entgegengestreckt, die als turmhoher Felsen das Meer überragt, zwei der Häupter sind tiergestaltig, ein drittes klafft in der Mitte, das vierte ähnelt einer Medusenmaske. Drei der sechs Gefährten werden gerade verschlungen. Die Senkung der Wasserfläche rechts unten markiert Charybdis, die Flut und alle Schiffe in einen tödlichen Strudel einsaugend. Diese Einzelheiten sind nicht aus Miltons Text abgeleitet, sondern aus dem Urtext Homers, ein Beispiel für Füsslis Freiheit der Auslegung. Auch dieses Bild ist also keine Illustration einer bestimmten literarischen Vorlage, sondern eine Interpretation eines traditionsreichen Themas. Dabei ist offensichtlich, welche Bedeutung Füssli dem Odysseus gibt: Er ist sowohl Bezwinger als auch Bedrohter und darin dem negativen Helden Satan ähnlich. Milton verwendet die bekannte Szene aus der Odyssee als Gleichnis mit umgekehrten Vorzeichen. Beide Geschichten handeln von Helden, wobei Satan durch den Vergleich mit Odysseus eine subtile Legitimierung erfährt. In einer Bemerkung zum gedruckten Katalog der Ersten Ausstellung schreibt Füssli: »An exemplification of Satan freightened in his passage to light.«

Kat.Nr. 36*
Satan fliegt ohne Antwort auf vom Chaos, 1794–1796
Feder und Tusche, laviert, 36,5 x 47,3 cm
New York, The Pierpont Morgan Library; Inv.Nr. 1975.43 (vormals Mrs. W. Murray Crane)
Schiff 1020
Entwurf zu Nr. 11

Kat.Nr. 37
Odysseus zwischen Skylla und Charybdis, 1794–1796
Öl auf Leinwand,
126 x 101 cm
Aarau, Aargauer Kunsthaus,
Inv.Nr. 884
Schiff 894
Gemälde Nr. 12 der Milton-Galerie

Diese Ambivalenz ist bezeichnend für die Milton-Galerie (und für Füsslis Gesamtwerk, wie zu zeigen sein wird). Die Figur des Odysseus erregte Füsslis Interesse, weil er in ihr auch einen autobiographischen Bezug sah. Gert Schiff zitiert eine Äußerung, die den Zusammenhang offenlegt: »Wer vor den Ausmaßen menschlicher Verderbtheit die Augen verschließen will, muß sie vor Literatur, Geschichte und Dichtung verschließen: die Bilder Hesekiels sind so krass wie die Bilder Juvenals – diese Auswüchse bloßzustellen, heißt die Klippen und Strudel zeigen, die das Leben gefährden.« Füssli sah sich in der Rolle eines Beobachters an exponierter Stelle über dem Abgrund.

Verführung: Satan und Eva
Milton-Galerie Nr. 13 – Nr. 15

Das Odysseus-Thema sollte, wie Füssli sagte, als »exemplification« fungieren. Es bildet in der Abfolge eine deutliche Zäsur, und die drei folgenden Bilder handeln von Satan und der Verführung Evas. Das vierte Buch des Paradise Lost enthält die Vorgeschichte des Sündenfalls, als Satan im Paradies angekommen ist und sich Adam und Eva nähert. Wie ein Spion versucht er, mehr über ihr unschuldiges Leben, die Gebote ihrer paradiesischen Existenz zu erfahren. Seine erste Aufgabe besteht darin, die beiden argwöhnischen Erzengel Uriel und Gabriel, mächtige Bewacher und gefährliche Gegner, zu überlisten.[49]
Aus der unvollendeten Zeichnung »Adam und Eva, zum ersten Mal von Satan beobachtet« (Kat.Nr. 39) geht die Komposition des Gemäldes hervor, das als Fragment erhalten blieb. Der Kopf Satans, der in den Wolken erscheint, ist auf der Zeichnung im Maßstab etwas zu groß geraten, vielleicht hat Füssli sie deshalb nicht ausgeführt. Auffallend sind die langen, sicher geführten Umrißlinien. Das Thema leitet zum Höhepunkt der Geschichte von Adam

Kat.Nr. 38
Adam und Eva, 1796–1799
(Adam und Eva, zum ersten Mal von Satan beobachtet)
Öl auf Leinwand, 73 x 54 cm
Stanford University Museum of Art, Comittee for Art Acquisitions Fund
Schiff 1761
Fragment des Gemäldes Nr. 13 der Milton-Galerie

Kat.Nr. 39
Adam und Eva, zum ersten Mal von Satan beobachtet, 1796–1799
Feder und Sepia über Bleistift, 30,6 x 18,5 cm
Zürich, Kunsthaus, Inv.Nr. 1940/116
Schiff 1021
Entwurf zu Nr. 13

Nr. 13
Adam und Eva, zum ersten Mal von Satan beobachtet, 1796–1799
Adam and Eva, Observed by Satan for the First Time
Milton, Paradise Lost IV, 325, 337, 502

Nr. 14
Satan flieht, von Ithuriels Speer berührt, 1791–1795
Satan Starting from the Touch of Ithuriel's Spear
Milton, Paradise Lost IV, 810–822
Schiff Lost 38
(verschollen)

und Eva hin, zu ihrem Sündenfall, und zeigt ihr Leitmotiv: die erotische Anziehung zwischen den Geschlechtern, die zum Sündenfall führt, der danach nicht gesühnt ist, im Gegenteil. Vielleicht hat diese thematische Konzentration zur Fragmentierung des großen Originalgemäldes geführt, denn von der Szene sind nur Adam und Eva übriggeblieben (Kat.Nr. 38). Ein wesentlicher Aspekt in Miltons Text wird dabei eliminiert, der Sündenfall, der in der liebenden, zärtlichen Annäherung wie in einem Keim angelegt ist. Dem Dichter war es vorbehalten, diesen Zustand als wahrhaft paradiesisch zu schildern, der Maler hat in der zarten Berührung der beiden Körper ein bildliches Äquivalent geschaffen. Auch für den schmalen Grat zwischen Erotik und Sexualität fand Füssli anschauliche Darstellungen – ihr Schlummer ist zugleich eine erotische Berührung.

Füssli gestaltet anschließend die dramatische Szene, die dem Sündenfall vorangeht. Nachts nähert sich Satan dem schlafenden Paar in Gestalt einer Kröte (bei Milton ist es eine Schabe), um Eva verführerische Worte ins Ohr zu raunen, als er plötzlich vom wachsamen Erzengel Ithuriel und seinem Begleiter Zephon aufgeschreckt und in die Flucht geschlagen wird. Die Figur des Satan wird zeichenhaft wiederholt, die beiden Engel ähneln den Genien aus Raffaels Vertreibung des Heliodor in den Stanzen des Vatikan. Füssli hat sich ausführlich in seinem Römischen Album mit Motiven nach Michelangelo und Raffael beschäftigt (heute im British Museum, London). Die Erzählung von Adam und Eva erreicht hier einen ersten Höhepunkt, als der Widersacher zum ersten Mal, noch mit Erfolg, zurückgeschlagen wird.

Dieses Bild der Milton-Galerie ist zwar nicht erhalten, aber seine Komposition unterschied sich nur wenig von dem Stuttgarter Bild von 1779. Zum Vergleich dienen eine spätere Zeichnung (Kat.Nr. 42) und der Stich von Normand fils (Kat.Nr. 41), der nach dem verlorenen Gemälde der Milton-Galerie geschaffen wurde.[50] Zudem ist ein Fragment erhalten mit dem Kopf Satans, das offenbar eine unmittelbare Vorstudie zu einem der beiden Gemälde ist (Kat.Nr. 40). Die Datierung um 1790 ist aus stilistischen Gründen nahelie-

Kat.Nr. 40
Satanskopf, um 1790
Öl auf Leinwand, 53 x 33,7 cm
London, Agnew's
Schiff 888
Studie zu Nr. 14

Kat.Nr. 41*
Satan flieht vor der Berührung mit Ithuriels Speer
Stahlstich (1823) von Normand fils, 19 x 17,5 cm
Zürich, Schweizerisches Institut für Kunstwissenschaft
Schiff 895; Weinglass 1994, Nr. 299
Stich nach Nr. 14

Kat.Nr. 42
Satan flieht vor der Berührung mit Ithuriels Speer, um 1810
Bleistift und Sepia, 32 x 40 cm
Zürich, Graphische Sammlung der Eidgenössischen Technischen Hochschule
Schiff 1413
Nachzeichnung zu Nr. 14
(o. Abb.)

gend, vor allem aber wegen der kadmiumgelben Farbe, die auf den Gemälden der neunziger Jahre häufig auftaucht. Das Gemälde Nr. 14 der Milton-Galerie (es maß 13 x 12 Fuß, 3,96 x 3,66 m) ging durch die Vermittlung von William Lock an John Julius Angerstein (zusammen mit »Die Erschaffung der Eva«, Milton-Galerie Nr. 17 für 300 bzw. 100 Guineen). Trotzdem standen die beiden Bilder für die Zweite Ausstellung 1800 wieder zur Verfügung.

Aus dem Brief eines potentiellen Käufers, Mr. Anker Smith, an den damaligen Besitzer Francis Isaac Du Roveray am 25. September 1801 erfährt man Genaueres über die dramatische Wirkung des Gemäldes: »Ich war bei Mr. Fuseli und habe die Bilder gesehen, die er für Sie gemalt hat. Die beiden, von denen Sie wünschen, ich solle sie nehmen, gefallen mir – mit Ausnahme von dem mit Satan, der von Evas Ohr auffliegt, von dem Sie richtig sagen, es sei so schwierig, daß ich es für 20 Guineen nicht übernehmen kann.«[51]

Die Stelle beleuchtet einen Aspekt der Vermarktung von Füsslis Kunst, denn Smith war Kupferstecher. Für 20 Guineen erwarb er die Rechte, es durch seine Nachstiche zu verbreiten. »Satan flieht, von Ithuriels Speer berührt« war eines der am häufigsten durch Graphiken verbreiteten Bilder der Milton-Galerie.

Nach dem dramatischen Bild Nr. 14 bringt das folgende eine Beruhigung. Milton fügte eine differenzierte Charakterisierung Satans ein. Als sein erster Versuch, sich Adam und Eva zu nähern, entdeckt ist, und er fliehen muß, wird Satan gewarnt: In himmlischen Sphären erscheinen die Waagschalen. In ihnen muß er sein vorbestimmtes Schicksal erkennen, ewige Verdammnis lautet das Urteil, er flieht und mit ihm verschwinden die Schatten der Nacht. Obwohl Satan, von Ithuriel und Zephon unter Androhung von Gewalt aus dem Paradies geworfen, diese vorläufige Niederlage voll Wut hinnehmen muß, bleibt er in Miltons Beschreibung siegesgewiß. Das Gemälde, das nur in einem, wenn auch eindrucksvollen Fragment erhalten ist, thematisierte die andere Seite des negativen Helden, seine Furcht vor dem allmächtigen Gott und sein Wissen, daß er ihm immer unterlegen sein würde (Kat.Nr. 43). Satan ist, so Miltons Kommentar, nicht unbesiegbar und nicht unbesiegt geblieben. Bei Füssli steht die Szene bezeichnenderweise vor der Bildsequenz über die Verführung von Adam und Eva.

Nr. 15
Satan sinnt über seine Taten,
1796–1799
Satan Musing on his Works (Satan discovering his fate in the scale aloft, flying from Gabriel and the Angelic Squadron)
Milton, Paradise Lost IV, 985 f., 1013–1015

Kat.Nr. 43
Kopf des Satan aus »Satan sinnt über seine Taten…«, 1790–1800
Öl auf Leinwand, 87 x 77 cm
New York, Privatbesitz
Schiff Lost 39
Fragment von Nr. 15

Adam und Eva – Die Lust der Verführung
Milton-Galerie Nr. 16 – Nr. 23

Nicht weniger als sieben Bilder der Milton-Galerie sind Adam und Eva gewidmet, wobei die Verführung der Eva breiten Raum einnimmt (Nr. 14, Nr. 16, Nr. 19). Folgende Themen wählte Füssli aus: Evas Traum (Nr. 16), ihre Erschaffung (Nr. 17), Evas erstes Zusammentreffen mit Adam (Nr. 18), die Szenen am Baum der Erkenntnis (Nr. 19) und nach dem Sündenfall, als Adam beschließt, sein Schicksal mit Eva zu teilen (Nr. 20), schließlich Gottes Richterspruch und seine Folgen (Nr. 21) und die Vertreibung aus dem Paradies (Nr. 27). Zwischen die beiden letzten Bilder sind fünf Werke mit Visionen eingeschoben, die weiter unten behandelt werden. Die Textstellen sind dem fünften Buch und dem achten bis elften Buch von Paradise Lost entnommen.

Im fünften Buch wechselt Milton die Perspektive und wendet sich Adam und Eva zu.

Gott versucht Adam durch einen Boten, den Engel Raphael, vor den bevorstehenden Gefahren zu warnen. Der Text dieses Kapitels ist als moralisierende Predigt angelegt und ohne dramatischen Höhepunkt. Für Füssli schien nur eine Szene interessant, als Eva Satan auf einer merkwürdigen Reise begleitet. Satan empfindet tiefe Zuneigung, als er die Schlafende erblickt und entführt sie im Traum (Kat.Nr. 44). Auf dem Flug durch die Sphären ist sie dem dunklen Engel wie eine Braut zur Seite gegeben und sinkt schließlich betäubt auf die Erde zurück, Satan verläßt sie. Eva verharrt in tiefem Schlaf. Im hellen Licht der aufgehenden Sonne liegt die Erde rechts unten. Nicht Adam und Eva werden, dem traditionellen Topos folgend, als Handlungsträger des Sündenfalls eingeführt, sondern Eva und Satan. Die Tatsache, daß Milton dem Sündenfall Schlaf und Traum vorangehen läßt, greift auch Füssli auf. Es ist ein Leitmotiv in seinem Werk, das sich als roter Faden nicht nur durch den Gemäldezyklus, sondern durch sein gesamtes Schaffen zieht. (Siehe das Kapitel »Traum und Schrecken«.) Das Thema des Bildes verknüpft den »Traum des Schäfers« (Milton-Galerie Nr. 4) mit den Visionen, die Adam nach dem Sündenfall eingegeben werden (Milton-Galerie Nr. 24 – Nr. 27). Das Gemälde wurde im Zweiten Weltkrieg in London zerstört und ist nur in einer Schwarzweißphotographie und Graphiken überliefert.[52]

Nr. 16
Der Traum Evas,
1796–1799
The Dream of Eve
Milton, Paradise Lost V,
55, 86, 90
(zerstört)

Kat.Nr. 44*
Der Traum Evas, 1796–1799
Öl auf Leinwand, 102 x 96 cm
Ehemals Minister Dr. W. de Bourg, London
Schiff 896
Photographie des zerstörten Gemäldes Nr. 16 der Milton-Galerie

Kat.Nr. 45*
Der Traum Evas, um 1804
Kupferstich mit Aquatinta von Moses Haughton,
48,9 x 42,9 cm
London, British Museum
Schiff 896a
Stich nach einer Replik von Nr. 16

»Der Traum Evas« und die »Erschaffung Evas« hängen motivisch eng zusammen (Kat.Nr. 44 und Kat.Nr. 46).[53] Die Figur der zurücksinkenden Eva ist im schlafenden Adam fast spiegelbildlich wiederholt und erinnert stilistisch an Figuren in Michelangelos Jüngstem Gericht in der Sixtinischen Kapelle. Gott greift selbst ein, um ihr Leben einzuhauchen. In der Gloriole erscheint das seltsam blicklose Gesicht des »Supreme Being«, wie Füssli es selbst bezeichnete. Nach ihrer Erschaffung hat Eva sich in flehender Geste an dieses höhere Wesen gewandt, als wolle sie, vorausblickend auf kommende Ereignisse, um Erlösung bitten.

Auch diese Figur ist ambivalent, denn nach Füssli kann mit dem »Supreme Being« sowohl Gott als auch Christus gemeint sein, ein theologisches Paradoxon. Füssli hat diese Frage in mehreren seiner Briefe absichtlich nicht entschieden. Offenbar scheute er die bildliche Darstellung des christlichen Gottes, der, wie er betont, auch bei Milton nicht beschrieben werde. Dies ist insofern interessant, als der traditionelle Topos des schöpferisch an Adams Rippe tätigen Gottes hier außer Acht gelassen wird. Weder Milton noch Füssli machten sich anheischig, das biblische Heilsgeschehen ein weiteres Mal nachzuerzählen. Für die unvoreingenommenen, weil literarisch womöglich nicht vorgebildeten Betrachter stellte sich das Problem der Interpretierbarkeit der männlichen Gestalt. Füssli bemerkte die Mißverständlichkeit und korrigierte für seinen später entstandenen Stich zu Erasmus Darwins »The Temple of Nature« die Komposition, indem er das »Supreme Being« durch eine Lichterscheinung ersetzte (Kat.Nr. 48 und Kat.Nr. 49).[54] Die Figur Gottvaters fehlt in Füsslis Umsetzung aus zwei Gründen. Zum einen verbot sein calvinistischer Hintergrund die Darstellung Gottes im Bild, obwohl er selbst nicht als religiös geschildert wird. Da er sich zu

Nr. 17
Die Erschaffung der Eva, 1793
The Creation of Eve
Milton, Paradise Lost
VIII, 426 ff.

Nr. 18
Die neuerschaffene Eva, Adam zugeführt, 1796–1799
Eve, newly Created, led to Adam
Milton, Paradise Lost
VIII, 484
Schiff Lost 40
(verschollen)

Kat.Nr. 47*
Die Erschaffung der Eva
Öl auf Leinwand,
126,9 x 101,6 cm
Standort unbekannt
(zu Schiff 897)
Replik von Nr. 17 (o. Abb.)

Kat.Nr. 48
Die Erschaffung der Eva, 1803
Aquarell, 43 x 26 cm
Zürich, Kunsthaus,
Inv.Nr. 1940/89
Vorlage für den Punktierstich von Moses Haughton für die Ausgabe von Erasmus Darwin, »Temple of Nature or The Origin of Society«
Schiff 1422
Nachzeichnung zu Nr. 17

Kat.Nr. 49*
Die Erschaffung der Eva
Erasmus Darwin, »Temple of Nature or The Origin of Society«
Punktierstich von Moses Haughton (1803),
12,5 x 8,5 cm
Vgl. Kat.Nr. 48
Schiff 1339
Stich der Nachzeichnung zu Nr. 17

Kat.Nr. 46
Die Erschaffung der Eva, 1793
Öl auf Leinwand,
307 x 207 cm
Hamburger Kunsthalle,
Inv.Nr. 795
Schiff 897
Gemälde Nr. 17 der Milton-Galerie

theologischen Fragen nicht geäußert hat, ist der zweite Grund plausibler. Seine Konzeption erhält ihre Spannung vor allem aus dem negativen Helden Satan, den er zu monumentaler Größe und Schönheit stilisiert.[55] Noch auffallender ist die Tatsache, daß Füssli zu zwei Büchern des Paradise Lost keine Bilder malt und damit einen wesentlichen Teil des Textes unberücksichtigt läßt. Das sechste Buch von Paradise Lost enthält die große Schlacht zwischen den himmlischen und den teuflischen Heerscharen, in deren Verlauf der Messias als siegreicher Feldherr auftritt. Miltons Paradise Lost hat eine übergeordnete Struktur: Der Mittelteil, eben diese beiden Bücher über den Kampf und Sieg Gottes über die Mächte der Finsternis, wird am Beginn und Ende flankiert von den Angriffen Satans auf die Schöpfung, wobei je zwei Bücher eine erzählerische Einheit bilden. Bei Füssli ist das Gleichgewicht zwischen Gut und Böse, das eine streng theologische Auslegung des Paradise Lost nahelegte (und von früheren Illustratoren befolgt worden war), zugunsten des Bösen verschoben. Dem Beginn und Schluß des Epos hat Füssli also den größten Teil seiner Bilder gewidmet.

Das siebte und achte Buch ist der Erschaffung der Welt gewidmet. Milton bedient sich eines rhetorischen Kunstgriffs, indem er den Erzengel Raphael auftreten läßt. Auf Geheiß Gottes muß er Adam erklären, daß die Anstrengungen Satans, eine eigene Welt für sich und sein Gefolge zu errichten, den Allmächtigen bewogen hätten, die Schöpfung durch den Messias in sechs Tagen vollbringen zu lassen. Das achte Buch ist den Verhaltensregeln in dieser göttlichen Welt gewidmet. Schließlich wird Eva als leibliches Wesen erschaffen, und Adam entflammt auf den ersten Blick in Liebe zu ihr. Füssli berücksichtigt die beiden Bücher nur mit einem Bild zum achten Buch, »Die neuerschaffene Eva, Adam zugeführt«, über das nichts bekannt ist. Es erfüllte eine dramaturgische Funktion, denn die Übertretung des höchsten Gebots – Kein Apfel vom Baum der Erkenntnis! – war Evas Initiative zuzuschreiben. Aus Liebe zu ihr hatte Adam ihrem hartnäckigen Bitten nachgegeben, sie allein durch den Paradiesgarten gehen zu lassen.

Wie trügerisch das Glück der ersten Menschen war, beschreibt Milton im neunten Buch. Nachdem Füssli aus dem fünften bis achten Buch nur wenige Szenen ausgewählt hatte, eröffnete er mit dem Sündenfall eine neue Sequenz. Der Augenblick des Sündenfalls, der Biß in den Apfel, wird als Handlung nicht direkt gezeigt. Das Gemälde ist verschollen, aber eine schwungvolle Studie in Zürich (Kat.Nr. 50) gibt einen Eindruck, wie es ausgesehen haben dürfte. In der rasch ausgeführten Pinselzeichnung sind die wesentlichen Teile der Komposition festgehalten. Eva steht unter dem Baum, und Satan, der die Erde zuvor umkreist hatte, nähert sich in Gestalt einer dicken, unbeholfen wirkenden Schlange (»the guilty serpent«). Sein Überredungswerk hat er nahezu vollbracht, denn auf Evas erstaunte Frage, warum die Schlange sprechen könne, antwortet diese mit einem Hinweis auf den Baum der Erkenntnis. Der wichtigsten göttlichen Verhaltensregel für das Paradies, die verbotenen Früchte betreffend, hat Eva bekanntermaßen keine Beachtung geschenkt.

Das Blatt entstand, das belegen Vergleiche des Zeichenstils, vermutlich erst um 1804. Offenkundig interessierte Füssli sich mehr für die allmählich steigende Spannung. In spontan geführten Pinselzügen werden Körper, Baumstamm und Schlange miteinander verbunden, und angesichts des vergleichsweise konventionellen Sujets zeigt Füssli als Zeichner Temperament, Sinnlichkeit und Witz. Eine kleine Fassung des Themas entstand im Jahr 1805, also nach der Milton-Galerie, als Vorlage für einen Stich (s. Abb.).[56] Für die Zweite Ausstellung der Milton-Galerie im Jahr 1800 malte Füssli noch zwei Bilder zur Verführungsgeschichte, »Satan spricht Eva zum ersten Mal an« und »Die Begegnung von Adam und Eva nach ihrer Verführung«. Die heute verschollenen Gemälde wurden als Nr. 42 und Nr. 43 in die Milton-Galerie aufgenommen.

Nr. 19
Eva am Baum der Erkenntnis,
1794–1796
Eve at the Forbidden Tree
Milton, Paradise Lost IX, 780–784
Schiff Lost 41
(verschollen)

Kat.Nr. 50
Eva pflückt den Apfel,
1794–1795
Bleistift, Pinsel und Sepia,
51 x 34 cm
Zürich, Kunsthaus,
Inv.Nr. 1940/116
(vorm. Paul Hürlimann)
Schiff 1022
Entwurf zu Nr. 19

Die Verführung der Eva, 1804
Vorlage für den Stich von P. W. Tomkins in J. Sharpes »Works of the British Poets«, I, London 1805
Öl auf Holz, 30,2 x 23,8 cm
Auckland Art Gallery, New Zealand
Schiff 1215

Kat.Nr. 51
Adam entschlossen, das Los Evas zu teilen
Kupferstich mit Aquatinta von Moses Haughton,
52,5 x 38,5 cm
London, British Museum, Department of Prints and Drawings, Inv.Nr. B.M. 1979.u.1248
Schiff 898; Weinglass 1994, Nr. 263
Stich nach Nr. 20

Nr. 20
Adam entschlossen, das Los Evas zu teilen, um 1795
Adam Resolved to Share the Fate of Eve;
The Guardian Angels leave the Garden of Eden
Milton, Paradise Lost IX, 953, 954, 958–960, 990, X, 17
(verschollen)

Nr. 21
Eva, verzweifelt über den Richterspruch und Abschied des Herrn, von Adam gestützt, 1796–1798
Eve After the Sentence and Departure of the Judge, Despairing, Supported by Adam
Milton, Paradise Lost X, 224, 1007
Schiff Lost 42
(verschollen)

Hauptthema für Füssli war »the embrace of Adam and Eve« (Kat.Nr. 51) und nicht so sehr Miltons Perspektive, in der Eva als willensschwache Kreatur erschien, die sich leicht verführen ließ. Bei Füssli spielt diese einseitige Schuldzuweisung eine untergeordnete Rolle, wenn er Adam und Eva eng umschlungen sehr anschaulich ihr neues Schicksal teilen läßt, so als sei die körperliche Liebe erst nach dem Sündenfall möglich und dessen Kompensation in der irdischen Welt. Diese Umarmung aus reiner Lust konnte vom zeitgenössischen Publikum als Ausdruck der schuldhaften Verworfenheit interpretiert werden. In Miltons Text ist die entsprechende Passage weit weniger prägnant, und Füssli erläuterte in einer Anmerkung im gedruckten Katalog zur Ausstellung, daß der Maler mit schöpferischer Freiheit, darin dem Dichter vergleichbar, ein Thema ausgestalten könne. Das Bild hatte also, anders als für heutige Betrachter, eindeutig negativen Charakter, denn sonst wäre die freizügige Darstellung der beiden nackten Körper nicht zu rechtfertigen gewesen. »I have contrived, even by the decision of grave & maiden eyes to give sentiment & modesty to passion which you will think very lucky, no doubt. The Departure of the Guardian Angels from their charge in the airy distance adds in my opinion something sublime.«[57] Zahlreiche Zeichnungen, die von seinen offiziellen Werken weit entfernt sind, illustrieren das ambivalente Verhältnis zwischen den Geschlechtern, in dem die Frauen dominant, die Männer häufig in devoter Haltung zu sehen sind (siehe im Kapitel »Der andere Eros«).

Das verschollene Gemälde maß ungefähr 1,67 auf 1, 33 m und gehörte damit zu den mittleren Formaten der Milton-Galerie; ein Stich von Moses Haughton zeigt, wie es ausgesehen hat.[58] Im dramatischen Ablauf der Galerie bedeutet das Bild Nr. 20 eine Art negativen Höhepunkt. Der dort geschilderten sexuellen Umarmung folgt das vernichtende Urteil Gottes. Er straft mit dem Verlust aller überirdischen Schönheit, die Hölle bricht in das paradiesische Idyll ein, und Satan wird seinen Siegeszug antreten. Adam und Eva gewärtigen ihre Schuld (Milton-Galerie Nr. 21), die sie schicksalhaft aneinander fesselt. Nun läßt Füssli Satan und sein Gefolge wieder auftreten (Milton-Galerie Nr. 22 und Nr. 23).

Als die Wächterengel vom Sündenfall der Menschen erfahren, erstatten sie Bericht im Himmel und werden freigesprochen. Gott muß den Sieg Satans über seine Schöpfung anerken-

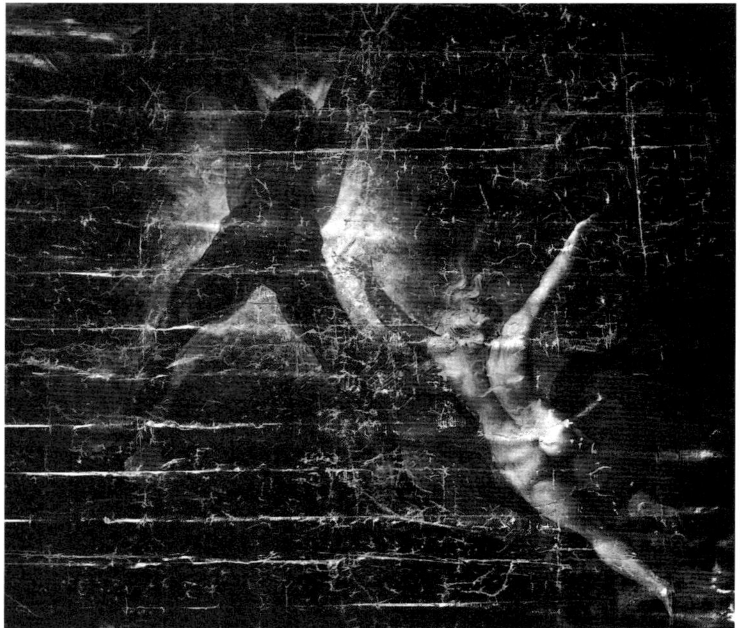

nen und schickt seinen Sohn, um die Sünder zu bestrafen. Inzwischen feiern Sünde und Tod in einem orgiastischen Fest ihren Herrscher, denn nun ist der Weg frei für die Heerscharen Satans. Künftig werden sie auf der Welt ihr Unwesen fast ungehindert treiben können. Die Brücke über das Chaos (Milton-Galerie Nr. 22) wird geschlagen.

Füssli griff eine längere Passage aus dem zehnten Buch heraus, als Satan nach seinem Verführungswerk in das Schattenreich zurückgekehrt ist, die bevorstehende Befreiung verkündet und die Brücke schlagen läßt. Das Gemälde gehörte zu den großformatigen Bildern der Milton-Galerie (3,35 x 3,05 m), das Bild ist jedoch fast gänzlich zerstört durch die maltechnischen Experimente Füsslis (an der Zeichnung Kat.Nr. 52 lassen sich die Einzelheiten erkennen). Die Oberfläche des Gemäldes ist so stark nachgedunkelt, daß sie schon Gert Schiff in den siebziger Jahren fast schwarz erschien und Satan am rechten Bildrand unkenntlich geworden war. Den Tod erkennt man noch an der Keule, mit der er auf den Schuttberg einschlägt, die Sünde an ihrem Schlangenleib, wie sie hingebungsvoll ihren heimkehrenden Meister empfängt (s. Abb.).[59] Füssli knüpfte hier wieder an eines der Bilder vom Beginn der Milton-Galerie an, »Satan und Tod von der Sünde getrennt«. Die Konstellation von nur drei Figuren, die er ins Riesenhafte steigerte, taucht immer wieder in dem Zyklus auf. Das Böse wird gleich durch mehrere Gestalten evoziert, und damit seine Vielfältigkeit und Unfaßbarkeit anschaulich gemacht. Füssli stellte diese Szene, »Sünde und Tod überbrücken die Wüste des Chaos und werden von Satan bei seiner Rückkehr von der Erde angetroffen«, in ihrer dramatischen Wirkung neben die »Vision des Elendsspitals« (Nr. 24) und die »Vision der Sintflut« (Nr. 25).

Das verschollene Gemälde Nr. 23 gab den Triumph Satans im Thronsaal des Pandämoniums wieder, wo ihm die teuflischen Heerscharen wie einem König huldigen.

Nr. 22
Sünde und Tod, die Brücke über das Chaos schlagend, 1799–1800
Sin and Death Bridging Chaos
Milton, Paradise Lost X, 293, 300, 326, 352

Nr. 23
Satan, nach seiner Rückkehr von der Erde auf seinem Thron entdeckt, 1796–1799
Satan Discovered on his Throne, after his Return from Earth
Milton, Paradise Lost XI, 477, 485
Schiff Lost 43
(verschollen)

Kat.Nr. 52*
Sünde und Tod beim Bau der Brücke von der Hölle zur Erde, begrüßt von Satan, um 1820
Bleistift und Sepia, grau getönt, 39,3 x 31,5 cm
Auckland Art Gallery, New Zealand, Inv.Nr. 1965-64
Schiff 1821
Nachzeichnung zu Nr. 22

Sünde und Tod beim Bau der Brücke von der Hölle zur Erde, begrüßt von Satan, 1799–1800
Öl auf Leinwand, 335 x 305 cm
Schiff 899
Zerstörtes Gemälde Nr. 22 der Milton-Galerie

Die Visionen nach dem Sündenfall
Milton-Galerie Nr. 24 – Nr. 27

Obwohl der Messias nach seiner Rückkehr in den Himmel von der Reue der armen Sünder berichtet, ist die Vertreibung aus dem Paradies unausweichlich. Noch ist sich Adam über die fürchterlichen Konsequenzen nicht bewußt, als Gott seinen Erzengel Michael schickt, um ihm die »Schuppen von den Augen« zu nehmen, wie Milton es ausdrückt. Er führt Adam auf einen hohen Berg und zeigt ihm, was sich bis zur Sintflut ereignen wird. Am Schluß des elften Buches stehen die Visionen.

In der Milton-Galerie waren die Gemälde der Visionen als dramatische Höhepunkte inszeniert. Sucht man nach den Textvorlagen, finden sich längere Passagen, die menschliche Laster geißeln, allen voran den Aberglauben an Dämonen, Hexen und Teufel, den Trägern negativer Eigenschaften wie Habgier, Neid und Wollust. Füssli wählt drei Passagen aus, »Das Elendsspital« (Nr. 24), »Die Sintflut« (Nr. 25) und »Die Vision Noahs« (Nr. 26), die eine thematisch geschlossene Sequenz bilden. Als zentrales Thema wurde die »Vision« schon in der Exposition der Milton-Galerie vorgegeben, so enthält der »Traum des Schäfers«, wenn auch in weniger direkter Weise, eine Anspielung auf die Macht des Eros über den Menschen. (Nr. 4 der Milton-Galerie; vergleiche auch »Die Wilde Jägerin«, Nr. 8, und »Odysseus zwischen Skylla und Charybdis«, Nr. 12). Die Visionen stehen mit den Träumen in Verbindung und sind ihre Steigerung ins Unfaßbare, da sie Grenzen der Wirklichkeit und Zeit überschreiten.

Nr. 24
Die Vision des Elendsspitals, 1791–1795

The Vision of the Lazar House
Milton, Paradise Lost XI, 477–490
Schiff Lost 44
(verschollen)

Die zeitgenössischen Betrachter empfanden vor allem die »Vision des Elendsspitals« als Höhepunkt der ganzen Galerie. Milton verwendet in den entsprechenden Passagen des Paradise Lost ein Irrenhaus als Metapher für die Leiden, die den Menschen nach dem Sündenfall auferlegt wurden. Nur die große Zeichnung in Zürich, deren Quadrierung die Vorarbeit zum Gemälde erkennen läßt, kann noch Auskunft über die Komposition des Gemäldes geben (Kat.Nr. 53). Ein halbnackter Mann versucht vor einer plötzlichen Erscheinung, dem Gespenst des Todes, zu fliehen und wird von Mitgefangenen gewaltsam zurückgehalten. Wie ein riesiges Phantom mit Fledermausflügeln nimmt diese Personifikation den gesamten oberen Rand des Bildes ein. Die anderen Kranken nehmen weder den düsteren Tod, noch ihre unmittelbare Umgebung wahr. Auflehnung und Verzweiflung münden in Ausweglosigkeit.

In Füsslis Bild verknüpfen sich literarische Vorlage und biographischer Hintergrund. Milton gibt einen ganzen Katalog körperlicher und seelischer Leiden, die dem Menschen nach dem Sündenfall aufgebürdet wurden. Füssli zeigt hingegen den abgeschiedenen Bereich eines Siechenhauses, in dem die Irrsinnigen wie Gefangene eingeschlossen sind und keine Heilung für die mannigfachen Krankheiten der Seele erwarten können. Die Anregung zu dem Bild gab eine zufällig beobachtete und zeichnerisch fixierte Episode aus Füsslis römischer Zeit, als 1772 im Ospedale S. Spirito ein sterbender Geisteskranker in Panik vor den Priestern mit der letzten Ölung floh. Füssli hat sich nachweislich für Geisteskrankheiten interessiert und in London das Bedlam-Hospital mehrfach besucht.

Die dramatische Komposition, ein Pasticcio aus Gestalten in Michelangelos Jüngstem Gericht und seiner Pietà im Petersdom, hatte Füssli schon in seiner römischen Zeit in der Zeichnung »Der Ausbrecher« (Schiff 515) festgehalten. Es ist bemerkenswert, daß die sentimentale Anteilnahme am Schicksal der Elenden und Kranken Füssli offenbar nicht interessiert hat. Der straffe Bildaufbau und die Zeichnung der Figuren sind stärker an der Kunst der Renaissance und des Manierismus orientiert als an den Werken zeitgenössischer Künst-

Kat.Nr. 53
Die Vision des Elendsspitals, 1791–1793
Bleistift, Sepialavierung, 56,5 x 66,0 cm
Zürich, Kunsthaus, Inv.Nr. 1916/10
Schiff 1023
Entwurf zu Nr. 24

Kat.Nr. 54*
Die Vision des Elendsspitals (Das Vorüberschreiten des Todesengels), 1791–1795
Pinsel und Tusche, weiß gehöht, 52 x 58,4 cm
Santa Barbara, University Art Museum, Inv.Nr. 61-71
Schiff 1764
Vorstudie zu Nr. 24

Kat.Nr. 55*
Die Vision des Elendsspitals
Linienstich von Moses Haughton, 54 x 66 cm
Weinglass 1994, Nr. 293
Stich nach Nr. 24 (o. Abb.)

ler wie Greuze. Die beiden Zeichnungen in Zürich und Santa Barbara (Kat.Nr. 53 und Kat.Nr. 54) unterscheiden sich so deutlich im Grad ihrer Ausführung, daß es sich bei der letzteren um eine Nachzeichnung nach dem fertigen Gemälde handeln dürfte.[60]

Das Sujet faszinierte das Publikum wie kaum ein zweites. Schon Lavater hatte sich für Füsslis römische Zeichnung begeistert und sie für seine »Physiognomischen Fragmente« stechen lassen. Füsslis Gemälde erregte großes Aufsehen und fand den fast ungeteilten Beifall der Kritik, es war in seiner Zeit wohl das bekannteste des ganzen Zyklus. Nicht nur das Thema, auch die Komposition der großen Leinwand und die Malweise wurden als geradezu revolutionär empfunden. Die Frage, ob »Das Elendsspital« als ein Historienbild zu sehen sei, drängte sich auf. Als das Bild im Jahr 1805 zu einer Ausstellung neuer englischer Historienmalerei ausgeliehen werden sollte, die der Bankier Coutts angeregt hatte, mußte das Auswahlgremium nicht weniger als drei Sitzungen absolvieren, bis eine Mehrheit gefunden war, die dafür plädierte das provozierende Werk tatsächlich wieder öffentlich zu zeigen.[61] Der literarischen Vorlage entsprang ein Realismus, der die Betrachter unwillkürlich in seinen Bann zog. Da die zahlreichen Figuren in die straffe Komposition eines neutralen Bildraums eingebunden sind, der auf historisierende Einsprengsel verzichtet, vermied Füssli den Eindruck eines Ereignisbildes. Indem er ein scheinbar realistisches Szenario entwarf, näherte er sich der Lebenswirklichkeit der Leser. Sein wesentliches stilistisches Mittel ist die Typisierung, ohne den Bezug zur zeitgenössischen Lebenswirklichkeit der Betrachter aufzugeben.

NR. 25
DIE VISION DER SINTFLUT, 1796–1800
The Vision of the Deluge
Milton, Paradise Lost XI, 742 ff.

Das nächste Bild scheint dieses Schema zu verlassen. Die »Vision der Sintflut« (Kat.Nr. 56, Kat.Nr. 57) zeigt die Auswirkung des Geschauten auf das Gemüt, nicht die Katastrophe selbst, das heißt Adam und Eva werden zu Stellvertretern der Betrachter, in deren Vorstellung sich die Sintflut vollzieht. Eva ist ohnmächtig zusammengesunken, während Adam auf einer Klippe über der schäumenden Flut Halt sucht. Füssli überläßt die Einzelheiten der Vernichtung fast ganz der Imagination und übergeht lange Passagen des Textes (die Beschreibung der Arche Noah und ausführliche Landschaftsschilderungen). Die Diskrepanz zwischen Miltons Text und Füsslis Auslegung ist nirgends offensichtlicher als in der »Vision der Sintflut«. Wie wenig er sich an Miltons Vorlage hielt, zeigt die Figur Evas, die in der Vision der Sintflut nicht vorkommt, denn der Erzengel Michael hat sie zuvor in tiefen Schlaf versetzt.[62] Füssli stellt »imagination«, die Vorstellungsgabe, über die Beschreibung der Fakten, und deshalb gibt er dem schauenden Adam die träumende Eva zur Seite. Dieses Bild war, trotz der scheinbar einfachen Komposition, besonders sorgfältig in Zeichnungen vorbereitet worden. Für die ersten Studien zu den Figuren stand einmal mehr Michelangelo Pate, so ist die Gruppe auf der Zeichnung aus Winterthur (Kat.Nr. 58) die Umformung einer Szene aus dem hinteren Mittelgrund in Michelangelos Sintflut-Fresko in der Sixtinischen Kapelle. Mehrere Einzelstudien und Kompositionsskizzen belegen, wie sich Füssli dem Thema näherte, auch wenn nur Teile davon im Gemälde berücksichtigt wurden (Kat.Nr. 58–60). Daß die Blätter als prozeßhafte Annäherungen zu verstehen sind, nicht unbedingt als Vorzeichnungen, gibt Aufschluß über Füsslis Malweise. In großen Linien wurde die Komposition eines Gemäldes auf der Leinwand fixiert, wie bei einer ins Monumentale übersetzten Zeichnung. Daraus rührt der Eindruck des »großen Wurfs« bei manchen Werken, aber auch die häufig geäußerte Kritik, sie wirkten wie zu groß geratene Zeichnungen. Die Maße des Bildes in Winterthur (Kat.Nr. 57) deuten darauf hin, daß das Bild eine Zweitfassung zur Milton-Galerie ist. In den wesentlichen Teilen der Komposition stimmt es jedoch mit einem Stich von Normand fils nach dem Original überein. Dieser Stich wurde 1823 für den Katalog der Sammlung von John Julius Angerstein geschaffen, dem das Bild gehörte.[63]

56

57

Kat.Nr. 56*
Die Vision der Sintflut, 1796–1800
Öl auf Leinwand, 306 x 206 cm
Privatbesitz
Schiff 900
Gemälde Nr. 25 der Milton-Galerie

Kat.Nr. 57
Die Vision der Sintflut, 1796–1800
Öl auf Leinwand, 158 x 119 cm
Winterthur, Kunstmuseum
Schiff 901
Replik von Nr. 25

Kat.Nr. 58
Die Vision der Sintflut, 1796–1800
Kreide, weiß gehöht, 37,8 x 38,5 cm
Winterthur, Museum Oskar Reinhart am Stadtgarten
Schiff 1024
Entwurf zu Nr. 25

60

58

Kat.Nr. 59
Die Vision der Sintflut, 1796–1800
Bleistift, auf Kartonpapier, 26,4 x 34,4 cm
Zürich, Kunsthaus, Inv.Nr. 1938/728
Schiff 1025
Entwurf zu Nr. 25 (o. Abb.)

Kat.Nr. 60
Nackter Mann, eine bekleidete Frau auf der linken Schulter tragend und mit ihr angstvoll auf eine Klippe flüchtend, 1796–1800
Bleistift, 37,8 x 28,5 cm
Winterthur, Museum Oskar Reinhart am Stadtgarten
Schiff 1026
Entwurf zu Nr. 25

62

63

61

Kat.Nr. 61*
Die Vision Noahs, 1796–1799
Öl auf Leinwand,
396 x 305 cm
Luton, Beds., St. Mary's Parish Church
Schiff 902
Gemälde Nr. 26 der Milton-Galerie

Kat.Nr. 62
Die Vision Noahs, 1796–1799
Schwarze und weiße Kreide,
58,7 x 70,5 cm
Zürich, Kunsthaus,
Inv.Nr. 1938/772
Schiff 1027
Entwurf zu Nr. 26

Kat.Nr. 63
Die Vision Noahs, 1796–1799
Bleistift und Kohle,
46,5 x 60,8 cm
Basel, Öffentliche Kunstsammlung, Inv.Nr. 1978.716
Schiff 1765
Entwurf zu Nr. 26

Die Vision Noahs ist unter den Prophezeiungen des Erzengels die am wenigsten furchteinflößende. Sie birgt als hoffnungsvollen Keim den alttestamentarischen Verweis auf die Erlösungsgeschichte. Denn das Opfer wurde nicht angenommen, und Gottes Güte am Opferaltar gepriesen. Auch Milton hatte in seinem Text diese hoffnungsvolle Perspektive gegeben. Die Gläubigen sind auf Füsslis Bild zu Boden gesunken, während der biblische Patriarch das Hochformat der Leinwand beherrscht. Füsslis Bild zeigt den Ursprung christlicher Frömmigkeit als düstere Anbetung, die gerade erst dem dumpfen Götzendienst entwächst. Je höher die Figurenpyramide steigt, desto frommer die Gebärden, bis zur religiösen Verzückung der Frauengestalt links neben Noah. Auch hier ist die Anwesenheit Gottes nur am scharf von Wolken begrenzten Lichtschein zu ahnen. Das »Supreme Being« der »Erschaffung der Eva« (Milton-Galerie Nr. 17) bleibt im Hintergrund. Unter den Figuren der Milton-Galerie ist Noah eindeutig positiv besetzt und damit eine wichtige Gegenfigur zu Satan. Ein Blick auf die zahlreichen Zeichnungen zu Noah in Füsslis Werk zeigt auch die formale Annäherung der beiden Figuren.[64] Ob diese formale Nähe inhaltlich zu deuten ist oder ihren Grund in Stereotypen von Füsslis Formenkanon hat, ist schwer zu entscheiden. Ich tendiere zu letzterem, vor allem angesichts der zahlreichen motivischen Wiederholungen, die keine eindeutige Zuordnung zur jeweiligen Bedeutung der Figuren zulassen.

NR. 26
DIE VISION NOAHS, 1796–1799
Noah's Vision
Milton, Paradise Lost XI, 861 ff.

Das Gemälde, nur in schlechtem Zustand erhalten (Kat.Nr 61), ist eines der größten Bilder der Milton-Galerie. Zwei Vorstudien sind bekannt, wobei Schiff die ikonographischen Unstimmigkeiten der Zeichnung in Zürich bemerkt (Kat.Nr. 62). An Stelle der in der Bibel erwähnten drei Söhne und drei Schwiegertöchter Noahs sind drei weibliche Gestalten, zwei Männer und ein Knabe sowie eine Anzahl Berittener im Hintergrund zu sehen. Schiff vermutet deshalb, daß Füssli ein anderes Bild durch einfache Veränderungen zum Noah-Opfer umgestaltet haben könnte. (Füsslis Vorgehensweise wird Claudia Hattendorff in ihrem Beitrag untersuchen, und am Schluß wird nochmals darauf zurückzukommen sein).

Die Visionen in Miltons Text sind der Katharsis eines Dramas vergleichbar, und die vorläufig letzte Szene der Verführungsgeschichte ist folgerichtig die Vertreibung aus dem Paradies. Der Gedanke der Erlösung steht nicht im Zentrum von Paradise Lost. Milton schreibt nicht über die Kreuzigung und Auferstehung, und folglich fehlen sie auch in Füsslis Milton-Galerie. Um so bedeutender sind die Gemälde der drei Visionen. Wie ein retardierendes Element sind sie in das Drama des Sündenfalls eingeschoben, dessen Entwicklung sich unter drei Begriffen subsumieren läßt: Erweckung, Verführung, Untergang. Die Schöpfungsgeschichte wird spiegelbildlich reflektiert in der Lebensgeschichte Christi, die sich zwischen Geburt, Heilsgeschehen, Tod und Auferstehung vollzieht. Mit der »Vertreibung von Adam und Eva aus dem Paradies« findet der quantitativ größte Teil des Zyklus, die Bilder über Miltons Paradise Lost, einen vorläufigen Abschluß. Eine sichtbare Zäsur entsteht durch einen grundlegenden Themenwechsel bei den folgenden Bildern.

NR. 27
DIE VERTREIBUNG VON ADAM UND EVA AUS DEM PARADIES, 1796–1799
The Dismission of Adam and Eve from Paradise
Milton, Paradise Lost XI, 861 ff.
(verschollen)

Das Gemälde für die Erste Ausstellung der Milton-Galerie 1799 ist vermutlich nicht erhalten. Füssli hat bald nach der Zweiten Ausstellung im Jahr 1800 eine Replik geschaffen. Auf diesem Bild, das sich heute in Houston befindet (Kat.Nr. 64), ist der Engel, mit skizzenhaft angedeuteten Flügeln, oben links zu sehen, daneben die schemenhaften »dreadful faces« der »armoured guards«, der Wächter an der Pforte zum Paradies. Formal hängt das Werk eng mit den großfigurigen Darstellungen von Adam und Eva zusammen. Füssli hat das gleiche Thema nach 1802 wieder aufgegriffen in einem Gemälde, das als Vorlage für den Stich in der Du Roveray-Ausgabe von Miltons Werken diente (Milton-Galerie 2; siehe den Beitrag von Claudia Hattendorff)[65]. Für die Erste Ausstellung der Milton-Galerie 1799 schuf Füssli zwölf weitere Bilder zu Texten Miltons und zu seiner Biographie. Für die Zweite Ausstellung

Kat.Nr. 64
Die Vertreibung von Adam und Eva aus dem Paradies, 1803–1805
Öl auf Leinwand, 150,5 x 73 cm
Houston, Texas, Sarah Campbell Blaffer Foundation, Inv.Nr. Acc. 1985.14
Schiff Lost 45
Replik (?) von Nr. 27

Kat.Nr. 65
Die Vertreibung von Adam und Eva aus dem Paradies
Kupferstich von Moses Haughton, 53,5 x 39,2 cm
London, British Museum
Nicht bei Schiff; Weinglass 1994, Nr. 226
Stich nach Nr. 27 (?)

1800 entstanden noch einige Szenen zu Paradise Lost, die bereits vorhandene Bilder ergänzten (sie werden, der ursprünglichen Numerierung folgend, weiter unten behandelt).

»Some natural tears they dropped, but wiped them soon,
The world was all before them, where to chose
Their place of rest, and providence their guide;
They hand in hand with wandering steps and slow,
Through Eden took their solitary way.

The End of the Twelfth Book«

Milton, Paradise Lost XII, 645–649;
die letzten Verse von Paradise Lost

»Paradise Regained«
Milton-Galerie Nr. 28 – Nr. 29

Zwei Bilder der Milton-Galerie beziehen sich auf den Text »Paradise Regained«, den Milton zwischen 1665 und 1670 schrieb. Das Wiedererlangte Paradies, in vier Büchern im Jahr 1671 erschienen, ist weder als Fortsetzung noch als Ergänzung zum viel bedeutenderen Paradise Lost zu verstehen. Der göttliche Heilsplan wird darin aus anderem Blickwinkel geschildert. Im Zentrum stehen die drei Versuchungen Christi in der Wüste, die ohne äußere dramatische Höhepunkte als großer Diskurs zwischen Satan und Christus verlaufen. Christus als Hauptfigur philosophiert weitschweifig-gelehrt über das Erlösungswerk Gottes, und er besiegt Satan, als sie auf die höchste Zinne des Tempels in Jerusalem gelangt sind. Satan als Inkarnation des Bösen muß sich endgültig geschlagen geben. Seine Welt geht unter, und das Reich Gottes entsteht. Christus kehrt in die Geborgenheit des elterlichen Zuhauses zurück. Die beiden Gemälde »Jesus auf der Tempelzinne« und »Maria und Jesus. Der Untergang des Heidentums«, die Füssli zu Paradise Regained gemalt hat, sind verschollen und durch keine Zeichnung oder Druckgraphik belegt.

Nr. 28
Jesus auf der Tempelzinne, 1794–1796
Jesus on the Pinnacle of the temple
Milton, Paradise Regained IV, 549, 560
Schiff Lost 46
(verschollen)

Nr. 29
Maria und Jesus. Der Untergang des Heidentums, 1796–1799
Mary and Jesus. The Ruin of Paganism
Milton, Paradise Regained, Stanza XIX, XXII–XXIII
Schiff Lost 47
(verschollen)

Lycidas & Co.
Milton-Galerie Nr. 30 – Nr. 37

Die Erste Ausstellung der Milton-Galerie im Jahr 1799 umfaßte, wie schon erwähnt, 40 Gemälde. Nach den 27 Bildern zu Paradise Lost und den beiden (verschollenen) zu Paradise Regained folgten für diese Erste Ausstellung weitere elf Gemälde. Ihnen liegen andere Texte Miltons zugrunde, acht beziehen sich auf die kürzeren Gedichte »L'Allegro«, »Comus«, »Il Penseroso«[66] und »Lycidas« sowie drei Bilder auf die Biographie des Dichters. Von den Gedichten ist »L'Allegro« am engsten mit Paradise Lost verwandt. Dort hatte Milton die Natur oft ins Dämonische gesteigert und mit unsichtbaren Wesen bevölkert. In der Milton-Galerie vertreten sie die burlesken und volkstümlichen Aspekte.
Die Fairies, die (sehr englische) Spielart unserer Feen, sind das Thema der Bilder Nr. 30, 31 und 32, die alle Motiven aus »L'Allegro« gewidmet sind. »L'Allegro« ist ein Pastorale aus Miltons Jugendzeit, ein Hirtengedicht, in dem volkstümliche Sagen und märchenhafte

Figuren verarbeitet sind. Auch Shakespeare hatte sich für den »Sommernachtstraum« von der volkstümlichen Mythologie beeinflussen lassen, und zahlreiche Dichter und Künstler nach ihm haben die Feen und Kobolde englischer Sagen in den Kunstwerken weiterleben lassen. Die Hauptfiguren in »L'Allegro« sind denn auch aus anderem Zusammenhang vertraut, die Fairy Mab, Robin Goodfellow (der Puck aus dem Sommernachtstraum), der Friar Puck, dazu eine Menge feen- und gnomenhafter kleiner Wesen (»fairies & goblins«). Sie alle sind eigentlich unsichtbar und zeigen sich nur Auserwählten. Fairies sind gutmütig, aber zu derben Späßen aufgelegt, vor allem wenn sie schlecht behandelt oder geärgert werden.

With stories told of many a feat,
How Eairy Mab the junkets eat,
She was pinch'd and pull'd she said
And by the friar's lanthorn led
Tells how the drudging Goblin sweat,
To earn his cream-bowl duly set,
When in one night, ere glimpse of morn,
His shadowy flail hath thresh'd the corn.
That ten day-lab'rers could not end;
then lies him down the lubber fiend,
And stretch'd out all the chimney's length,
Basks at the fire his hairy strength.

John Milton, L'Allegro, 101 ff.

Nr. 30
Fairy Mab, 1794
Milton, L'Allegro, 102

Die Themen zu zwei Bildern fand Füssli in den zitierten Versen, »How Fairy Mab the Junkets eat« (Milton-Galerie Nr. 30) und »The Lubber Fiend« (Milton-Galerie Nr. 32). Die Fee Fairy Mab macht sich nachts über die Vorräte der Bauern her und verzehrt am liebsten eine Speise aus gestockter, gesüßter Milch; kluge Landleute halten deshalb stets die sogenannten Junkets bereit. Wie bei anderen Märchengestalten verrät auch hier das Attribut des

Kat.Nr. 67
Fairy Mab (II), 1795–1796
Öl auf Leinwand, 75,5 x 63 cm
Zürich, Pierre Koller
Schiff 910
Replik von Nr. 30

Kat.Nr. 66
Fairy Mab (I), 1793
Öl auf Leinwand, 70 x 91 cm
Basel, Privatbesitz
Schiff 909
Gemälde Nr. 30 der Milton-Galerie

Kat.Nr. 68*
Fairy Mab (III), 1815–1820
Öl auf Leinwand, 70 x 90 cm
Washington, The Folger Shakespeare Library,
Inv.Nr. Painting A23
Schiff 1498
Neufassung von Nr. 30

Kat.Nr. 69*
Fairy Mab
Kupferstich von William Raddon (1834), 18,3 x 22,8 cm
Schiff 909a; Weinglass 1994, Nr. 305
Stich nach Nr. 30 (o. Abb.)

Kat.Nr. 70
Das Irrlicht (Friar Puck), 1794–1796
Öl auf Leinwand, 118,5 x 86,5 cm
University of Manchester, Tabley House Collection Trust, TBL 90012
Schiff 912
Gemälde Nr. 31 der Milton-Galerie

Kat.Nr. 71
Das Irrlicht
Kupferstich von Moses Haughton, 29,5 x 24 cm
London, British Museum, Department of Prints and Drawings, Inv.Nr. B.M. 1979 u. 1246
Zu Schiff 912, Weinglass 1994, Nr. 265
Stich nach Nr. 31

Halbmonds im Haar den Ursprung aus der klassischen Mythologie. Die Fairy Mab ist eine volkstümliche Umdeutung der Diana. Allerdings ist die englische Variante von boshaftem Charakter. Schwer zu tilgende Flecken, kleinere Unglücksfälle im Haus wie zerbrochenes Geschirr müssen ihrem Unwesen zugeschrieben werden. Aus dem Dunkel löst sich eine weibliche Gestalt, beleuchtet wie vom Fokus einer Laterne, ertappt, aber keineswegs überrascht, wie in geheimem Einvernehmen mit dem Betrachter, der unvermittelt zum Komplizen des nächtlichen Streichs wird. Auf Füsslis Bild (Kat.Nr. 67) ist hinter der modisch gekleideten, irgendwie keß und eine Spur vulgär wirkenden Fairy ihr zwergenhafter, stets zu überraschenden Angriffen auf die Mägde aufgelegter Begleiter, der »Brownie«, zu sehen. Das Thema hat Füssli mehrfach gemalt, drei Fassungen sind erhalten. Die erste, ein Querformat, entstand 1793 (Kat.Nr. 66), die zweite, im Hochformat, war 1795 vollendet, also relativ lange vor der ersten Ausstellung der Milton-Galerie im Jahr 1799 (Kat.Nr. 67). Eine dritte Version, heute im Besitz der Folger Shakespeare Library in Washington, gehört in Füsslis Spätwerk und ist farblich auf ein helleres Blau und Rot gestimmt. Sie ist kleinteiliger komponiert und zeigt zahlreiche feenhafte kleine Figuren (Kat.Nr. 68). Das Thema ist eng verwandt mit den beiden folgenden Bildern zu »L'Allegro« (Milton-Galerie Nr. 31 und Nr. 32).[67]

Nr. 31
Das Irrlicht,
1794–1796
Friar Puck
(The Friars's Lanthorn)
Milton, L'Allegro, 104, und Paradise Lost IX, 634, 638–642

Wie die Fairy Mab ist auch Robin Goodfellow oder einfach Puck nicht zu unterschätzen. »I am a wanderer of the night«, läßt Shakespeare ihn sagen, und sein Wirkungskreis ist das freie Feld, auf dem er in der seriösen Verkleidung eines Mönchs arglose Bauern gewaltig erschrecken kann, wenn er sie mit Vorliebe nachts mit der Laterne vom sicheren Weg leitet und in morastige Gräben und Tümpel stolpern läßt. Das Bild war im Oktober 1795 abgeschlossen (Kat.Nr. 70), und Füssli schrieb an Roscoe: »Ich habe mich bemüht, eine Idealnatur von Kind und Mann in *einer* Figur auszudrücken, was vielleicht zu den schwierigsten Vorgaben gehört, die man entwerfen kann, hinzutritt das Glühen der Farbe und ihre Frische und dazu die Kraft des Chiaroscuro, ohne schwer zu wirken.«[68] Übrigens hat die Legende vom Leuchten im Moor einen naturwissenschaftlich erklärbaren Hintergrund. An warmen Sommerabenden kann sich das aus Fäulnis entstandene Methangas an manchen Stellen selbst entzünden und verursacht ein schwaches Glimmen über dem Morast.

Nr. 32
Puck, eingeschlafen am ländlichen Kamin, 1793–1795
The Lubber Fiend
Milton, L'Allegro, 101
(verschollen)

Die Erfindung des direkt auf den Betrachter zuspringenden nackten Knaben ist von einer erfrischenden Dynamik, die typisch ist für Füssli. Die Vorstellung, nachts jählings von einem Kobold angesprungen zu werden, überlagert die komischen Züge des Pucks. Füssli macht in den Bildern der Kobolde einen schmalen Grat zwischen Angst und befreiendem Gelächter deutlich. Ohne Scheu vor offensichtlicher Obszönität ist die Hauptfigur so groß ins Bild gesetzt, daß die anderen Figuren zu Komparsen degradiert und das Anekdotische der Handlung, der Sturz in den Morast, zur Nebensache werden. Zwischen den religiösen (und damit seriösen) Themen der Milton-Galerie sorgte der Puck für einen Knalleffekt. In England gehört der Stich von Moses Haughton bis heute zu den beliebtesten Graphiken des 19. Jahrhunderts.[69] Übrigens ist die Bezeichnung Puck richtig; daß ein Friar Tuck in der Füssli-Literatur herumgeistert, ist einem Fehler des Setzers auf dem Stich von Moses Haughton zuzuschreiben. Da hatte vermutlich Puck die Hand im Spiel.

Die oben zitierte Passage aus »L'Allegro« bezieht sich auch auf die Sage vom Lubber Fiend (Kat.Nr. 72). Außer dem Puck bevölkern zahllose gute und böse Geister die englischen Volkssagen, die den Menschen die Arbeit erleichtern oder erschweren, und nicht selten vereinen sie beide Eigenschaften. So ist der Lubber Fiend (der Hauskobold Robin Goodfellow) den Bauern beim Dreschen gern behilflich, allerdings pflegt er splitternackt und nur nachts zu arbeiten. Die bereitgestellte Rahmschüssel ist leer, und wenn ihn Frühaufsteher manchmal im Morgengrauen finden, den Dreschflegel noch in der Hand, so ist er neben dem Kamin erschöpft eingeschlafen. Wenn aber jemand auf die Idee kommt, seine Blöße zu bedecken, verläßt er fluchtartig und auf Nimmerwiedersehen das Haus. Um den Helfer nicht zu erschrecken, dürfen deshalb nirgendwo im Haus Kleider herumliegen. Auf dem

Kat.Nr. 72*
The Lubber Fiend
Punktierstich von Moses Haughton, 23,6 x 29,4 cm
London, British Museum, Department of Prints and Drawings, Inv.Nr. 49-5-12-258
Schiff 911; Weinglass 1994, Nr. 266
Stich nach Nr. 32

Stich, dem einzigen Zeugnis des Gemäldes, ist ein ziemlich groß geratener Knabe in starker perspektivischer Verkürzung zu sehen, der deutlich pubertäre Züge trägt. Füsslis Robin sieht aus wie ein kleiner trunkener Satyr oder ein erschöpfter Amor, der in einen schweren Traum gefallen ist (daher auch hier der Nachtfalter).[70] Auffallend ist die Ambivalenz zwischen burlesker Komik und boshafter Unberechenbarkeit, die sich direkt an den Betrachter richtet. Es sind keine artigen Märchenfiguren, sondern eigenwillige, exzentrische Wesen.

Nach den volkstümlich-heiteren Szenen wechselt die Stimmung in den beiden anderen Gedichten. Stille, Trauer, Einsamkeit thematisiert das Gedicht »Il Penseroso«. Die Nachtseite menschlicher Empfindungen ist das Thema des Gedichts »Comus«. Miltons »Lycidas« ist eine Elegie auf einen toten Freund. Diese drei Gedichte Miltons haben Füssli zu thematisch verknüpften Bildern angeregt.

Zwei Bilder sind zu dem Gedicht »Il Penseroso« (Der Nachdenkliche) entstanden. Milton schrieb »Il Penseroso« um 1632, dessen Thematik und Aufbau eng mit »L'Allegro« verwandt sind. Es gibt darin eine schöne Stelle über die nächtliche Stille und Zurückgezogenheit, die im Original lautet:

Or, if the air will not permit
Some still removed place will fit,
Where glowing embers, through the room,
Teach light, to counterfeit a gloom;
Far from all resort of mirth,
Save the cricket on the hearth,
Or the bellman's drowsy charm,
To bless the doors from nightly harm.

Mrs. Fuseli hat, wie oft bei den Bildern der Milton-Galerie, Modell gesessen, hier zur Figur der Mutter, die den Schlaf ihrer beiden Söhne bewacht und den Betrachter zur Stille mahnt (Kat.Nr. 73). Der Raum, nur beleuchtet vom flackernden Kaminfeuer, ist fast leer bis auf eine Skulpturengruppe auf dem Kamin. Gert Schiff hat die Ähnlichkeit zum sogenannten »Pasquino« bemerkt, der Gruppe des Menelaos mit dem sterbenden Patroklos, und darin die Vorausahnung des Schicksals gesehen. Den Jungen wird es in den Krieg und vielleicht in den frühen Tod führen.[71] Auffallend ist die Unstimmigkeit zwischen Titel und Darstellung, denn der junge Mann links könnte eher der Bruder als der Sohn der Frau sein. Das zweite, heute verschollene Bild zu »Il Penseroso« war thematisch völlig verschieden. Schiff vermutet, daß sich die Komposition zumindest als Zeichnung in einem Album von Füsslis Schüler Theodor Matthias von Holst erhalten haben könnte.[72] Mit der schweigenden Frau ist eine Allegorie der Nacht gemeint, denn die beiden Männer personifizieren Traum und Schlummer. Angesichts von Füsslis Interpretationen biblischer Ereignisse, von mythischen Katastrophen, düsteren Visionen und lakonischen Burlesken ist dieses Bild eine stille Allegorie, die auf den Schluß der Milton-Galerie verweist. Mehr und mehr rücken Traum und Phantasie in den Vordergrund. Auch für Milton waren diese Themen wesentlicher Bestandteil seiner Dichtung, wenn auch unter anderen Vorzeichen. Sein wichtigstes Thema in »Il Penseroso« ist die Anrufung und Huldigung der Melancholie, deren segensreiche Wirkung auf den Menschen er beschreibt. Der Begriff war im 17. Jahrhundert keineswegs negativ besetzt, und der Rückgriff auf das 1621 erschienene Hauptwerk von Robert Burton (1577–1640) »Die Anatomie der Melancholie« ist evident. Für Füssli verknüpfte sich mit

Nr. 33
Das Schweigen: Eine Mutter mit ihren zwei Kindern, 1796–1799
Milton, Il Penseroso V, 78–80

Nr. 34
Kriemhild, brütend über Siegfrieds Schwert, 1796–1799
Chremhild Meditating Revenge over the Sword of Sigfrid
Milton, Il Penseroso, 109, 116
Schiff Lost 48
(verschollen)

Kat.Nr. 73
Das Schweigen: Eine Mutter mit ihren zwei Kindern, 1796–1799
Öl auf Leinwand, 96 x 101 cm
Basel, Privatbesitz
Schiff 915
Gemälde Nr. 33 der Milton-Galerie

Kat.Nr. 74*
Sitzende Frau am Kaminfeuer, 1796–1799
Feder, laviert, 22,9 x 18,4 cm
Belfast, Ulster Museum and Art Gallery, Inv.Nr. 789
Schiff 1029
Entwurf zu Nr. 33

Kat.Nr. 75*
Das Schweigen
Linienstich von Moses Haughton, 42 x 50,6 cm
New York, The Metropolitan Museum of Art,
Inv.Nr. 62.600.686
Schiff 915a; Weinglass 1994, Nr. 284
Stich nach Nr. 33 (o. Abb.)

dem älteren Begriff Melancholie der Zusammenhang zwischen Traum und Imagination in seinem eigenen Schaffen, dem er programmatische Bilder gewidmet hat, so trägt das Gemälde Nr. 38 der Milton-Galerie den Titel »Melancholie«.

Gegen Ende der Milton-Galerie wechselt die Stimmungslage noch einmal abrupt. »Comus«, ein lyrisches Versdrama, das Milton 1634 veröffentlichte, ist wegen des Kontrasts von niederem Begehren zu unbeugsamer Keuschheit als moralisches Exempel gedacht. Die beiden dramatischen Bilder zu »Comus« sind verloren, eines ist durch eine Zeichnung dokumentiert, das andere durch eine künstlerisch schwache Kopie. Der Dämon Comus, ein Sohn der antiken Zauberin Kirke, verwandelt durch einen Zaubertrunk verirrte Wanderer zu tiergestaltigen, stets lüsternen Waldlebewesen, die er in einem Gehege gefangenhält. Comus bietet einer verirrten und verwirrten Dame einen Sitz auf seinem Zaubersessel an. Sie wird von Geisterhänden festgehalten, und im Moment, als Comus ihr den Pokal mit dem ominösen Trank reicht, stürmen ihre Brüder mit gezogenen Schwertern in den Festsaal und schlagen ihm das Gefäß aus der Hand. Die Dame ist gerettet, die Rotte entflieht. Das zugehörige Blatt (Kat.Nr. 76) zeigt Füsslis außerordentliche zeichnerische Begabung. Aus zwei großen Diagonalen komponiert, verbindet es Bleistift- und Federzeichnung und Lavierung in einer schwungvollen Skizze, die Hauptmotive des Gemäldes mit spontaner Geste fixierend.

Im Verlauf des Gedichts ruft Comus im Namen der »dunkel verhüllten Cotytto«, einer Hexe, seine unheimliche Gefolgschaft zu einem orgiastischen Fest. Das zugehörige Gemälde Füsslis ist nicht erhalten, aber Schiff vermutet in einem anderen, wenig qualitätvollen Bild eine Kopie (Kat.Nr. 77), die einen schwachen Eindruck des Originals vermitteln muß. Eine der Hexen, in eine helle Tunika gehüllt, entleert eine Phiole in den Kessel, in dem ein Liebestrank dampft, der die Umstehenden in sexuelle Ekstase versetzt. Die beiden Gemälde gehören zur Kategorie der Traum-Bilder. Angstvorstellung und erotische Phantasie, Eros und Traum, mischen sich unauflöslich. Füsslis erotische Zeichnungen (siehe das Kapitel »Der andere Eros«) geben Aufschluß, daß obsessive Vorstellungen von erotischer Fesselung in seinem Leben virulent waren.

Das 1637 geschriebene Gedicht »Lycidas« schließlich ist Miltons Elegie, mit der in verschlüsselter Form auf seinen Jugendfreund Edward King angespielt wird, der beim Baden ertrunken war. Mit seinem Bild »Einsamkeit im Morgenzwielicht« knüpfte Füssli an einige Verse an, in denen das Erwachen und der Aufbruch zweier Schäfer geschildert wird (mit denen der Dichter sich selbst und seinen Freund meint). Der anekdotische Hintergrund des Gedichts ist auf dem Bild in Schweizer Privatbesitz (Kat.Nr. 79) noch auffindbar, wogegen er in der (vermutlich ersten) Fassung im Kunsthaus Zürich (Kat.Nr. 78) nicht zu

Nr. 35
Der Palast und die Rotte des Comus, 1798
The Palace and the Rout of Comus
Milton, Comus, 93 ff.
Schiff Lost 49
(verschollen)

Nr. 36
Orgien der Cotytto. Römische Hexen bei der Bereitung eines Liebestranks
Orgies of Cotytto. Baptae preparing a Philtrum
Milton, Comus, 124, 128, 134
(verschollen)

Nr. 37
Einsamkeit im Morgenzwielicht, 1794–1796
Solitude at Dawn
Milton, Lycidas, 26–28

Kat.Nr. 76
Der Palast und die Rotte des Comus, 1798
Feder, laviert über Bleistift, 30,7 x 38,4 cm
Basel, Margarete von Bartha
Schiff 1030
Entwurf zu Nr. 35

Kat.Nr. 77*
Die Orgien der Cotytto. Römische Hexen bei der Bereitung eines Liebestranks
Kopie nach Nr. 36 (?)

Kat.Nr. 78
Einsamkeit im Morgenzwielicht, 1794–1796
Öl auf Leinwand,
95 x 102 cm
Zürich, Kunsthaus,
Inv.Nr. 2563
Schiff 904
Gemälde Nr. 37 der Milton-Galerie (?)

bemerken ist. Der Traum taucht als Leitmotiv am Anfang und Ende der Milton-Galerie auf. Im »Traum des Schäfers« (Nr. 4) ist die geisterhafte Welt der Feen und Zwerge *sichtbar* gemacht. Der Nachtfalter in »The Shepherd's Dream« hinter dem Schäfer am Boden ist ein Sinnbild für den bösen Traum, den die Fairies ihm geschickt haben. Im »Lycidas« flattert er davon, als löste sich der Albdruck von dem Schlummernden, und über dem friedlich Träumenden wölbt sich ein klarer, bestirnter Himmel. Von dem Bild gibt es mehrere Varianten, wobei Schiff aufgrund des Kupferstiches die Originalfassung (einst im Besitz William Roscoes) für verloren hält. Eine weitere, kleinere Version »Schäfer und Schäferin eingeschlafen im Morgengrauen«, nach 1794 entstanden, befindet sich in Privatbesitz (Schiff 906). Alle drei heute bekannten Fassungen entstanden im gleichen Zeitraum; eine spätere Version von 1823 wird bei Schiff erwähnt.[73]
Die charakteristische Haltung des Schäfers hat unter den Kunsthistorikern zu Vermutungen über die Herkunft des Motivs geführt. Antal leitet es von der weiblichen Figur der sogenannten Asa-Stichkappe der Sixtinischen Kapelle her, und Schiff hat verschiedene zeitgenössische Quellen ausgemacht und eine Verbindung zu dem »Schlafenden Endymion«, der römischen Kopie eines griechischen Originals im British Museum, ausgemacht. Keiner der Vergleiche ist so stimmig, daß man die Motivsuche als gelöst betrachten könnte. Füssli verfügte über profunde Kenntnisse der Kunstgeschichte seit der Antike, aber direkte

Kat.Nr. 79*
Einsamkeit im Morgenzwielicht, 1794–1796
Öl auf Leinwand,
120 x 87 cm
Zürich, Privatbesitz
Schiff 905
Replik von Nr. 37

Kat.Nr. 80*
Einsamkeit im Morgenzwielicht
Kupferstich von Moses Haughton, 1803,
29,3 x 24,3 cm
London, British Museum, Department of Prints and Drawings, Inv.Nr. 1979.u.1247
Schiff 903; Weinglass 1994, Nr. 178
Stich nach Nr. 37

Kopien gibt es in seinem Werk ebensowenig wie den geheimen Vorlagenkatalog, aus dem er nach Bedarf abgekupfert hätte. Seine Methode folgte anderen Regeln, im Sinn eines schöpferischen Umgangs mit den bildlichen und literarischen Quellen. Der Fundus seines eidetischen Wissens lieferte kleine und kleinste Fragmente, die für einen jeweils neuen Zweck kombiniert werden konnten. So vergrößerte sich das bildnerische Gedächtnis gleichsam aus sich selbst, wobei Füssli sein Repertoire an Figuren und Kompositionen nur wenig veränderte. Die Einfachheit der Komposition von »Einsamkeit im Morgenzwielicht« ist durchaus programmatisch, denn das Bild schloß die Reihe der Werke zu Miltons Dichtungen ab; für die Erste Ausstellung entstanden drei Bilder zum Leben des Dichters, die eine Art biographischen Appendix vorstellten.

Miltons Leben
Milton-Galerie Nr. 38 – Nr. 40 und Nr. 48 – Nr. 49

Nr. 38
Milton als Kind, von seiner Mutter unterrichtet, 1799–1800
Milton, When a Boy, Instructed by his Mother

Die Erste Ausstellung der Milton-Galerie 1799 umfaßte ursprünglich vierzig Bilder. Die drei Gemälde (Milton-Galerie Nr. 38 – Nr. 40) zu Miltons Leben entstanden kurz vor der Eröffnung der Ersten Ausstellung. (Für die Zweite Ausstellung im Jahr 1800 hat Füssli zwei weitere Bilder zu Miltons bewegtem Eheleben gemalt.) Die Bilder zu Miltons Biographie geben keine belegbaren Ereignisse wieder, sie sind als Annäherungen an das Dichterleben zu verstehen und der Versuch, Kindheit, Jugend und Alter anschaulich zu machen, wie gemalte Anekdoten. Der Maler idealisiert den Dichter. Es sei an die Beobachtung erinnert, daß Füssli schon in den siebziger Jahren, als er sich erstmals mit Milton beschäftigte, Parallelen zwischen seinem und dem Leben des Dichters zog, die sich im ersten Bild spiegeln (Kat.Nr. 81 und 82). Füsslis Biograph Knowles berichtet, daß er als Kind zunächst von seiner frühverstorbenen Mutter unterrichtet wurde. In einer liebevollen Reminiszenz hat er die in der Erinnerung verblaßten Züge der Mutter jenen der Gattin angenähert. Von dem Thema gibt es zwei Fassungen, die erste, 1799 ausgestellte (aus dem Besitz von William

Kat.Nr. 81*
Milton als Kind, von seiner Mutter unterrichtet,
1799–1800
Öl auf Leinwand,
142 x 119 cm
Basel, Hotel Euler
Schiff 916
Gemälde Nr. 38 der Milton-Galerie

Kat.Nr. 83*
Milton als Kind, von seiner Mutter unterrichtet,
1796–1799
Feder und Sepia, grau getönt, 43,5 x 30,2 cm, mit halbrundem oberen Abschluß
Belfast, Ulster Museum and Art Gallery
Schiff 1031
Entwurf zu Nr. 38

Kat.Nr. 82
Milton als Kind, von seiner Mutter unterrichtet,
1799–1800
Öl auf Leinwand,
91,7 x 72,4 cm
Board of Trustees of the National Museums and Galleries on Merseyside, Walker Art Gallery, Inv.Nr. WAG 1538
Schiff 917
Replik von Nr. 38

Roscoe), differiert von der zweiten durch eine etwas sorgfältigere Ausführung und die Veränderung einiger Details.[74] Die Gemälde wurden durch Graphiken verbreitet.[75]

Die zweite Szene (Kat.Nr. 84) gibt eine wahrscheinlich erfundene Anekdote wieder, die in einer der Milton-Biographien berichtet wird. Eine schöne Italienerin, die auf einer Reise an der Stadt Cambridge vorbeikam, sah den jungen Milton schlafend unter einem Baum. Sie ließ anhalten, legte dem Schlummernden einige italienische Verse in die Hand und reiste weiter. Diese Verse veranlaßten den jungen Dichter, die nie erblickte Schöne als sein ganz persönliches »Verlorenes Paradies« in Italien zu suchen – und niemals zu finden...

Füssli hat die Anekdote absichtsvoll verarbeitet, denn das Thema Schlaf und Traum wird hier zum schöpferischen Impuls stilisiert. Der träumende Schäfer steht am Beginn der Milton-Galerie, der Traum des Dichters an ihrem Ende.

Ursprünglich waren drei Bilder zu Miltons Leben für die Erste Ausstellung der Milton-Galerie 1799 geplant. Für die Zweite Ausstellung hat Füssli zwei weitere Bilder über das Eheleben des Dichters gemalt. Sie tragen in seiner eigenen Aufstellung keine Nummern (zählt man durch, würden sie unter Nr. 48 und 49 stehen.) Da die beiden Bilder »Die Rückkehr von Miltons erster Gemahlin« (Kat.Nr. 90) und »Miltons Vision seiner zweiten Gattin« (Kat.Nr. 91) sich unmittelbar an die vorigen anfügen, werden sie hier besprochen.

Der ausführliche Titel des einen faßt die Geschichte zusammen: »Mary Powell bittet Milton im Hause von Mr. Blackborough inständig, sie wieder aufzunehmen; im Hintergrund Blackborough und seine Frau, die Szene beobachtend« (Kat.Nr. 90). Den anekdotischen Hintergrund liefert eine der Milton-Biographien, die im 18. Jahrhundert den Werkausgaben beigegeben waren. Milton hatte 1643 die siebzehnjährige Mary Powell geheiratet, deren unbekümmerte Einfalt rasch an Reiz verlor. Schon einen Monat nach der Eheschließung kehrte sie zu ihren Eltern zurück. Milton nahm den Vorfall zum Anlaß, sich für eine Reform der Ehescheidungsgesetze stark zu machen. Nach jahrelangem Warten auf eine Entscheidung der Schwiegereltern entschloß sich der Dichter, erneut zu heiraten, als die inzwischen mittellose Mary plötzlich zurückkehrte und um Verzeihung bat, was gewährt wurde. Später nahm Milton sie und ihre ganze Familie wieder auf. Das Bild (das sich zuerst im Besitz von William Roscoe befand) paßt zwar präzise zu Füsslis Idealisierung des Dichters als »guten Menschen«, aber im Vergleich mit den Werken zum Paradise Lost wird eine tendenziöse Anbiederung an das Publikum deutlich, die vermutlich auf den Mißerfolg der ersten Ausstellung zurückzuführen ist.

»Miltons Vision seiner zweiten Gattin« ist das vierte Bild zum Leben des Dichters, das gleichfalls für die Zweite Ausstellung 1800 gemalt worden war (Kat.Nr. 91). Nach Marys Tod 1652 heiratete Milton, der damals bereits erblindet war, im Jahr 1656 Catherine Woodstock, die nach einer kurzen, aber glücklichen Zeit Anfang 1658 im Kindbett verstarb. Die Biographen sahen in diesem Schicksalsschlag einen Auslöser für den Beginn der Arbeit an Paradise Lost. Die Szene zeigt ihn beim Diktieren des Sonetts, eines in England bis heute sehr bekannten Liebesgedichts, das eine geisterhafte Erscheinung der gerade Verstorbenen zum Thema hat. Dem blinden Dichter gelingt es scheinbar, mit seinen Versen Personen und Ereignisse zu evozieren und für einen Moment sichtbar werden zu lassen. Das Bild fokussiert den schöpferischen Impetus, der für das Entstehen des ungleich monumentaleren Schöpfungsepos entscheidend war.

Nr. 39
Milton als Jüngling, von einer italienischen Dame betrachtet, 1796–1799
Milton, When a Youth

o. Nr. (48)
Die Rückkehr von Miltons erster Gemahlin, Mary Powell, um Verzeihung bittend, 1799–1801
The Return of Milton's First Wife, Mary Powell, Imploring his Pardon

o. Nr. (49)
Miltons Vision seiner zweiten Gattin, 1799–1800
Milton's Vision of his Second Wife
Milton, Sonett XXIII

Kat.Nr. 84*
Milton als Jüngling, von einer italienischen Dame betrachtet, 1796–1799
Öl auf Leinwand, 128 x 102 cm
Melbourne, National Gallery of Victoria (Purchased 1981), Inv.Nr. EL/1981
Schiff 918
Gemälde Nr. 39 der Milton-Galerie

Kat.Nr. 91
Miltons Vision seiner zweiten Gattin, 1799–1800
Öl auf Leinwand, 95 x 100 cm
Basel, Privatbesitz
Schiff 920
Gemälde der Milton-Galerie ohne Nummer

Kat.Nr. 90
Die Rückkehr von Miltons erster Gemahlin, Mary Powell, 1799–1801
Öl auf Leinwand, 87,5 x 111,2 cm
Liverpool, Walker Art Gallery, Inv.Nr. WAG 1539
Schiff 919
Gemälde der Milton-Galerie ohne Nummer

Methought I saw my late epousèd saint
Brought to me like Alcestis from the grave,
Whom Jove's great son to her glad husband gave,
Rescued from Death by force, though pale and faint.
Mine, as whom washed from spot of child-bed taint
purification in the old Law did save,
And such as yet once more I trust to have
Full sight of her in heaven without restraint,
Came vested all in white, pure as her mind.
Her face was veiled; yet to my fancied sight
Love, sweetness, goodness, in her person shined
So clear as in no face with more delight.
But O as to embrace me she inclined,
I waked, she fled, and day brought back my night.

John Milton, Sonnet XXIII

Nr. 40
Milton diktiert seiner Tochter, 1794
Milton Dictating to his Daughter

Das letzte Bild (schon in der Ersten Ausstellung der Milton-Galerie 1799 zu sehen) gibt ein Thema wieder, das in der englischen Malerei des 18. und 19. Jahrhunderts geläufig war (Kat.Nr. 85).[76] Der Überlieferung nach diktierte Milton sein Paradise Lost seinen Töchtern aus der ersten Ehe mit Mary. In diesem Fall unterscheiden sich das Gemälde und der Stich von Moses Haughton erheblich. Im Gegensatz zur verklärenden Darstellung im Stich (Kat.Nr. 86) war die Situation im Hause Milton in Wirklichkeit miserabel. Die älteste Tochter war geistig zurückgeblieben und konnte nicht vorlesen oder schreiben, die zweite war mit dem stundenlangen Vorlesen lateinischer, hebräischer, italienischer oder französischer Texte und den endlosen Diktaten überfordert und die jüngste noch zu klein, um Aufgaben zu übernehmen. Mit der Haushaltsführung haperte es, und das dichterische Familienunternehmen drohte bankrott zu gehen. In dunklen Farben gibt das Gemälde die beklemmende Düsterkeit dieses Familienlebens besser wieder als der Stich. Indem Füssli die unterschiedlichen Lebenswirklichkeiten der Mädchen und des Vaters in dem verliesartigen Raum konfrontiert, steigert er Miltons Blindheit zur visionären Gabe als Allusion auf den blinden Homer. Das Publikum, das angesichts der toten Augen mit dem magischen Lichtschein angenehmes Schauern empfand, wurde mit theatralischen Mitteln in den Bann dieses Bildes gezogen, dessen Mischung aus Grausamkeit und Komik heute ziemlich unglaubhaft wirkt. Alle Bilder zu Milton ließen sein Leben als eine Kette schicksalhafter Begegnungen und Ereignisse erscheinen,[77] die das Publikum rühren und seine Aufmerksamkeit auf das eigentlich Bedeutendere, die Werke zu Miltons Dichtungen lenken sollten.

Die Bilder für die Zweite Ausstellung der Milton-Galerie 1800
Milton-Galerie Nr. 41 – Nr. 50

Die Gemälde zum Leben des Dichters bildeten den vorläufigen Abschluß der Milton-Galerie. Die Bilder Nr. 1 bis 40 wurden wie gesagt im Sommer des Jahres 1799 in den Räumen an der Pall Mall gezeigt, die Füssli von Mr. Christie gemietet hatte. Als die Zweite Ausstellung im Sommer 1800 eröffnet wurde, waren zehn weitere Bilder entstanden, von denen Füssli sieben in die Milton-Galerie aufnahm. Der Katalog wurde um ein Doppelblatt ergänzt

Kat.Nr. 86*
Milton diktiert seiner Tochter, 1793–1806
Punktierstich von Moses Haughton nach einer nicht erhaltenen späteren Fassung des Themas, 51,5 x 41,8 cm
London, British Museum, Department of Prints and Drawings, Inv.Nr. 9.T.16
Schiff 922; Weinglass 1994, Nr. 264
Stich nach Nr. 40

Kat.Nr. 85
Milton diktiert seiner Tochter, 1794
Öl auf Leinwand, 121 x 117 cm
Chicago, Art Institute, Inv.Nr. 1973.303 (vormals Max Bollag, Zürich)
Schiff 921
Gemälde Nr. 40 der Milton-Galerie

und die neuen Bilder darin fortlaufend numeriert (Milton-Galerie Nr. 41 – Nr. 47). Da die neuen Gemälde sich thematisch in die Serie integrieren ließen, wurden sie in der neuen Hängung vermutlich nicht in numerischer Reihenfolge präsentiert, sondern eingegliedert. Ich halte mich aber im folgenden an die Numerierung und verweise jeweils auf die oben besprochenen Themengruppen.

Nr. 41
Die Sünde empfängt den Schlüssel zur Hölle, 1799–1800
Sin Receiving the Key of Hell
Milton, Paradise Lost II, 771
Schiff Lost 51
(verschollen)

Die drei zusätzlichen Bilder zu Paradise Lost, die Füssli zwischen 1799 und 1800 schuf, sind verschollen. Auf dem ersten empfängt die Sünde den Höllenschlüssel. Das Bild gehört also an den Anfang (zur sogenannten *Exposition,* die dadurch größeres Gewicht erhielt). Die beiden folgenden Gemälde illustrieren das neunte Kapitel von Paradise Lost und erweitern die große Sequenz des Sündenfalls. Noch stärker tritt Satan als Verführer in Erscheinung, die Ereignisse nach dem Sündenfall wurden nun mit mehreren Bildern illustriert. »Satan spricht Eva zum ersten Mal an« steht nach dem Bild Nr. 18; »Eva am Baum der Erkenntnis« würde auf das Bild Nr. 18 und »Die Begegnung von Adam und Eva nach ihrer Verführung« würde auf das Bild Nr. 19 folgen. Da weder die Gemälde noch Zeichnungen oder Stiche bekannt sind, muß eine summarische Aufzählung genügen.

Alle weiteren Bilder bezogen sich auf andere Dichtungen Miltons, darunter die schon bekannten »L'Allegro« und »Il Penseroso« sowie das dritte der Sonette und die »Elegie auf den Tod eines Kindes«. Schon die Titel der Bilder verraten die melancholische Grundstimmung, die Füssli gegenüber Miltons Texten noch intensivierte.

Das größte Bild für die Zweite Ausstellung ist Euphrosyne gewidmet (Kat.Nr. 87). Euphrosyne ist die Personifikation des Frohsinns, die junge Dichter irdischen und zauberischen Vergnügungen »auf leichter phantastischer Zehe« zuführt. Füssli zeigt eine Reihe von Personifikationen in Euphrosynes Gefolge: Die Phantasie, der die Mäßigung (mit dem aufgestützten Kopf) beigegeben ist, im Vordergrund Falstaff und Doll, die Personifikationen von Ränkespiel und Gelächter, im Hintergrund die Begegnung von Zephyrus (Windhauch) und Aurora (Morgenröte), die auf die Geburt der Euphrosyne und ihren leichtfüßigen Charakter hinweisen. Aber das Ganze wirkt überhaupt nicht leichtfüßig, und von Frohsinn ist kaum eine Spur. Der halbrunde Abschluß, der dem Gemälde den gravitätischen Anspruch eines Altarbildes aufbürdet, macht es nicht besser. Es wirkt aus heutiger Sicht ziemlich humorlos. Füssli selbst jedoch schätzte das Bild hoch und mit ihm viele zeitgenössische Betrachter. Mit Unterstützung Roscoes versuchte er es im ehrwürdigen Athenaeum in Liverpool zu plazieren, was aber nicht gelang. Ein zweiter Blick verrät, warum Füssli gerade an diesem Werk gelegen war. Es ist in allen Details von einer großen Feinheit der Zeichnung, die einzelnen Figuren sind präzise charakterisiert und ausgearbeitet, und trotz seines heute sehr nachgedunkelten Zustandes, vermittelt es durchaus farbliche Sensibilität. Es ist naheliegend, in »Euphrosyne« das Pendant zu dem Bild »Die Melancholie« (Milton-Galerie Nr. 46) zu sehen. Diese späten Bilder zur Milton-Galerie verbindet ein melancholischer Zug, der sich vielleicht aus dem Umstand erklären läßt, daß das breite Publikum auf die Erste Ausstellung 1799 nicht begeistert reagiert hatte.[78] Einer der Rezensenten schrieb:

»Der Schein von Ausgelassenheit und Frohsinn der in [»Euphrosyne«] erscheint ist schön und anmutig, und drückt die spielerische Kostbarkeit des reizenden Gedichts, dem es entstammt, hervorragend aus. Die Gestalt der Euphrosyne ist anmutig und schön, und obwohl sie eine Figur von unerhörter Leichtigkeit und Beweglichkeit ist, allein durch die Unschuld und würdevolle Aura, die um sie gebreitet ist, so ist doch ihre Fröhlichkeit in bewundernswerter Weise unterschieden von der lärmenden Lustigkeit des wollüstigen Bacchanals. [...] Mit Doll und Falstaff scheint Mr. Fuseli seiner Phantasie jedoch etwas zu freien Lauf gelassen zu haben, da diese ziemlich nah an der Grenze zur Farce angesiedelt sind und deshalb in gewissem Sinn vom höherentwickelten Stil abweichen, in dem der Rest des Bildes ausgeführt ist, das, aufs ganze gesehen, als eines der glücklichsten und originellsten der ganzen Sammlung [gemeint ist die Milton-Galerie] angesehen werden kann.«[79]

»Die Melancholie, zurückgelehnt auf ihrem Thron, – ›ihre entrückte Seele spricht aus ihren Augen‹ –, mit den ihr beigesellten Genien des Schreckens und des Grames zu ihren Füßen, hinter ihr der Schatten Ugolinos und seines toten Sohnes. Die ganze Szene schwach erleuchtet von einem Mondstrahl«, so beschreibt Füssli das Bild, das am Schluß seines Gemäldezyklus steht (Kat.Nr. 89). Obwohl die »begleitenden Genien«, wie er sie nennt, von den Sibyllen Michelangelos in der Sixtinischen Kapelle beeinflußt sein sollen, kann man eher von Annäherungen als von einem direkt übernommenen Vorbild sprechen. Das Original wurde noch zu seinen Lebzeiten durch Feuer teilweise zerstört. Vielleicht ist das Zürcher Bild ein Fragment, das die Personifikation des Grams wiedergibt (Kat.Nr. 88). Die gesamte Komposition ist in einem kleinen Kupferstich überliefert, den Sharp als Titelblatt

Nr. 42
Satan spricht Eva zum ersten Mal an,
1799–1800
Satan's First Address to Eve
Milton, Paradise Lost IX, 424, 523
Schiff Lost 52
(verschollen)

Nr. 43
Die Begegnung von Adam und Eva nach ihrer Verführung,
1799–1800
Adam and Eve meeting after her Seduction
Milton, Paradise Lost IX, 848
Schiff Lost 53
(verschollen)

Nr. 44
Der Winter entrafft ein Mädchen,
1799–1800
Winter Carrying off a Maid
Milton, On the Death of a Fair Infant
Schiff Lost 54
(verschollen)

Nr. 45
Euphrosyne, umschwebt von Phantasie und Mässigung,
1799–1800
Euphrosyne, or Mirth, with Fancy and Moderation Hovering over Her, Tripping Forward
Milton, Allegro, 11–34

Nr. 46
Melancholie,
1796–1799
Melancholy
Milton, Il Penseroso, 78
Schiff Lost 55

für die Duodezausgabe von Miltons Werken schuf. Der Stich deckt sich nicht genau mit Füsslis Beschreibung des Originals.
Es ist aufschlußreich, daß der Maler der Melancholie am Ende seines Zyklus ein eigenes Bild widmete, nachdem der Begriff schon in »Das Schweigen« (Milton-Galerie Nr. 33) auftaucht. Der Begriff »Melancholia« war im 17. Jahrhundert keineswegs so negativ besetzt wie im 19. Jahrhundert. In ausführlichen Exkursen hatte Robert Burton, ein Zeitgenosse Miltons, in seiner schon erwähnten »Anatomie der Melancholie« eine Lebensanweisung verfaßt, die auf Kontemplation und geistiger Erbauung gründete und die Folgen der Schwermut lindern oder heilen sollte. Melancholie war kein pathologischer Begriff, sondern ein gesellschaftliches Phänomen, eine Art Leitbegriff, dessen Definition jedoch keine scharfen Konturen hatte. Die allmähliche Umdeutung erfolgte am Ende des 18. Jahrhunderts, als Burtons Text, der auch Füssli bekannt war, eine Renaissance erlebte.
Das Gemälde Füsslis ist wie erwähnt nur als Fragment erhalten. Der thematische Bezug zu »Euphrosyne« und die Maßstäblichkeit der Figuren legt den Schluß nahe, daß die Bilder als Gegenstücke konzipiert waren. Der kleine Stich von Sharp nach dem Original läßt jedoch alle Details begreiflicherweise außer acht. Das Fragment mit der zusammengesunkenen Gestalt hat seine eigene Rezeptionsgeschichte, wohl deshalb, weil es in der Konzentration auf das einzelne, im übertragenen Sinn »stumme Motiv« wie ein Sinnbild wirkt. Die gedämpfte Farbigkeit, die durch frühe Restaurierungsversuche noch fahler wirkt, trägt zur Stimmung tiefer Depression und Zurückgezogenheit bei. Auch dieses Bild fand zahlreiche zeitgenössische Rezensenten:

Nr. 47 (?)
Die Alpenschäferin, ihre Pflanzen wässernd. Eine Abendszene, 1799–1800
The Shepherdess of the Alps watering her Plants. An Evening Scene
Milton, Sonett III
(verschollen)

»Der nachdenkliche und würdevolle Schmerz in Ausdruck und Haltung der Hauptfigur und ihre totenähnliche Ruhe, die sie über die ganze Szenerie verbreitet, sind höchst gefühlvoll erfunden und könnerhaft ausgeführt und verfehlen deshalb ihre Wirkung nicht, den Geist des empfänglichen Betrachters anzuregen: jene feierlichen und furchteinflößenden Gefühle, die Melancholie hervorrufen kann und die zu manchen Zeiten unsere Natur über die vertrackten Regionen des Menschlichen erheben. Die düstere Feierlichkeit der Szene wird sehr unterstützt von dem undeutlichen Licht des Mondes, der seine Strahlen von hinten aussendet und den beklagenswerten Schatten Ugolinos und seines toten Sohnes gerade noch sichtbar läßt. Es wäre vielleicht noch besser gewesen, hätte der Künstler hier aufgehört und die beigfügten Genien des Schreckens und des Grams [»terror and grief«] nicht eingeführt; sie sind im Zusammenhang des Themas recht fremdartig und zerstören in gewisser Weise die Einfachheit und Ruhe, die derartige Kompositionen haben sollten.«[80]

Nr. (48) und (49)
Siehe S. 66

Drei Bilder der Milton-Galerie für die Zweite Ausstellung haben von Füssli keine Nummern erhalten, darunter die beiden folgenden, die Szenen aus Miltons Leben wiedergeben. Sie wurden der Einfachheit halber bereits oben, bei den übrigen Werken zur Milton-Biographie besprochen (Milton-Galerie Nr. 38, Nr. 39 und Nr. 40).

o. Nr. (50)
Der Geist des Plato
The Spirit of Plato
Milton, Il Penseroso, 87–91
(verschollen)

Where I may ... unsphere
The spirit of Plato, to unfold
What worlds or what past regions hold
The immortal mind

John Milton, Il Penseroso, Vers 87–91

Kat.Nr. 89*
Das Schweigen
Titelvignette von William Sharp in: (John) »Sharpe's British Theatre«, III (1804)
Kupferstich, 9,2 x 5,4 bzw. 5 x 3,8 cm
Schiff 1306; Weinglass 1994, Nr. 184
Stich nach Nr. 46

Kat.Nr. 88
Das Schweigen: allegorische Gestalt einer Kauernden mit über das Gesicht hinfließenden Haaren, um 1799–1801
Öl auf Leinwand, 63,5 x 51,5 cm
Kunsthaus Zürich, Inv.Nr. 1976/25
Schiff 908
Fragment (?) von Nr. 46

Kat.Nr. 87
Euphrosyne, umschwebt von Phantasie und Mäßigung, 1799–1800
Öl auf Leinwand, 243 x 153 cm
Heidelberg, Kurpfälzisches Museum
Schiff 907
Gemälde Nr. 45 der Milton-Galerie

Kat.Nr. 92*
Der Geist des Plato
Punktierstich von Moses Haughton, 41,4 x 50,2 cm
London, British Museum, Department of Prints and Drawings, Inv.Nr. 50-18-14-883
Nicht bei Schiff; Weinglass 1994, Nr. 260
Stich nach dem Gemälde der Milton-Galerie ohne Nummer

Die Verse aus »Il Penseroso« und das zugehörige, leider verschollene Bild (Kat.Nr. 92) zeigen noch einmal das interpretatorische Muster bei der Wahl bestimmter Themen. Füssli interessierte die Evokation des immensen Wissens, in Plato verkörpert, wobei das Medium der Träumende ist. Insofern paßt die Darstellung zu den Bildern, die er an den Schluß der Milton-Galerie stellte; man kann es als weitere Variante der Traumthematik verstehen. Die formalen Ähnlichkeiten zu thematisch vergleichbaren Gemälden dürften auch der Grund sein, warum er es nicht in die Milton-Galerie aufnahm.

Es gab noch drei weitere Bilder mit Milton-Themen, die nicht Teil der Milton-Galerie waren. Sie sind verschollen, seien aber der Vollständigkeit halber kurz erwähnt. Es handelt sich um »Eva, vor ihrem Spiegelbild im Wasser zurückschreckend«, 1791-1794 (Schiff Lost 57), »Gestalt der Melancholie«, entstanden vor 1794 (Schiff Lost 58), und »Christus in der Sturmnacht der Einöde« (Schiff Lost 59). Es hat den Anschein, als verlöre die Dramaturgie der Milton-Galerie gegen das Ende an Kraft, denn einigen, aus heutiger Sicht schwächeren Bildern, fehlt offenbar der dramatische Elan der vor 1800 entstandenen Werke. Es sei aber noch einmal betont, daß die Milton-Galerie in den beiden Ausstellungen 1799 und 1800 wahrscheinlich nicht in der Reihenfolge der Nummern präsentiert wurde. Es wurden Gruppen gebildet, die sich thematisch und formal ergänzten und steigerten.

Fazit: Ordnung und Struktur

Die Ordnung der Milton-Galerie wurde schon weiter oben behandelt. Lassen sich rückblickend auch ihre übergeordneten Kriterien nachvollziehen? Die Abfolge der insgesamt fünfzig Bilder zu Milton ist durch die Auswahl der Texte aus dem großen Paradise Lost und den kürzeren Versdichtungen bestimmt. Die Wahl der Themen folgt jedoch keiner bestimmten Systematik, das heißt, Füsslis Zugriff auf den Text wirkt manchmal spontan, fast willkürlich. Der narrative Fluß mancher Bildsequenzen wird immer wieder unterbrochen, und erst die Lektüre eines ganzen Abschnitts, manchmal des ganzen Buches, verrät den Grund für Füsslis spezielles Interesse. Sein Generalthema ist zwar Milton, aber anders als ein Kommentator, der Texte zitiert, ist Milton für ihn Vorwand, eigene bildnerische Erfindungen vorzuführen. Als Maler ist er nicht der ehrfürchtige Exeget des Dichters, er will ihm ebenbürtig zur Seite stehen. Das unterscheidet die Milton-Galerie von der gleichzeitigen Shakespeare-Galerie, die einzig dazu gedacht war, die besten Szenen aus dem Werk des Dichters im Bild so genau wie möglich nachzuzeichnen. Blätterte man die Folianten der Shakespeare-Galerie durch, an der ja viele Künstler mitgewirkt hatten, so war der belesene Betrachter im Stande, die meist bekannten Textstellen zu rekapitulieren. Bei Füsslis Bildern funktioniert das nicht. Er illustrierte Milton nicht in konventioneller Weise, vielmehr schuf er Paraphrasen, im durchaus wörtlichen Sinn. Das gilt auch für den Umgang mit den bildnerischen Vorbildern. Füssli verfügte über ein großes, wenn auch begrenzbares Repertoire an Formen und Motiven, die in geradezu stereotyper Weise auftreten.

Auf den Kern von Füsslis Kunst stößt man, wenn man seine Bildthemen zu systematisieren versucht. An den Bildern der Milton-Galerie lassen sich bestimmte Grundthemen ablesen: Traum und Eros und ihre unauflösliche Verquickung; das unbesiegbare Böse, das verlockender ist als das Gute, und die Allgegenwart des Unerklärlichen. Und am besten ist Füssli dort, wo ihm die unauflösliche und verwirrende Mischung gelingt. So erzeugt er mit Bildern Spannung: Der nackte Satan, Hexenkessel, verwirrte Fräulein auf magischen Sesseln, feurige Seen, bodenlose Abgründe, inzestuöse Umarmungen – das Repertoire ist ebenso reißerisch wie unausschöpflich. Die Allgegenwart dieser Themenkreise in den Bildern der Milton-Galerie ist so evident, daß sie auch an theoretischen Äußerungen, in den Vorlesungen, Briefen und Aphorismen, nachvollziehbar sein müßte. Seinen Studenten erklärte er die Grundprinzipien in seinen Vorlesungen über die Malerei, aus deren erster der folgende Abschnitt stammt:

»Eh ich aber zur Geschichte des Kunststyls selbst fortgehe, scheint es nöthig zu seyn, dass wir miteinander über die Kunstausdrücke einverstanden werden, welche den Gegenstand desselben bezeichnen [...]. Jetzt werd' ich mich nur auf einige wenige vorzüglich wichtige, auf die Ausdrücke: Natur, Schönheit, Grazie, Geschmack, Kopie, Nachahmung, Genie und Talent, einschränken.

Unter *Natur* versteh' ich die allgemeinen und bleibenden Bestandtheile sichtbarer Gegenstände, durch keine Zufälligkeiten entstellt, durch keine Verwahrung beschädigt, durch keine Mode oder lokale Gewohnheiten abgeändert. Natur ist ein vielfassender Begriff; und wenn er sich gleich, dem Wesentlichen nach, in jedem Individuum eben der Art wiederfindet, so läßt er sich doch bei keinem einzelnen Gegenstande in seiner ganzen Vollkommenheit antreffen.

In Ansehung der *Schönheit* will ich weder Sie noch mich in abstrakte Vorstellungen, noch in die romanhaften Träumereien der platonischen Philosophie verwickeln, noch untersuchen, ob sie aus einem einfachen oder zusammengesetzten Princip herzuleiten sey. Als Lockalbegriff ist Schönheit eine despotische Herrscherin, und den Anarchieen des Despotismus ausgesetzt; heute den Thron behauptend, den sie morgen wieder räumen muss. Die Schönheit, welche *wir* anerkennen, ist jenes harmonische Ganze der menschlichen Bildung; jene Zusammenstimmung der Theile zu Einem Zwecke, der uns bezaubert; das Resultat jenes Urbildes, welches die grossen Meister unserer Kunst, die Alten, aufgestellt haben, und welches durch die willfährige Beglaubigung der neuern Nachahmung bestätigt ist.

Unter *Grazie* versteh' ich jenes kunstlose Gleichgewicht von Bewegung und Ruhe, aus Charakter entsprungen, auf Schicklichkeit gegründet, welche weder hinter den Forderungen der Bescheidenheit der Natur zurück bleibt, noch sich über dieselben hinwegsetzt. Angewandt auf die Ausführung, besteht sie in jener wirkungsvollen Geschicklichkeit, welche die Mittel, wodurch sie erreicht wurde, und die Schwierigkeiten, die sie überwand, völlig zu verbergen weiß.

Was wir *Geschmack* nennen, besteht nicht bloß in der Kenntnis dessen, was in der Kunst richtig ist. Der Geschmack würdigt die Grade der Vortrefflichkeit, und schreitet durch Vergleichung von der Richtigkeit zur Veredelung fort.

Unsre Sprache, oder vielmehr die, welche sich ihrer bedienen, vermengten gewöhnlich, wenn von der Kunst die Rede ist, *Kopie* mit *Nachahmung*, obgleich beide ihrer Erweisung und Bedeutung nach, wesentlich verschieden sind. Genauigkeit des Auges und Folgsamkeit der Hand sind die Erfordernisse der erstern, ohne den mindesten Anspruch auf Auswahl des Beizubehaltenden und des Verwerflichen. Auswahl hingegen, von Beurtheilung oder Geschmack geleitet, machen das Wesen der Nachahmung aus, und können allein den geschicktesten Kopisten zu dem edeln Range eines Künstlers erheben. Die Nachahmung der Alten war *wesentlich*, *charakteristisch* und *idealisch*. Die erste räumte von der Natur alles Zufällige, allen Mangel und Auswuchs weg; die zweite machte den innern Kern ausfündig, welcher den Charakter mit der Grundform verbindet; die dritte hob das Ganze sowohl als die Theile zu dem höchsten Grade der Einstimmung.

Vom *Genie* werde ich mit einiger Zurückhaltung reden; denn kein Ausdruck ist je so mißverstanden und so unbestimmt gebraucht worden. Unter Genie versteh' ich jene Kraft, welche den Bezirk menschlicher Einsicht erweitert, welche neuen Naturstoff entdeckt, oder den schon bekannten Stoff neu verbindet; da hingegen das *Talent* die Entdeckungen des Genies anordnet, ausbildet und verfeinert.«[81]

J.H. Füssli, Vorlesungen über die Malerei, Erste Vorlesung. (Aus der Einleitung)

Um es vorwegzunehmen: Die Suche nach Füsslis Kunsttheorie ist nicht sehr erfolgversprechend, denn im Grunde war er kein Theoretiker. Das Zitat aus der Einleitung seiner auch in deutscher Übersetzung gedruckten »Vorlesungen« enthält viele Allgemeinplätze der zeitgenössischen Kunsttheorie. Interessanter ist das Verhältnis der konventionellen Bildgattungen in seinem Werk, von Historienmalerei, religiöser Malerei und Allegorie. Füssli spricht in seinen Vorlesungen von drei Kategorien von Malerei, erstens, dem »Historic Painting« als reiner, faktischer Information; zweitens, dem »Dramatic Painting«, womit er eine Art von Diskurs im Bild meint, zum Beispiel die Darstellung einer Handlung zwischen verschiedenen Personen, die nicht faktisch gesichert sein muß. Die dritte Kategorie ist die höchste, das »Epic Painting«, die er bei Michelangelo findet.

»Das Ziel des epic painter ist es, eine einzige, allgemeine Idee auszudrücken, eine große Art der Natur oder Gesellschaft, eine große Maxime, von der es keine Verzweigungen gibt, die den Charakter in allen Einzelheiten erfaßt: Er malt die Elemente in ihrer ureigenen Einfachheit, Höhe, Tiefe, Breite, die tiefe Dunkelheit, Licht, Leben, Tod, Vergangenheit, Zukunft, die Menschen, Mitleid, Liebe, Freude, Angst, Furcht, Frieden, Krieg, Glauben, Regierung: und die sichtbaren Körper sind nur die Motoren der einen, unwiderstehbaren Idee des Geistes und der Phantasie.«[82]

Der Diskurs zwischen den Bildfiguren und dem Betrachter wird mit der dritten Kategorie eröffnet: Füssli, der »epic painter«, der großen Wahrheit der Schöpfung verpflichtet, der gleiche Füssli, der sich mit raffinierter Selbstverständlichkeit dem Unwahren und Absurden hingibt. Der zeitgenössischen englischen Historienmalerei (die er indirekt mit der ersten Kategorie abkanzelte) fügte er einen interessanten Aspekt hinzu, indem er sie mit der Allegorie mischte. Die abstrakten Begriffe, die der »Epic Painter« darzustellen hatte, ließen sich nur glaubhaft in Bilder umsetzen, wenn die Betrachter in den Zustand emotionaler Anteilnahme, ja Erregung versetzt wurden. Dieses künstlerische Programm lag früh fest und änderte sich über Jahrzehnte kaum. Einer der wichtigsten theoretischen Begriffe in diesem Zusammenhang, über den Schiller und Kant schrieben, hatte auch für Füsslis Kunst große Relevanz – die »Erhabenheit«. Über den Begriff Erhabenheit gibt es den schon erwähnten Artikel zu Sulzers Lexikon »Allgemeine Theorie der Schönen Künste«, der aufgrund seiner Diktion wahrscheinlich von Füssli geschrieben wurde (er arbeitete als Autor an dem Lexikon mit):

»Dieses Erhabene findet auch im Bösen statt, weil selbst in der Gottlosigkeit etwas Bewunderungswürdiges seyn kann. Die Anrede, womit Satan nach seinem Fall die Hölle grüßt, hat etwas Erhabenes: ›Seyd gegrüßt Schreknisse; dich grüß ich unterste Welt, und dich, tieffste Hölle. Empfange deinen neuen Einwohner.‹«

Füssli hatte in den Bildern zu Paradiese Lost das Schreckliche »erhaben« dargestellt und damit seine eigene Maxime erfüllt. Das Erhabene war der eigentliche Anspruch des »epic painting« und seine Methode in reiner Form, weil es nicht nur alles Sichtbare erfaßte und darstellbar machte, sondern über es hinausgriff und in unzugängliche Regionen des Bewußtsein, in die »unterste Welt« führte. Wenn der Betrachter »im Innersten berührt« war, trat das vollkommen Erhabene zutage. Nicht nur in der Milton-Galerie, auch in Füsslis übrigem Werk ist dieser zentrale Begriff nachvollziehbar und wird im abschließenden Kapitel »Traum und Schrecken« noch einmal aufgegriffen.

Eintrittsbillett für die Erste Ausstellung der Milton-Galerie
1799
Privatbesitz

Milton Gallery Pallmall.

Admit Miss Nicholson
during the Exhibition

June 1. 1799. H. Fuseli

1 John Milton, Episches Gedicht von dem Verlohrenen Paradiese. Übersetzt und durchgesehen, mit Anmerkungen über die Kunst des Poeten begleitet von Johann Jakob Bodmer, Zürich 1732 (Exemplar in der Bayer. Staatsbibliothek München, P.o.angl 244 bzw. 43.1686). Pizzo 1914 (1977), S. 24ff.; Pizzo beschreibt ausführlich die Rezeptionsgeschichte von Paradise Lost um 1800. Bodmers Milton-Übersetzung ist in der Reihe »Deutsche Neudrucke, Reihe Texte des 18. Jahrhunderts« greifbar.

2 Pizzo 1914 (1977), Kapitel 1, s.a. Anm. 1, S. 14–16.

3 Für die Arbeit an dem vorliegenden Buch wurde die Ausgabe der Everyman's Library benutzt: John Milton, The Complete English Poems. Edited and introduced by Gordon Campbell, London 1992 (Erste Ausgabe 1909). Als Übersetzung steht eine Ausgabe im Reclam-Verlag zur Verfügung. Die wichtigste Quelle zu Füssli ist nach wie vor die dreibändige Biographie von John Knowles, die 1831 in London veröffentlicht wurde und in einem Reprint von 1982 greifbar ist.

4 Zur Milton-Rezeption im 18. und 19. Jahrhundert s. Newlyn 1993. (Auf Füsslis Beitrag wird darin jedoch nicht eingegangen.)

5 A collection of Prints from Pictures Painted for the Purpose of Illustrating the Dramatic Works of William Shakespeare by the Artists of Great-Britain, Volume I and II, London 1803; Winifred Friedman, Boydell's Shakespeare Gallery. New York 1976; The Boydell Shakespeare Gallery. Edited by Walter Pape and Frederick Burwick in Collaboration with the German Shakespeare Society, Ausst.Kat. Bochum 1996.

6 Das erste Buch zur Milton-Galerie legte, nach Forschungen seit dem Ende der fünfziger Jahre, 1963 Gert Schiff vor, der auch das Werkverzeichnis bearbeitete (s. Bibliographie). Schiff hat die Standorte etlicher Werke Füsslis ausfindig gemacht und damit den Grundstock gelegt zur Rekonstruktion des Projekts. Für sich hatte Schiff die Maxime ausgegeben, man müsse mindestens ebenso viel wissen wie Füssli, um sein Werk zu verstehen. Zahlreiche Hinweise und fruchtbare Forschungsergebnisse, die von seinen umfangreichen literar- und kunstgeschichtlichen Kenntnissen ausgegangen sind, haben das Bild Füsslis erhellt, geprägt – und gelegentlich wohl auch verstellt. Wenn nach fast vier Jahrzehnten nun der Versuch gemacht wird, Füsslis Hauptwerk zu rekonstruieren, so wird damit (aller Verehrung ungeachtet) fast zwangsläufig auch eine neue Perspektive gegeben.

7 Der wichtigste ist zweifellos William Roscoe; die Bekanntschaft mit Alderman Boydell fällt in die späten achtziger Jahre.

8 Für die Informationen über das sogenannte »Proposal« bin ich Prof. Weinglass dankbar. Das »Proposal« wurde in ganzer Länge, also mit den zugehörigen »Conditions«, wiederholt in verschiedenen Londoner Tageszeitungen veröffentlicht, darunter im »Morning Chronicle« am 11. Januar 1792.

9 Knowles I 1831, S. 175.

10 Eine Abschrift eines Exemplars in Yale hat freundlicherweise D. Weinglass zur Verfügung gestellt.

11 Das Thema hatte zuvor Hogarth gemalt, s. David Bindman, »Hogarth's Satan, Sin and Death and his Influence«. In: The Burlington Magazine, 112, 1970, S. 153–158.

12 Die englische Lavater-Edition wurde 1786 angekündigt. Füssli schrieb ein Vorwort und überarbeitete die Übersetzung. Knowles I 1831, S. 69.

13 Den besten Aufschluß über das Verhältnis geben die beiden Aufsätze Macandrew 1959/60 und 1963.

14 Weinglass 1982, S. 198.

15 Weinglass 1982, S. 186-187. Die Gemälde kosteten zwischen 30 und 50 Pfund, je nach Größe der Leinwand. Zur Finanzierung des Projekts durch andere Personen als Roscoe siehe Macandrew 1959/60, S. 17f.

16 Bei dem Katalog der Milton-Galerie habe ich das Exemplar der Royal Academy benutzt (Royal Academy Archives, Inv.No. Fu/4/1/4). Die Verfasser danken dem Leiter des Archivs der Royal Academy of Arts in London, Colin Penman. Der Brief Roscoes zit. bei Schiff 1963, S. 21.

17 Weinglass 1982, S. 188.

18 Weinglass 1982, S. 194.

19 Anzeige, Zeitungsausschnitt, undatiert, Royal Academy, Achives, No. AND/7/111.

20 Knowles I 1831, S. 197f.; eine anonyme Besprechung erschien im »Chronicle« vom 14.06.1799, die trotz Ankündigung keine Fortsetzung hatte.

21 Weinglass 1982, S. 200.

22 Weinglass 1982, S. 201.

23 Über Rezensionen zur Milton-Galerie s. Schiff I 1973, S. 180. John Taylor, Bildnis- und Genremaler, in: »True Briton« am 25. Mai 1799, erwähnt in: »Farington Diary«. Nathaniel Dance ist von der außerordentlichen Qualität der Bilder überzeugt (»Farington Diary«, 25. Mai 1799, unveröffentlicht); Thomas Lawrence äußert sich sehr positiv und weist in seinen Vorlesungen an der Royal Academy noch lange Zeit auf die Bilder hin; John Knowles I 1831, S. 197f., äußert leichte Kritik; John Opie (»Farington Diary«, 18. Juni 1803; unveröffentlicht) bemängelt Füsslis Maltechnik und Dr. Johnson sieht das Problem in der mangelhaften Milton-Rezeption (Schiff I 1973, 181). Eine Rezension in: »The Monthly Mirror«, April 1800, S. 211–212.

24 Knowles I 1831, S. 230f.

25 Zit. n. Schiff I 1973, S. 179.

26 Füssli über die Kunst seiner eigenen Zeit: »Die moderne Kunst, in Italien vom Aberglauben aufgezogen, in Frankreich im Tanzen unterrichtet, in Flandern bis zur Fettleibigkeit gemästet, in Holland dazu heruntergebracht 'Dünnbier anzuschreiben', ließ sich zuletzt in England als 'Narrenamme' dingen und wurde so eine steinreiche alte Frau.« J. H. Füssli, Aphorismen.

27 Als Füssli 1804 zum Keeper der Royal Academy ernannt wurde, billigte König George III. die Wahl, vielleicht unter dem Eindruck, daß der eigentlich favorisierte Smirke sich als Anhänger der französischen Revolution zu erkennen gegeben hatte; s. Schiff I 1973, S. 192.

28 Vorab eine Bemerkung zu den Nummern der Milton-Galerie. Die Themen der Milton-Galerie werden gemäß der Abfolge in Füsslis eigenem, 1799 erstmals erschienenen Katalog wiedergegeben (»Milton-Galerie Nr. 1« und so fort); unter den Katalognummern (Kat.Nr.) sind die Gemälde, Zeichnungen und Stiche zu den jeweiligen Themen aufgeführt. Werke mit einem Stern (*) hinter der Katalognummer sind nicht in der Ausstellung zu sehen.

29 Füssli stellte das Bild mit zwei weiteren aus: »Ezzelin musing over Meduna, slain by him, for disloyalty, during his absence in the Holy Land« und »Jason appearing before Pelias, to whom the sight of a man with a single sandal had been predicted fail«. Knowles I 1831, S. 63.

30 Alexander Runciman (1736–1785), bis 1771 in Rom, stellt 1773 in der Royal Academy seine Version des Themas »Satan flieht...« aus (Abb. der Vorzeichnung bei Schiff 1963, 2).

31 Den Hinweis auf die Zeichnung verdanke ich Corinna Höper. Weinglass 1994, Nr. 299, verzeichnet den Stich von Normand fils (Louis-Marie Normand), 18,9 x 17,5 cm.

32 Zum Katalog der Milton-Galerie siehe Anm. 28. Die Bezeichnung »Lost« vor der entsprechenden Nummer des Werkverzeichnisses von Schiff bezieht sich auf den dortigen Katalog der verlorenen Werke. Aus zwei Gründen wurden die Katalogangaben auf die unbedingt nötigen Informationen beschränkt. Zum einen ist die Materie so komplex, daß auf die teils verwirrenden Zusatzinformationen wie Signaturen, Bezeichnungen oder Aufschriften verzichtet wurde. Zum anderen wird in Kürze das von David Weinglass überarbeitete Werkverzeichnis Füsslis neu erscheinen, das diese Informationen und die vollständige Literatur enthält. Sofern hier Literaturangaben zu einzelnen Werken nötig sind, erscheinen sie in den Anmerkungen.

33 Auszug aus einer anonym veröffentlichten Besprechung aus dem »Morning Chronicle«, zit. nach Weinglass, unveröffentlichtes Manuskript (1996).

34 Ein Stich (1803) von Peltro W. Tomkins (Weinglass 1994, Nr. 180) war für Sharpes »Works of the British Poets« bestimmt (s. Milton-Galerie 2).

35 Tomory 1972, S. 99ff.

36 Mehr über Fairies in: Katharine Mary Briggs, Encyclopedia of Fairies: Hobgoblins, Brownies, Bogies and Other Supernatural Creatures, New York 1976. Schiff 1963, S. 84. Den Titel zu seinem Bild hatte Füssli aus einer anderen literarischen Quelle, John Lylys »Endymion« von 1591.

37 Tomory 1972, S. 108.

38 Es existiert ein Stich (1821) des Gemäldes von Andrew Duncan (Weinglass 1994, Nr. 262).

39 Weinglass 1982, S. 126f., datiert einen Brief Füsslis von 1795 auf 1793, damit ergibt sich ein neues Entstehungsdatum für einige Werke der Milton-Galerie.

40 Dazu ein Stich von Andrew Duncan, 1821; vgl. Schiff 1308.

41 Die Charakterisierung Satans verteilt sich auf viele Textstellen: Paradise Lost I, 86f., 591, 609ff., 284ff., 314f., 600ff., 620f.

42 Zit nach Ausst.Kat. Hamburg 1974, S. 84.

43 Schiff 1963, S. 45–50.

44 Der Stich von Abraham Raimbach diente als Titelblatt einer Oktavausgabe von Paradise Lost, die 1806 in London erschien (Weinglass 1994, Nr. 261 und 261A und B). Ein weiterer Stich (1821) von Andrew Duncan (Weinglass 1994, Nr. 261C).

45 Weinglass 1982, S. 74. William Sharp (1749–1824) war als Stecher dieses Blattes vorgesehen. Ausführlich zur »Satan, Sünde und Tod«-Thematik s. Paulson 1982, S. 104ff.; zu Füssli S. 110f.

46 S. Feingold 1984, S. 49ff.

47 Cunningham II 1868, S. 244. Eine Zeichnung befindet sich im Britischen Museum, Catalogue of Drawings by Lawrence Binyon, Bd. 2, 1900, S. 172, Nr. 10.

48 Weinglass 1982, S. 115.

49 Zur Position Satans als Verführer bei Milton s. Paulson 1982, S. 100.

50 Umrißstich (1806) von Johann Heinrich Lips (Weinglass 1994, Nr. 283) und weitere Versionen (1830 und1832) von Normand fils, Weinglass 1994, Nr. 299 A und B); der Stich von Anker Smith (Weinglass 1994, Nr. 168 und 168 B) war für die Du Roveray-Ausgabe bestimmt (Milton-Galerie 2).

51 Weinglass 1982, S. 243.

52 Außer dem Kupferstich von Moses Haughton eine Graphik (1804) von Frederick Christian Lewis (Weinglass 1994, Nr. 194).

53 Siehe Hans Werner Grohn in: Jahrbuch der Hamburger Kunstsammlungen 16, 1971, S. 178–184. Weinglass 1994, Nr. 300, verzeichnet einen weiteren Stich (1823) von Normand fils (Louis-Marie Normand).

54 Ein weiterer Stich (1804) von David Edwin (Weinglass 1994, Nr. 174A).
55 Siehe John M. Steadman, »Heroic Virtue and the Divine Image in Paradise Lost«. In: Journal of the Warburg and Cortauld Institutes, 22, 1959, S. 88–105.
56 Stich (1821) von William Kneass (Weinglass 1994, Nr. 181A).
57 Brief Füsslis an Roscoe am 5. Juni 1796.
58 Im Bilderverzeichnis der Witt Library ist das Bild mit dem Vermerk aufgenommen: »Clark sale, Kobinsch & Fisher, London, 17 March 1927, No. 182A«.
59 Eine 39,3 x 31,5 cm große Zeichnung, die vermutlich erst um 1820 entstand, befindet sich in Auckland, City of Art Gallery (Inv.Nr. 1965–64).
60 Antal 1973, S. 128, Anm. 19.
61 Knowles I 1831, S. 288–289.
62 Eine Interpretation des Bildes vor dem Hintergrund des Begriffs »Erhabenheit« bei Vogel 1995 II, S. 54ff.
63 Vgl. Weinglass 1994, Nr. 301 und 301 A. Eine frühere, um 1796 entstandene Radierung befindet sich im British Museum, London, vgl. Schiff 983.
64 Zu der Figur Noahs gibt es mehrere Studien in Füsslis zeichnerischem Werk (Schiff 1038, Fruchtbarmachung Ägyptens; s. a. Schiff 1726, Schiff 1790).
65 Der Kupferstich von A. Smith (1802) für die Du Roveray-Ausgabe (Milton-Galerie 2) unterscheidet sich von dem Gemälde Nr. 27 der Milton-Galerie. Weitere Druckgraphiken: Louis Marie Normand, 1832 (Weinglass 1994, Nr. 226A); Charles Grignion (Weinglass 1994, Nr. 25 und 25A).
66 Selbstverständlich muß es Il Pensieroso heißen. Einem Fehler des Setzers im Titelblatt der Erstausgabe ist es zu verdanken, daß sich der unausrottbare Fehler eingeschlichen hat.
67 Es gibt eine weitere Zeichnung zu »L'Allegro«, die jedoch nichts mit der Milton-Galerie zu tun hat, s. Schiff 1757.
68 Weinglass 1982, S. 141.
69 Ein weiterer, unsignierter Umrißstich (1821) von Normand fils (Louis-Marie Normand), Weinglass 1994, Nr. 265A.
70 Ein weiterer Linienstich von Alexander Aikman (1845) verzeichnet bei Weinglass 1994, Nr. 125H.
71 Schiff I 1973, S. 218.
72 Schiff I, S. 651; Weinglass, 1994, Nr. 284A, verzeichnet einen weiteren Stahlstich von John Rogers, 7,1 x 9,2 cm.
73 Weinglass 1994, Nr. 178, 178A und B, verzeichnet Vignetten nach dem Motiv von John Jackson und Frederick Christian Lewis.
74 Tomory 1986, S. 26ff.
75 Weinglass verzeichnet für »Milton When a Boy« (Milton-Galerie Nr. 38) folgende Reproduktionen: Punktierstich (1796-1799) von John Perry (Weinglass 1994, Nr. 303), Mezzotinto (1830) von Henry Edward Dawe (Weinglass 1994, Nr. 303A).
76 Schiff I 1973, S. 222ff.
77 Blake: »Der Grund, warum Milton in Fesseln schrieb, wenn er über Engel und Gott schrieb, und in Freiheit, wenn über Teufel und Hölle, ist, weil er ein wahrer Dichter war und von des Teufels Partei, ohne es zu wissen.« (Blake, The Marriage of Heaven and Hell, Plate 5, Blake S. 150).
78 Macandrew 1963, S. 219. Schiff erwähnt ein weiteres Bild mit dem Euphrosyne-Thema, das jedoch nicht mit der Milton-Galerie in Verbindung steht: Euphrosyne, den Tanz der Landleute besuchend, um 1820, Öl auf Leinwand, 92 x 71 cm, Privatbesitz, Schiff 1813.
79 Aus einer anonym veröffentlichten Besprechung im »Monthly Mirror«; zitiert nach einem unveröffentlichten Manuskript von David Weinglass (1996).
80 Aus einer anonym erschienenen Besprechung im »Monthly Magazine«; zitiert nach einem unveröffentlichten Manuskript von David Weinglass (1996), dem an dieser Stelle noch einmal herzlich für seine Großzügigkeit gedankt sei.
81 Füessli 1803, 11–14. In seinen Vorlesungen an der Royal Academy sprach Füssli über »Antike Kunst«, »Kunst der Neueren«, »Erfindung I und II«, »Komposition und Ausdruck« und »Chiaroscuro«; die Einführung lautete »Eine charakteristische Skizze der grundsätzlichen technischen Unterweisung aus Antike und Neuzeit etc.«. Noch im Januar 1825, wenige Monate vor seinem Tod, hielt er drei Vorträge über »Farbe«, »Proportion« und »Die herrschende Methode der Behandlung der Geschichte der Malerei«.
82 Lecture III, zit.n. Knowles III 1831, S. 87. Für die Selektion von Shakespeare-Themen bei Füssli siehe Paulson 1982, S. 128ff.

II DIE MILTON-GALERIE 2

Füsslis Illustrationen für die Du Roveray-Ausgabe von Paradise Lost von 1802 und die Beziehung von Text und Bild bei Füssli

Claudia Hattendorff

> Where London pours her motley Myriads, Trade
> With fell Luxuriance the Printshop spread:
> There as the wedded elm and tendril'd vine
> Angelica and Bartolozzi twine.
> J. H. Füssli, Dunciad of Painting[1]

In diesen Versen aus seiner »Dummkopfiade der Malerei« beschrieb Johann Heinrich Füssli in den 1780er Jahren spöttisch einen wichtigen ökonomischen Mechanismus des englischen Kunstbetriebs seiner Zeit. Überall dort, so Füssli, wohin sich der Einfluß der britischen Hauptstadt erstreckt, seien die Erzeugnisse der Londoner Druckerwerkstätten verbreitet. Deren modischer Einheitsgeschmack werde bestimmt von der auf gegenseitigen Gewinn bauenden Zusammenarbeit der Malerin Angelika Kauffmann mit Francesco Bartolozzi, Kupferstecher des Königs und Mitglied der Londoner Royal Academy. Tatsächlich war Kauffmanns europaweiter Ruhm nicht zuletzt das Resultat der Verbreitung ihrer Gemälde im Medium der reproduzierenden Druckgraphik. Dazu, aber auch zu dem seit den 1760er Jahren wachsenden Erfolg des Exports englischer Drucke auf den Kontinent allgemein hatte der in den Jahren von 1764 bis 1802 in London tätige Bartolozzi durch seine große Stichproduktion und seine technische Meisterschaft in der Punktiermanier nicht unerheblich beigetragen.

Hinter Füsslis satirischen Bemerkungen stehen nicht nur seine Ablehnung der Kunst Angelika Kauffmanns und das Konkurrenzverhalten eines aufstrebenden Künstlers, der gerade in den frühen 1780er Jahren die ruhmbegründende Wirkung der Reproduktionsgraphik anhand der Nachstiche nach seinem »Nachtmahr« erfährt.[2] In ihnen drückt sich auch Füsslis gespaltenes Verhältnis dem Medium Druckgraphik generell gegenüber aus. Zwar wurden etwa 300 seiner Bildideen druckgraphisch verbreitet, die einzelnen Resultate vermochten den Künstler aber selten zu befriedigen. Für dasjenige künstlerische Großprojekt, das Füssli im letzten Jahrzehnt des 18. Jahrhunderts beschäftigte, seine Milton-Galerie, bildete der in Füsslis Spottversen beschriebene Handel mit Reproduktionsgraphik trotzdem den kommerziellen Hintergrund.

In den 1780er Jahren hatte sich die direkte Verwertung von Malerei durch Reproduktionsgraphik im England der zweiten Hälfte des 18. Jahrhunderts fortentwickelt zu einem überaus differenzierten System der lukrativen Vernetzung von Gemälden und ihren Vervielfältigungen. Das Jahr 1786 hatte den Auftakt gesehen zur sogenannten »Shakespeare Gallery« des erfolg- und einflußreichen Verlegers und Händlers von Druckgraphik John Boydell. Bei diesem Projekt handelte es sich um die Kombination einer längerfristigen Ausstellung von Gemälden und deren druckgraphischer Verbreitung in Mappeneditionen. Damit verbunden war eine Neuausgabe der Werke William Shakespeares. Hinter den Bemühungen Boydells stand die von der neugegründeten Londoner Royal Academy of Art propagierte Idee, der Historienmalerei als dem im akademischen Denken angesehensten Genre in England aufzuhelfen durch Aufträge für Gemälde, die ihr Sujet aus der nationalen Dichtung bezogen. Die Druckgraphik nach diesen Stichen sollte nach außen hin die Fähigkeit der englischen Kunst zur Historienmalerei erweisen. Gleichzeitig wollte man eine neue Form von

Auftragskunst etablieren, die von einer Schicht bürgerlicher Unternehmer getragen wurde und ihre Kundschaft mit den Käufern der Reproduktionsstiche ebenfalls in der Mittelklasse fand. Boydells Projekt, bei dem der Verleger Malern und Stechern ein Honorar zahlte und die Ausgaben dafür sowie für die Ausstellung der Gemälde aus den Subskriptionszahlungen für die Text- und Sticheditionen bestritt, hatte einen bedeutenden Umfang. Für die zuletzt knapp 170 Gemälde von 35 Malern wurde im Herzen Londons an der Pall Mall ein Galeriegebäude errichtet, in dem von 1789 bis 1805 die Originalgemälde zu sehen waren. Deren Bildideen wurden bis 1803 als Druckgraphiken zusätzlich zu einer Ausgabe der Schauspiele von Shakespeare in neun Bänden vertrieben.[3] Boydells künstlerisches und ökonomisches Modell blieb nicht ohne Nachahmer. 1787 eröffnete Thomas Macklin seine »Poets Gallery«, die neben Shakespeare auch andere englische Dichter in den Kreis der zu Illustrierenden aufnahm, und noch 1794 wurde, wieder an der Pall Mall, »Woodmason's Shakespeare Gallery« eröffnet.

An all diesen Projekten war auch Füssli beteiligt. In Boydells Shakespeare Gallery war er mit insgesamt neun Gemälden vertreten,[4] zur »Poets Gallery« hatte er zwei Werke beigesteuert, diesmal zu Shakespeare und Edmund Spenser, dem Poeten aus der Zeit Elisabeths I.,[5] und in »Woodmason's Shakespeare Gallery« waren von Füssli vier Gemälde zu sehen.[6] Es ist aufgrund dieses Engagements kaum verwunderlich, daß Füssli in einem ersten Entwurf seines Projektes einer Galerie eigener Werke aus dem Jahre 1790 ausdrücklich Bezug auf die von Boydell und Macklin begründeten Bilderfolgen nahm. Bezeichnenderweise klingt jedoch die Distanz zum druckgraphischen Reproduktionswesen an, die auch aus den anfangs zitierten Spottversen spricht, wenn Füssli von einem Finanzierungsmodell redet, das ganz ohne subskribierte Sticheditionen auskommen sollte. Diejenigen Subskribenten, die den Maler mit jährlich 20 Pfund auf drei Jahre bei seiner Arbeit an mindestens zwanzig für eine Ausstellung bestimmten Gemälden unterstützen würden, sollten mit kleinen Gemälden, Zeichnungen oder den Erlösen aus der Ausstellung entschädigt werden.[7] Erst im Jahr darauf, 1791, dachte Füssli an Subskriptionen auf Stiche nach seinen Gemälden. Für diesen Sinneswandel dürfte der Buchhändler Joseph Johnson verantwortlich gewesen sein. Er hatte zwar schon Füsslis ersten Plan von 1790 positiv beurteilt, lenkte aber offensichtlich die Planungen bis 1791 entschieden auf eine Serie von 30 Bildern nach Milton »to be Painted principally, if not Entirely, by Henry Fuseli, R. A.« hin, die, wie im Falle von Boydells Shakespeare Gallery, nach Subskription gestochen und publiziert werden sollten in Verbindung mit einer Neuausgabe der Werke Miltons. Nach einem Werbetext Johnsons vom September 1791 hatte dieses Projekt folgenden Umfang: 30 großformatige Stiche wollte er in Mappen zu je zwei Blättern vertreiben zum Subskriptionspreis von 2 Guineen je Mappe. Die erste Nummer sollte im Frühjahr 1794 erscheinen, und alle weiteren Mappen an zwei Terminen pro Jahr folgen. Als Stecher waren vorgesehen »Bartolozzi, Sharpe, Blake, and other eminent Engravers«. Es war beabsichtigt, diese Serie großformatiger Stiche zu ergänzen durch eine solche in kleinem Format, die eine Neuausgabe von Miltons »Poetical Works« schmücken sollte. Die Bildvorlagen von Füsslis Hand sollten, sobald eine ausreichende Zahl von ihnen fertiggestellt sei, ausgestellt werden »in a Room for that Purpose, to be called the MILTON GALLERY.«[8] Folglich hören wir im gleichen Jahr von Füssli, daß er zwei Gemälde zu den Büchern II und IV aus Paradise Lost aus der allmählich entstehenden Milton-Galerie für die Reproduktion vorbereitet hatte, unter anderem durch den erwähnten Bartolozzi, und diese in einer ersten Mappe von Lieferungen subskribierter Stiche erscheinen sollten. Ähnliches, wieder für die Bücher II und IV, plante Füssli auch noch 1792.[9]

Keiner der von Füssli in diesen beiden Jahren angekündigten Stiche ist heute bezeugt, und nichts ist darüber bekannt, ob die Stichreproduktionen nach der Milton-Galerie in den Folgejahren fortgeführt wurden. Es ist sicher zu Recht angenommen worden, daß ein Mangel an Subskribenten zur Aufgabe des Projektes führte.[10] Bezeichnenderweise klagten auch die Unternehmer von Boydells Shakespeare Gallery seit Anfang der 1790er Jahre über zurückgehende Subskribentenzahlen.[11] Wohl aufgrund der sich vermindernden Marktchancen war zudem die von Johnson geplante Milton-Ausgabe dem Druck durch Boydell ausgesetzt, der in den Jahren 1794, 1795 und 1797 »The Poetical Works of John Milton« mit Illustrationen des Engländers Richard Westall herausbrachte, dafür keinerlei Konkurrenz wünschte und vielleicht erwirkte, daß Johnsons Projekt aufgegeben wurde. Tatsächlich galt aber viel genereller, daß sich der Markt für graphische Erzeugnisse just in diesen Jahren gravierend veränderte. Da der Export englischer Reproduktionsstiche bei weitem die Verbreitung im Land überstieg, wurde diesem Wirtschaftszweig durch die Koalitionskriege seit 1793 und schließlich die Kontinentalsperre des Jahres 1806 zunehmend die Grundlage entzogen, da der Handel mit den Ländern auf dem europäischen Kontinent zurückging und schließlich zusammenbrach. Auch der heimische Markt für Druckgraphik schrumpfte in der Folge einer Erhebung zusätzlicher Steuern,[12] so daß Unternehmungen wie Boydells und Macklins Sticheditionen fortan unmöglich wurden, das Boydellsche Unternehmen kurz nach 1800 Bankrott anmeldete und an eine lukrative Verwertung von Füsslis Galerieprojekt im Stile Boydells kaum mehr zu denken war.[13] Zwar begann Füssli, nachdem er ein bezahltes Amt in der Londoner Royal Academy angetreten hatte und offenbar über ausreichende eigene Mittel verfügte, als sein eigener Verleger zu agieren und selbst einen Stecher zur Reproduktion seiner Bilder zu beschäftigen. Auf seinen Auftrag hin setzte der Maler und Kupferstecher Moses Haughton vor allem in den Jahren 1803 bis 1806 eine Reihe von Bildern der Milton-Galerie in großformatige Stiche um, unter ihnen solche zu Buch V, IX, XI und XII von Paradise Lost.[14] Diese waren Teil eines auf 50 Stiche angelegten Editionsprojektes, das nun »zu Gunsten der Mannigfaltigkeit« auch Stiche nach Szenen aus Shakespeare und Dante enthalten sollte, bei dem auf begleitende Textausgaben jedoch verzichtet worden war.[15] Vermutlich aus den genannten Gründen wurde dieser erneute Versuch einer druckgraphischen Verbreitung seiner Milton-Bilder aber nicht das florierende Geschäft, das Füssli sich wohl davon versprochen hatte. Die Vereinbarung mit Haughton ging daher über eine Produktion von elf Stichen zu Themen aus Milton nicht hinaus.[16]

Der Niedergang des Geschäfts mit Vervielfältigungen von englischer Historienmalerei setzte der Verwertung der Milton-Galerie in der Druckgraphik allerdings kein Ende. Sie hatte vielmehr Teil an der revitalisierenden Wandlung, die dieser Sektor nach 1800 durchmachte. An die Stelle der monumentalen Galerieprojekte mit begleitenden Texteditionen und großformatigen Nachstichen traten nun illustrierte Ausgaben von Werken der englischen Literatur im Oktavformat, publiziert unter anderem durch den Verleger Francis Isaac Du Roveray, der von 1798 bis 1808 tätig war und für den Füssli über ein Viertel der Vorlagen für die von ihm publizierten Illustrationen zu Werken verschiedener Dichter lieferte.[17] Eine Frucht dieser Zusammenarbeit waren auch ein Reihe von Ölskizzen oder Bozzetti zu Themen aus Paradise Lost, die Füssli als Vorlagen für die Illustrationen einer von Du Roveray in erster Auflage 1802 veröffentlichten Ausgabe des Epos malte.[18] Einer in der Geschichte der Milton-Illustrationen feststehenden Tradition folgend,[19] war in dieser Ausgabe für jedes der zwölf Bücher des Epos eine Illustration als Frontispiz vorgesehen. Aus unbekanntem Grund übernahm Füssli, der aus dem Repertoire der Milton-Galerie leicht hätte schöpfen können, diesen Auftrag nicht allein, sondern lieferte lediglich Vorlagen für

Nach William Hamilton: Die Erschaffung der Eva. Illustration zu Buch VIII von Paradise Lost, gestochen von F. Bartolozzi, 1802/8

sechs der zwölf Bücher. Die restlichen Illustrationen fielen dem auch an Boydells Shakespeare Gallery beteiligten Schotten William Hamilton zu, der aber im Unterschied zu Füssli dem Verleger keine Ölskizzen, sondern lediglich zeichnerische Vorlagen beibrachte.
Hamilton illustrierte die Bücher V und VII-XI und hatte somit diejenigen Momente von Paradise Lost zum Thema, in denen es vorwiegend um das erste Menschenpaar geht (s. Abb.).[20] Füssli hingegen hatte mit Ausnahme der »Vertreibung von Adam und Eva aus dem Paradies« für die Partien des Epos Bildvorlagen zu liefern, in denen Satan der Protagonist der Handlung ist. Diese Aufgabenverteilung entsprach nicht ganz den Schwerpunkten, die Füssli in der Milton-Galerie gesetzt hatte. Zwar lag, einer auch anderweitig bezeugten Vorliebe Füsslis folgend,[21] absolut gesehen das inhaltliche Schwergewicht der Milton-Galerie auf dem »satanischen« Buch II von Paradise Lost (allein sechs Darstellungen von insgesamt 30 zu Paradise Lost beschäftigten sich mit den dort berichteten Beziehungen von Satan, Tod und Sünde und Satan, Chaos und Hölle und drei weitere waren Umsetzungen von Gleichnissen in Buch II). Füssli hatte jedoch auch zu fast allen anderen Büchern des »Verlorenen Paradieses« Gemälde geschaffen. Die Ausnahmen stellten aber gerade Buch III und VI dar, die ihm für die Du Roveray-Ausgabe als zwei von sechs zu illustrierenden Büchern nun zugefallen waren.
Schon diese äußeren Daten zeigen, daß die Du Roveray-Bozzetti zur Milton-Galerie in einem spannungsvollen Verhältnis stehen und es sich bei ihnen nicht lediglich um eine verkleinerte Auskoppelung aus der monumentalen Bilderfolge handelt. Diesen Eindruck vermag eine nähere Betrachtung der Ölskizzen zu bestätigen, die mit ihrer in den Hauttönen der Figuren meist hellen Farbigkeit und ihrer malerischen Pinselschrift von großer künstlerischer Einheitlichkeit sind. Die Bozzetti sind, den Anforderungen an Buchillustrationen gemäß, sämtlich Hochformate von identischen Dimensionen unter einem Meter Seitenlänge. In ihrer Größe nähern sie sich den Kleinformaten der Milton-Galerie, in der die auch für Du Roveray gemalten Themen »Satan über dem feurigen See«, »Satan ruft seine Legionen auf«, »Satan und Tod, von der Sünde getrennt« und »Satan flieht, von Ithuriels Speer berührt« aber gerade zu den Riesenformaten von über 3 x 3 m Größe gehörten. Das kleinere Format der Leinwände und die Aussicht, die Entwürfe in ihrer druckgraphischen Umsetzung wiederum fast auf ein Zehntel ihrer Größe bringen zu müssen, zwang Füssli bei den Du Roveray-Bozzetti beispielsweise, die schon in der Milton-Galerie spärlichen Andeutungen der Schauplätze Himmel, Paradies und Hölle noch weiter zurückzudrängen. Doch galt es nicht nur, sich aufgrund der verminderten Größe bei den Bozzetti auf das Wesentliche zu konzentrieren. Füssli mußte sein bildnerisches Verständnis des Epos zudem aufgrund der verminderten Zahl der Darstellungen konsequent zuspitzen. Die Frage nach der Anbindung seiner Imagination an den Text Miltons und nach dem Verhältnis von Malerei und Literatur stellt sich bei den Du Roveray-Bozzetti daher neu und in strengerem Sinne als dies bei der Milton-Galerie zumal nach Aufgabe des begleitenden Editionsprojektes des Fall war.
Sein Frontispiz zu Buch XII mit der Darstellung der »Vertreibung von Adam und Eva aus dem Paradies« einmal ausgenommen, das seine Fassung aus der Milton-Galerie im wesentlichen nur wiederholte (Kat.Nr. 93, 94), führte dieser Zwang zur Reduktion bei den Bozzetti zu einer Klärung derjenigen Kompositionen, die bereits in der Milton-Galerie Anwendung gefunden hatten. Besonders deutlich wird dies bei dem Entwurf zu Buch IV. In der Milton-Galerie hatte Füssli die zu diesem Teil des Epos gehörige Darstellung »Satan flieht, von Ithuriels Speer berührt« in einem annähernd quadratischen Monumentalformat ausgebreitet, von dem heute nur noch ein primitiver Nachstich zeugt (s. Kat.Nr. 41). Für

das Hochformat des Du Roveray-Bozzetto wurde die Konfrontation Satans mit den Erzengeln Ithuriel und Zephon über den schlafenden Adam und Eva nun verdichtet. Füssli drängte den Schild Satans nicht mehr in die obere Bildecke, sondern führte ihn in der Bildmitte mit einem dem zweiten Erzengel zugewiesenen Schild zusammen (Kat.Nr. 95, 96). Auf diese Weise entwickelte sich das Thema nicht auseinanderstrebend in die Breite, sondern in seinen Zentrifugalkräften auf eine Mittelachse bezogen. Es stellte derart künstlerisch den Abschluß von Füsslis bis in das Jahr 1776 zurückreichenden Beschäftigung mit diesem Stoff aus Milton dar (s. Kat.Nr. 16, 17, 18, 19).

Ähnliches gilt für Füsslis Entwurf zu »Satan und Tod, von der Sünde getrennt« für das zweite Buch des Epos (Kat.Nr. 97, 98). Auch in diesem Fall ist der Du Roveray-Bozzetto der Abschluß einer langen Reihe von Umsetzungen dieses Themas bei Füssli, die mit einer Zeichnung aus dem Jahre 1776 begann und deren monumentalste Formulierung in der Milton-Galerie heute verloren ist (s. Kat.Nr. 27). Gegenüber der Zeichnung und einer vermutlichen Wiederholung des Bildes aus der Milton-Galerie ist die Figur Satans im Du Roveray-Bozzetto in ihrer Schrittstellung stärker dynamisiert. Auch ist das Gesicht der Sünde nicht mehr in einem retardierenden verlorenen Profil wiedergegeben, so daß die Figur jetzt insgesamt eine vorschnellende Diagonale bildet.

Klärend wurde Füssli bei den Du Roveray-Illustrationen auch im Falle seines Entwurfs für das erste Buch des Epos tätig. In seine Darstellung von »Satan über dem feurigen See, Beelzebub zu sich aufrufend« gingen Merkmale der beiden erhaltenen, aber stark beschädigten Satan-Darstellungen und möglicherweise auch einer dritten verlorenen zu Buch I aus der Milton-Galerie ein, die sämtlich Satan als Erwecker und Agitator zeigten (s. Kat.Nr. 20, 21). Füssli hob jedoch für das kleine Hochformat die Kreiskompositionen der uns bekannten Bilder aus der Milton-Galerie auf. Er unterteilte die Darstellung statt dessen in zwei ungleichgewichtige Hälften, so daß sich ein hochaufgerichteter Satan und ein winziger Beelzebub gegenüberstehen und selbst im kleinen Format der Ölskizze und der Illustration die beeindruckende Wirkung der Satansgestalt erhalten bleibt (Kat.Nr. 99, 100).

Diesen Weiterentwicklungen von Kompositionen aus der Milton-Galerie im Format der Du Roveray-Bozzetti stehen zwei Ölskizzen für die Illustration von Buch III und VI gegenüber, in denen Füssli erstmalig Themen aus diesen beiden Teilen des Epos gestaltete.

Über hundert Zeilen am Ende des dritten Buches von Paradise Lost sind für das Verständnis von Füsslis Illustration zu Buch III, »Uriel beobachtet Satan auf seinem Flug zur Erde«, relevant. In ihnen werden der Erzengel Uriel und sein Aufenthalt beschrieben, die Art und Weise, in der Satan sich ihm unerkannt nähert, ihr Gespräch über den Aufenthaltsort des ersten Menschenpaares und Satans Abflug in Richtung Paradies.[22] Milton führt aus, wie der geflügelte Erzengel Uriel, der nahe dem Thron Gottes Wache hält und mit seinen schweifenden Augen Gottes Bote ist, von Satan von hinten in einer Region nahe der Sonne erblickt wird, wo jener in Kontemplation versunken ist. Satan verwandelt sich daraufhin in einen halbwüchsigen, lieblichen Cherubim mit farbigen Flügeln und silbernem Stab und nähert sich dem Erzengel, dessen Haupt von einem Strahlenkranz umgeben ist und dessen Antlitz leuchtet. Uriel wendet sich Satan alsbald zu, und dieser fragt ihn mit aufgesetzter Unschuld nach dem Aufenthalt des neuerschaffenen Menschen, um, wie er vorgibt, diese Schöpfung des Herrn lobpreisen zu können. Uriel vermag als ein höheres, von Güte durchdrungenes Wesen Satans Hintersinn und Verstellung nicht zu erkennen und weist diesen Richtung Erde, zum Paradies und zu Adams Laube. Satan verneigt sich vor Uriel, der sich nach beendigter Rede wieder abgewandt hat, und wirbelt durch die Luft der Erde zu.

Kat.Nr. 93
Die Vertreibung von Adam und Eva aus dem Paradies, 1802
Milton, Paradise Lost XII, 645–649
Vorlage für den Stich von Anker Smith (Schiff 1303; Weinglass 1994, Nr. 170)
Öl auf Leinwand, 92 x 71 cm
Basel, Privatsammlung
Schiff 1214

Kat.Nr. 94
Anker Smith: Stich nach Füsslis »Die Vertreibung von Adam und Eva aus dem Paradies«
Bez. u. l. Painted by H. Fuseli R. A., u. r. Engraved by A. Smith A., o. r. Book XII., u. Mitte London: Publish'd by Vernor, Hood & Sharpe, Poultry, 1808.
Inschrift u. Mitte: Some natural tears they dropt, but wip'd them soon; / The world was all before them
11,9 x 9,1 cm (Einfassungslinie)
London, Privatsammlung
Weinglass 1994, Nr. 170B
In der Ausstellung wird eine Ausgabe John Milton, Paradise Lost, London 1808 gezeigt.

Kat.Nr. 95
Satan flieht, von Ithuriels Speer berührt, 1802
Milton, Paradise Lost IV, 810–814
Vorlage für den Stich von Anker Smith (Schiff 1301; Weinglass 1994, Nr. 168)
Öl auf Leinwand, 91,4 x 71 cm
Privatbesitz
Schiff 1212

Kat.Nr. 96
Anker Smith: Stich nach Füsslis »Satan flieht, von Ithuriels Speer berührt«
Bez. u. l. Painted by H. Fuseli R. A., u. r. Engraved by A. Smith A., o. r. Book IV., u. Mitte London: Publish'd by Vernor, Hood & Sharpe, Poultry, 1808.
Inschrift u. Mitte: Up he starts/ Discover'd and surpris'd.
11,9 x 9,1 cm (Einfassungslinie)
London, Privatsammlung
Weinglass 1994, Nr. 168B

Kat.Nr. 97
Satan und Tod, von der Sünde getrennt, 1802
Milton, Paradise Lost II, 702 ff.
Vorlage für den Stich von James Neagle (Schiff 1299; Weinglass 1994, Nr. 166)
Öl auf Leinwand, 91,3 x 71,1 cm
München, Bayerische Staatsgemäldesammlungen, Neue Pinakothek
Schiff 1210

Kat.Nr. 98
James Neagle: Stich nach Füsslis »Satan und Tod, von der Sünde getrennt«
Bez. u. l. Painted by H. Fuseli R. A., u. r. Engraved by Ja.[S]Neagle., o. r. Book II., u. Mitte London: Publish'd by Vernor, Hood & Sharpe, Poultry, 1808.
Inschrift u. Mitte: »O father, what intends thy hand,« she cried, / »Against thy only son?
11,6 x 8,9 cm (Einfassungslinie)
London, Privatsammlung
Weinglass 1994, Nr. 166B

Kat.Nr. 99
Satan über dem feurigen See, Beelzebub zu sich aufrufend, 1802
Milton, Paradise Lost I, 221ff.
Vorlage für den Stich von William Bromley (Schiff 1298; Weinglass 1994, Nr. 165)
Öl auf Leinwand, 91 x 71 cm
Zürich, Kunsthaus, Vereinigung Zürcher Kunstfreunde, Inv.Nr. 1946/13
Schiff 1209

Kat.Nr. 100
William Bromley: Stich nach Füsslis »Satan über dem feurigen See, Beelzebub zu sich aufrufend«
Bez. u. l. Painted by H. Fuseli R. A., u. r. Engraved by W. Bromley, o. r. Book I., u. Mitte London: Publish'd by Vernor, Hood & Sharpe, Poultry, 1808.
Inschrift u. Mitte: Awake, arise, or be for ever fall'n
11,5 x 9,0 cm (Einfassungslinie)
London, Privatsammlung
Weinglass 1994, Nr. 165B

Kat.Nr. 101
Uriel beobachtet Satan auf seinem Flug zur Erde, 1802
Milton, Paradise Lost III, 739ff.
Vorlage für den Stich von Charles Warren (Schiff 1300; Weinglass 1994, Nr. 167)
Öl auf Leinwand, 91,5 x 71,5 cm
Privatbesitz
Schiff 1211

Kat.Nr. 102
William Bromley: Stich nach Füsslis »Uriel beobachtet Satan auf seinem Flug zur Erde«
Bez. u. l. Painted by H. Fuseli R. A., u. r. Engraved by W. Bromley., o. r. Book III, u. Mitte London: Publish'd by Vernor, Hood & Sharpe, Poultry, 1808.
Inschrift u. Mitte: Down from th'ecliptic, sped with hop'd success, / Throws his steep flight in many an airy wheel.
11,7 x 8,9 cm (Einfassungslinie)
London, Privatsammlung
Weinglass 1994, Nr. 167B

Kat.Nr. 103
Der triumphierende Messias, 1802
Milton, Paradise Lost VI, 824f.
Vorlage für den Stich von Charles Warren (Schiff 1302; Weinglass 1994, Nr. 169)
Öl auf Leinwand, 90 x 70 cm
Privatbesitz
Schiff 1213

Kat.Nr. 104
Charles Warren: Stich nach Füsslis »Der triumphierende Messias«
Bez. u. l. Painted by H. Fuseli R. A., u. r. Engraved by C. Warren., o. r. Book VI., u. Mitte London: Publish'd by Vernor, Hood & Sharpe, Poultry, 1808.
Inschrift u. Mitte: Headlong themselves they threw / Down from the verge of heaven.
11,6 x 9,0 cm (Einfassungslinie)
London, Privatsammlung
Weinglass 1994, Nr. 169B

Aus diesem langen Bericht waren es lediglich einzelne Stichwörter und einige grundlegende Momente, die Füssli zu seinem Frontispiz für Buch III anregten (Kat.Nr. 101, 102). So zog er die Tatsachen, daß Uriel mit dem Thron Gottes assoziiert wird und Satan erst ab-, dann zu-, dann wieder würdevoll abgewendet ist, zur Darstellung einer thronenden Männerfigur mit Gesicht im verlorenen Profil zusammen. Auf die Flügel als Kennzeichen des Erzengels verzichtete er. Für Satan wählte Füssli gemäß seiner Verstellung als halbwüchsiger niederer Engel eine Verkleinerungsform, die er ohne weiteres seinem eigenen Werk entlehnen konnte, das immer wieder Figurendarstellungen mit auffallenden Größenunterschieden aufwies, und zwar der Darstellung des Luftgeistes Ariel in einem Bild zum »Tempest« für Boydells Shakespeare Gallery. Er verband diese sich kopfüber nach unten stürzende Figur mit der des Uriel in einer die Unterschiede noch betonenden zweiteiligen Komposition, die er mit anderen inhaltlichen Konnotationen schon für den Frontispiz zu Buch I verwandt hatte. Im deutlich herausgearbeiteten Gegensatz von sinnendem Verharren und kopflosem Sturzflug machte Füssli so eine Aussage zur polaren Qualität von engelhafter Güte und teuflischem Aktionismus.

Im zweiten Neuentwurf für die Du Roveray-Serie schließlich wandte Füssli ein synthetisierendes und assoziatives Verfahren der Illustration an, mit dem er sich weit von der Textaussage entfernte. Bei Buch VI handelt es sich um denjenigen Abschnitt des Epos, in dem es um den Kampf der gefallenen Engel im Himmel, um die Einsetzung des Gottessohnes als oberster Heerführer, den Auftritt des Messias im Streitwagen, seinen überwältigenden Sieg und den Sturz der Rebellen aus dem Himmel geht. Die Hauptfigur des von Füssli gestalteten Frontispiz ist wiederum Satan, der fast bildfüllend eine Mittlerposition einnimmt zwischen dem kleinen, im Himmel thronenden Messias und den stürzenden Engeln am unteren Bildrand (Kat.Nr. 103, 104). Damit wies Füssli Satan auf Kosten des Messias eine Bedeutung zu, die ihm Milton so in Buch VI nicht zuerkannte. Innerhalb des Berichts von der Rebellion eines Teils der Himmelsgeschöpfe unter Führung Satans ist dessen Bedeutung eine immer weiter abnehmende. Wird zuerst sein anfänglich unentschiedener, dann mit seiner vernichtenden Niederlage endender Kampf mit dem Erzengel Michael geschildert, so tritt die Figur des Satan im folgenden Kampfesgeschehen nach einem letzten Auftritt als Rhetor vor seinem Heer abtrünniger Engel vollständig zurück. Bei Milton wird das Geschehen nun dominiert vom Gottessohn als sieghafter Streiter vor der Folie einer in Auflösung begriffenen, diffusen Masse fallender Engel. Einen gemeinsamen Auftritt Satans mit dem Messias, wie ihn Füssli darstellte und in dem Satan zur Hauptfigur mutiert, gibt es so bei Milton also nicht.[23] Während die Beziehung zwischen dem Gottessohn und den stürzenden Engeln durch eine vergleichbare, eher geringe Größe hergestellt und durch ein klares Oben und Unten eindeutig bezeichnet ist, erscheint bei Füssli der textwidrig eingeführte Satan darüber hinaus nicht als Stürzender und ist somit von dieser Hierarchisierung ausgenommen. Der nach vorne ausgestreckte rechte Arm und die leicht gespreizten Beine scheinen ihm vielmehr eine bildauswärts gerichtete Bewegung auf gleichbleibender Höhe zuzuweisen. Eine Vorbereitung zu diesem Bild stellt eine vielleicht kurz zuvor entstandene Darstellung einer großformatigen Satansfigur allein dar, in der die Haltung des Du Roveray-Satans vorgeformt ist, die Satan allerdings noch ein wenig seitwärts gewendet gibt und in der das Motiv des Vorwärtsdrängens weniger überzeugend ausgebildet ist (Kat.Nr. 105). Einzig ein Moment in der Beschreibung der fallenden Engel in Paradise Lost mag Füssli zur Gestaltung dieser Satansfiguren angeregt haben, wenn Milton nämlich davon spricht, daß der Gottessohn die Rebellen nicht vernichten, sondern lediglich vertreiben wollte und daher die schon Überwundenen hochriß und sie bis an den Rand des Himmels vor sich hertrieb.[24]

Raffael: Der Erzengel Michael, 1518,
Paris, Musée du Louvre

Kat.Nr. 105
Der stürzende Satan, 1801–1802
Milton, Paradise Lost VI, 824ff.
Öl auf Leinwand, 174 x 121 cm
La Tour-de-Peilz, Suisse, Succession de Maurice Yves Sandoz
Schiff 1216

Nach Francis Hayman: Der Engelssturz, Illustration zu Buch VI von Paradise Lost, gestochen von C. Grignion, 1749

In der Pose der nicht stürzenden, sondern aufschwebenden Satansfiguren zitierte Füssli ein Beispiel aus der Kunstgeschichte, das seit dem 16. Jahrhundert vorbildlich gewirkt hat und auch Füssli bekannt gewesen sein muß: Raffaels Darstellung des Erzengels Michael, der die rebellierenden Engel aus dem Himmel vertreibt (s. Abb.).[25] Füssli wich also nicht nur generell vom Text Miltons ab, als er Satan eine tragende Rolle in der letzten Phase des Engelssturzes zuwies, sondern übertrug dem überwundenen Satan durch eine Umwidmung des Michael von Raffael bewußt den siegreichen Part seines Bezwingers. Füsslis Konterkarierung des Textes durch dieses künstlerische Verfahren wird sehr deutlich auch vor der Tradition der Milton-Illustrationen.[26] Der »Engelssturz« war zwar das Thema, das üblicherweise als Frontispiz zu Buch VI von Paradise Lost fungierte, doch geht Satan in der Regel in der Schar der fallenden Engel unter, oder aber der Erzengel Michael ist die Hauptfigur der Darstellung und eindeutig als Sieger im Zweikampf mit Satan gekennzeichnet (s. Abb.).
Die Darstellungstradition zu Miltons Paradise Lost mag Füssli in anderen Fällen durchaus beeinflußt haben, etwa als er für das Frontispiz zu Buch II mit »Satan und Tod, von der Sünde getrennt« eine Entscheidung für eines von sechs satanischen Themen traf, die er nach diesem Buch des Epos in der Milton-Galerie dargestellt hatte, und dabei das Thema wählte, welches in bebilderten Ausgaben von Paradise Lost normalerweise zur Illustration des zweiten Buches diente. Natürlich folgte Füssli in diesem Fall aber auch einem offensichtlichen Textschwerpunkt, und »Satan und Tod, von der Sünde getrennt« war zudem eines der Milton-Themen, die Füssli seit den 1770er Jahren beschäftigt hatten. Gleiches gilt für den Stoff »Satan flieht, von Ithuriels Speer berührt«, der vermutlich aufgrund dieser persönlichen künstlerischen Bedeutung bei den Du Roveray-Bozzetti an die Stelle des in der Illustrationstradition zu Paradise Lost üblichen und von Füssli auch für die Milton-Galerie dargestellten »Adam und Eva, zum ersten Mal von Satan beobachtet« trat.[27]

Insbesondere die beiden letztgenannten Darstellungen machen deutlich, daß im Fall dieser von Füssli favorisierten Themen die Textinterpretation von der Beschäftigung mit Problemen der Komposition überlagert wird. Die generelle Tendenz Füsslis, wiederkehrende Kompositionsschemata an die verschiedensten Bildthemen heranzutragen, ist also auch bei den Du Roveray-Bozzetti spürbar, wird hier allerdings besonders deutlich. Sowohl »Satan und Tod, von der Sünde getrennt« als auch »Satan flieht, von Ithuriels Speer berührt« gehören zum Typus der Kompositionen mit auseinanderstrebenden Zentrifugalkräften, die Füssli vor allem anhand dieser beiden Milton-Themen seit den 1770er Jahren wiederholt und in den Du Roveray-Bozzetti schließlich abschließend gestaltet hatte. Dies lenkt den Blick darauf, daß auch die restlichen vier Bozzetti kompositionell in zwei Gruppen zerfallen: in diejenigen mit zentraler Figur oder Figurengruppe und die mit zwei extrem ungleichgewichtigen Hälften. Letzteres stellt die Übernahme eines manieristischen Kompositionsmodells dar, das im Werk Füsslis seit den 1780er Jahren für Traumszenen und zauberische Erscheinungen Verwendung gefunden hatte. Als solches ging es auch in die Milton-Galerie ein,[28] erst in den Du Roveray-Bozzetti ist die Dichotomie ungleichgewichtiger Hälften jedoch letztgültig ausgebildet.

In allen drei Kompositionsschemata sind die Aktionen der Figuren auf wenige Grundmomente reduziert, die sich vorzüglich zum Ausdruck dessen eigneten, was für Füssli die Essenz der Miltonschen Textvorlage war, nämlich das Sublime in verschiedenen Ausprägungen zu repräsentieren: An erster Stelle ist hier bei den Du Roveray-Bozzetti ein energetisches Aufstreben oder eine Ponderation mit aufstrebendem Impetus zu nennen. Füsslis Neuerfindung für Buch VI von Paradise Lost, sein dem Engelssturz trotzender Satan-Michael, muß auch vor dem Hintergrund dieser kompositionellen Exerzitien betrachtet werden. Sein Satan erweist sich als eine auf Raffael rekurrierende, rein künstlerische Ausdrucksformel, deren inhaltliche Ambivalenz sich in ihrer Funktion als Illustration in der Buchausgabe noch verstärkt. Als Frontispiz zu Buch VI wird die Darstellung durch die von Milton bereitgestellte Zusammenfassung der Handlung kommentiert. In ihr ist die Rede von »how Michael and Gabriel were sent forth to battle against Satan and his angels« und »God on the third day sends Messiah his Son«. Die Rollen von Satan, Erzengeln und Messias müssen so vor dem Auge des Lesers und Betrachters vollends verschmelzen.

Ein solche Nivellierung der inhaltlichen und moralischen Qualität der Bildfiguren, ihre Auffassung als Träger allgemeiner Ausdrucksqualitäten und das Vorherrschen und die gleichmäßige Verteilung dreier Kompositionsschemata lassen gerade die Du Roveray-Bozzetti als Beispiele für ein unabhängiges bildkünstlerisches Verständnis des literarischen Stoffes erscheinen, obwohl sich in ihnen die Beziehung von Bild und Text aufgrund ihrer Funktion als Illustrationen als deutlich zugespitzt präsentiert. Die Bozzetti machen deutlich, daß Füsslis illustratives Verfahren auch in dem Moment, in dem Bild und Text in Engführung auftraten, darauf zielte, Freiräume zu postulieren, in denen er ganz eigene künstlerische Anliegen ungehindert entfalten konnte.

Ähnliches hatte Füssli schon in der Milton-Galerie demonstriert. Innerhalb der 30 Bilder, die Paradise Lost zum Textvorwurf haben, gibt es vier Gemälde, mit denen sich Füssli auf Textstellen des Epos bezieht, die vor ihm nie eine bildnerische Umsetzung erfahren hatten. Es sind dies Darstellungen zu Buch I und II, die Gleichnisse im epischen Text Miltons illustrieren, in denen die antike Literatur, nordische Sagen oder volkstümliche Überlieferungen zitiert werden: Milton-Galerie Nr. 4 »Der Traum des Schäfers«, Nr. 8 »Die wilde Jägerin auf ihrem Flug zu den lappländischen Hexen«, Nr. 10 »Ein Greif verfolgt einen Arimaspen« und Nr. 12 »Odysseus zwischen Skylla und Charybdis«.[29] Im Kreis der Bilder der Milton-Galerie gehören diese Gleichnisse zu den kleineren Formaten wie auch die Bilder zu Szenen aus Miltons Leben und der überwiegende Teil der Illustrationen zu »Lycidas«, »L'Allegro« und »Il Penseroso«. Die meisten Darstellungen, die direkt die epische Erzählung aus Paradise Lost zum Inhalt haben, zählen hingegen zu den Großformaten in der Milton-Galerie. Gemäß ihrer kommentierenden Funktion im Text waren die Gleichnisse also auch im Erscheinungsbild der Milton-Galerie von nachgeordneter Bedeutung, sind durch das Großformat des »Traums des Schäfers« aber doch fest verankert im Gesamtkonzept der Galerie.

In Miltons Text haben die bildhaften Exkurse der Gleichnisse die Aufgabe, die fortlaufende Handlung des Epos anzuhalten, um Aspekte des Bösen und der gefallenen Welt zu illustrieren, die als heidnische Überlieferungen und Bräuche gegenüber der sich im Epos ausdrückenden christlichen Offenbarung in eindeutiger Weise abgewertet sind.[30] Es ist vermutet worden, daß dieses Verständnis auch in die Darstellungen der Milton-Galerie eingegangen ist. So stünden der Traum des Schäfers für die Wollust, die Wilde Jägerin für Hexenwesen und Teufelskult, der Greif und der Arimasp für das Streben nach Reichtum und Odysseus zwischen Skylla und Charybdis für Verführungen und Verderbtheiten, die das Seelenheil des Menschen gefährden.[31] Dem steht die Annahme gegenüber, daß allein Füsslis künstlerische Disposition diesen zur bildlichen Umsetzung der Miltonschen Gleichnisse bewog, da sie in besonderer Weise seinem Interesse an nordischem Aberglauben und solchen Passagen der klassischen Literatur entgegenkämen, in denen sich existentieller Schrecken ausdrücke.[32]

Unzweifelhaft ist, daß Füssli sich mit den homerischen Epen seit seiner Frühzeit auseinandergesetzt hat und sich mit den Hexenszenen im »Traum des Schäfers« und in der »Wilden Jägerin« einem Themenkreis zuwandte, den er im Zusammenhang mit seinen Shakespeare-Bildern bereits berührt hatte.[33] Er bediente sich für die Gleichnisse der Milton-Galerie also aus seinem eigenen künstlerischen Repertoire, das er im Falle der Hexenszenen nicht zuletzt auch in einer großformatigen Zeichnung von 1786 zum Miltonschen Gleichnis vom »Traum des Schäfers« erst ausgebildet hatte.[34] Dieses Interesse an der Verbildlichung phantastischer Episoden aus der Literatur ist aber auch innerhalb der englischen Kunst des späteren 18. Jahrhunderts nicht ohne Beispiel. Es findet seinen Kontext in der von der Royal Academy geforderten literarischen Malerei, die ihren englischen Charakter gerade in der Beschäftigung mit »Gothik superstitions« offenbarte.[35] Damit rücken Füsslis Darstellungen der Miltonschen Gleichnisse gedanklich in einen Zusammenhang ein, in dem sich die Frage nach der Beziehung von Bild und Text ganz generell und nun im Kontext der langen kunsttheoretischen Debatte um das Verhältnis von Malerei und Literatur stellte, die seit dem 16. Jahrhundert von der Horazschen Maxime »ut pictura poesis« (Wie die Malerei, so die Dichtung) bestimmt worden war.

Gegenüber der konservativen Position eines Joshua Reynolds, der ganz im Sinne der üblichen Vorstellung von der Parallelität von Malerei und Literatur erstere durch seine Forderung nach Darstellung literarischer Sujets aufzuwerten gedachte, wurde Füssli in dieser Frage von differenzierteren Überlegungen geleitet. Schon seine Lehrer Bodmer und Breitinger hatten ihm vermittelt, daß die Einheit von Malerei und Dichtung in der Parallelität ihrer Absichten und Wirkungen bestünde. Unter dem Einfluß der Kunstlehre Johann Georg Sulzers hatte Füssli dies dahingehend präzisiert, daß die Gemeinsamkeit der beiden Künste in ihrer Fähigkeit läge, Empfindungen Ausdruck zu verleihen.[36] Erst im Jahrzehnt der Entstehung der Milton-Galerie zeigt Füsslis so geformtes Bild von der Einheit von Malerei und Literatur Risse durch seine Lektüre von Lessings »Laokoon«. Dieser hatte die

Eigenheiten der Literatur als einer mit der Zeit und der Malerei als einer mit dem Raum operierenden Kunst herausgestrichen, um der Überwucherung der Sprachkunst mit bildhaften Beschreibungen theoretisch Einhalt zu gebieten. Im Sinne Lessings schrieb Füssli im Jahre 1796 in einer Rezension zu einer neuen Homer-Übersetzung: »Poetic imagination, we repeat it, is progressive, and less occupied with the surface of the object than its action; hence all comparisons between the poet's and the painter's manners ought to be made with an eye to the respective end and limits of either art«.[37]
Sämtliche Umsetzungen Füsslis von Miltonschen Gleichnissen sind nun der Gruppe der Bilder der Milton-Galerie zuzuordnen, die um dieses Jahr 1796 entstanden: »Der Traum des Schäfers« war 1793 fertiggestellt, während Füssli »Die wilde Jägerin«, »Ein Greif verfolgt einen Arimaspen« und »Odysseus zwischen Skylla und Charybdis« zwischen 1794 und 1796 malte. Es liegt daher nahe, sowohl Füsslis Äußerung zur Verschiedenartigkeit von Malerei und Literatur als auch seine Darstellungen Miltonscher Gleichnisse als Symptome eines verschärften Bewußtseins für Bild und Text-Beziehungen zu sehen. Die Gleichnisse der Milton-Galerie erscheinen so als bildnerische Umsetzungen von Literatur, in denen gerade eingedenk der Unterschiede der Gattungen nicht nur von vornherein der Bereich der sinnlich-gegenständlichen Sprache gegenüber dem der fortlaufenden Erzählung als Vorwurf gewählt wurde. Das Sprachbild diente auch wesentlich nur dazu, Füsslis eigener inhaltlicher und visueller Phantasie Raum zu geben.[38] Ganz bewußt scheint Füssli in den Gleichnissen der Milton-Galerie also die Möglichkeit thematisiert zu haben, in einer literarischen Malerei genuin bildnerische Lösungen zu verwirklichen und dabei Themen zu behandeln, die andauernde Konstanten seiner eigenen Kunst berührten. Sprache wird hier in programmatischer Weise als bloße Anregung für originäres bildnerisches Denken aufgefaßt und entgegen Lessing nicht als der verfließenden Zeit zugehörig, sondern als bild- und raumhaltig charakterisiert.
In Füsslis Milton-Bildern gibt es damit zwei Extreme einer Bild-Text-Beziehung: die Du Roveray-Bozzetti, in denen in drei Kompositionsschemata die Satansfigur und zum Teil textwidrig die künstlerischen Momente des Auffahrens und energetischen Aufstrebens zelebriert werden, und die Gleichnisse der Milton-Galerie, in denen dem literarischen Text eine Rolle als Trittbrett einer eigenständigen bildkünstlerischen Imagination zugedacht wird. Beide verweisen auf eine Lesart von Paradise Lost, bei der auf unliterarische Art Füsslis eigene Bilderwelt und sein bewußter Umgang damit das illustrative Verfahren dominieren. Dieser kunstreflexive Aspekt von Füsslis Umgang mit dem Miltonschen Epos fand seinen Niederschlag auch auf anderen Ebenen. Er drückt sich in Füsslis Bildern zu Szenen aus Miltons Leben aus, mit denen verschiedene Facetten künstlerischer Inspiration angesprochen werden. Nicht zuletzt findet er sich in der von Füssli verfaßten Kunstliteratur. Ihre Betrachtung läßt abschließende Bemerkungen zum Verhältnis von Bild und Text bei Füssli und Milton zu.
In Füsslis kunsttheoretischen Schriften taucht der Name Milton zweimal in aufschlußreicher Weise in Verbindung mit der Kunst Michelangelos auf. Dessen Fresken in der Sixtinischen Kapelle hatten bei Füsslis römischem Aufenthalt einen überwältigenden Einfluß auf seinen Stil ausgeübt, der in seinem Werk anhaltend wirksam blieb. Er zeigt sich in den Haltungsmotiven seiner Figuren und ging bei dem für Füsslis Kunst zentralen Aspekt der männlichen Anatomie eine dauerhafte Synthese ein mit dem Einfluß durch ausgewählte Beispiele antiker Skulptur, den Rossebändigern vom Montecavallo.[39] Auf Michelangelo und seine Michelangelo-Erfahrung bezugnehmend, schrieb Füssli in einem seiner vermutlich vor 1790 entstandenen Aphorismen, daß dieser und Milton zu den Dingen gegangen, zu

Raffael und Shakespeare die Dinge hingegen gekommen seien.[40] Gegenübergestellt werden hier zwei künstlerische Haltungen: eine generalisierende, vom Allgemeinen ausgehende und eine auf die Erfassung eines individuellen Erscheinungsbildes gerichtete. Einen analogen Gedankengang, der dem Vergleich Michelangelo/Milton eine weitere Facette hinzufügt, entwickelte Füssli in seiner als Professor in der Royal Academy gehaltenen dritten Vorlesung von 1801 bei seiner Besprechung der »Erschaffungen der Eva« Michelangelos und Raffaels. Die Darstellung Raffaels in den Loggien des Vatikan sei die eines abgeschlossenen Schöpfungsvorgangs mit einem Adam, der ob der neu erschaffenen Gefährtin nur milde erstaunt sei. Michelangelo in seinem Fresko an der Sixtinischen Decke hingegen habe »durch das Werk der Schöpfung selbst begeistert« für Adam den Moment des ersten Innewerdens des Geschehens im Erwachen gewählt. Gleichzeitig habe Michelangelo die eben erschaffene Eva im Augenblick der Anbetung Gottes wiedergeben, in dem ihr »Irdisches, wie Milton sagt, [...] durch sein Himmlisches überwältigt« werde.[41] Wieder vergleicht Füssli im Sinne des erwähnten Aphorismus zwei künstlerische Herangehensweisen: die Raffaels, der Individuelles, aber auch Abgeschlossenes darstellt, und die Michelangelos, dessen Werk nicht nur thematisch auf den Schöpfungsakt reagierte. Für Füssli rückt Michelangelo (und, in Konjektur, Milton) als ein Künstler, der auf eine generische, der Ewigkeit nahen Darstellung zielte, mit seiner Produktion vielmehr selbst in die Nähe des Schöpfungsvorgangs.

Füsslis Interesse an bestimmten kompositionellen Schemata und Ausdrucksformeln, das Abwägen der Möglichkeiten von Literatur und Malerei in der Darstellung der Gleichnisse und die bevorzugte Behandlung der Satansfigur, der kunstreflexive Subtext der Du Roveray-Bozzetti und der Milton-Galerie also, lassen sich vor dem Hintergrund dieser Äußerungen Füsslis zu Milton und Michelangelo thesenhaft genauer fassen. Angesichts der beschriebenen Verbindung Michelangelos und Miltons im Denken Füsslis und des Michelangelo zuerkannten Schöpfertums, könnte man die kunstreflexive Seite seiner vom Vorbild Michelangelos bestimmten Malerei in der Milton-Galerie in ganz bestimmter Weise verstehen: nämlich auf das Thema Schöpfung bezogen und die Milton-Bilder folglich als Füsslis Schöpfungsmythos der bildenden Künste.

Ein solches Bekenntnis zum Künstler als schöpferischem Genie ist vorbereitet in den Schriften von Füsslis Lehrer Breitinger, der von der Dichtung als »einer Art Schöpfung« sprach, wird in Füsslis eigenen, in vielem klassizistischen Texten zur Kunst aber nicht als Bestimmung des Künstlertums vertreten.[42] Widersprüche zwischen Füsslis bildnerischem Werk und seinen theoretischen Äußerungen sind auch in anderen Fällen beobachtet worden, und die damit verbundene Frage nach Füsslis Position als Klassizist oder Romantiker gilt als nicht lösbar.[43] Hier vermag die Betrachtung ihrer historischen Rolle dem weitergehenden Verständnis der Milton-Galerie den Weg zu weisen. Das Projekt der Milton-Galerie ist sowohl innerhalb von Füsslis Gesamtwerk als auch in seiner Zeit exponiert. Die Milton-Bilder waren im einzelnen und in ihrer schieren Masse eine überaus bewußte Äußerung eines originären Kunstwollens vor dem Hintergrund, daß die literarische Vorlage Paradise Lost etwa von Winckelmann für »ganz und gar ungeschickt zur Malerey« gehalten worden war.[44] Hervorgehoben ist die Milton-Galerie aber auch in der Geschichte der Kunstausstellungen. Von den Dichtergalerien in der britischen Hauptstadt mit ihrer Vielzahl von beteiligten Künstlern und ihrer heterogenen Thematik unterschied sie sich einerseits durch die Einheitlichkeit von Form und Inhalt. Als Demonstration zeitgenössischen originären Schöpfertums wurde ein Projekt wie die Milton-Galerie andererseits alsbald von Ausstellungen abgelöst, in denen die Schöpfungsgeschichte der Kunst als kunsthistorischer Überblick zu besichtigen war, so in der enzyklopädischen Ausstellung der von Napoleon auf seinen Feldzügen geraubten Kunstwerke, die auch von Füssli 1802 in Paris voller Enthusiasmus besucht wurde.[45] Eingedenk dieser historischen Position und der angeführten Indizien aus Füsslis Äußerungen zur Kunst wird der Milton-Galerie eine Lesart als Schöpfungsmythos der Kunst vielleicht am ehesten gerecht.

Für diejenigen Milton-Bilder Füsslis, die explizit als Illustrationen zu Miltons Text gedacht waren, die Du Roveray-Bozzetti, und für die durch sie aufgeworfene Frage nach dem Verhältnis von Bild und Text allgemein hat die Vorstellung von einem Schöpfungsmythos der Kunst einschneidende Bedeutung. Füsslis Konzentration auf die Figur Satans erklärt sich nun auch als eine seinem Schöpfungsmythos innewohnende Verarbeitung der Keimzelle seiner Kunst: der im Detail vom Vorbild der Rossebändiger und generell von Michelangelo bestimmten Darstellung der männlichen Anatomie. Füsslis durchaus zeittypisches Interesse am Miltonschen Satan wird damit in seiner eigentümlichen Inhaltsleere verständlich: im Jahrzehnt der Französischen Revolution war Satan für Füssli tatsächlich nicht, wie für seine Zeitgenossen, der Inbegriff des Aufbegehrens gegen die alte Herrschaft,[46] sondern das Symbol seiner Kunst, des Erhabenen und künstlerischer Schöpfung überhaupt.

Indem Satan Füssli als Kunstsymbol diente, war die bildende Kunst unwiderruflich an die gefallenen Engel gebunden. Ähnliches gilt für Füsslis Entfaltungen seiner künstlerischen Imagination am Beispiel der Gleichnisse aus Paradise Lost, die innerhalb des Epos die Bildlichkeit der gefallenen Welt gegenüber dem einem menschlichen Auge per se verborgenen himmlischen Sein vertreten.[47] Vielleicht drückt sich hierin eine Einschätzung der Rolle des Bildes gegenüber der an das Wort gebundenen göttlichen Offenbarung aus, für die letztlich die Bilderfeindlichkeit des Kalvinismus und Füsslis kalvinistische Prägung in seiner Jugend von Bedeutung gewesen sein mögen. Vor allem aber definiert sich über diese theologische Einschätzung der Rolle des Bildes Füsslis Stellung innerhalb der Tradition der Illustrationen zu Paradise Lost.

Füsslis Vorgänger hatten dem illustrierenden Bild eine kanonische und göttlicher Verkündung nahe Bedeutung verleihen wollen durch eine Übertragung biblischer Darstellungsschemata.[48] Füsslis wichtigste Nachfolger in der Geschichte der Milton-Illustration, William Blake und John Martin, verfolgten bei ihren 1807–1808 und 1824–1827 entstandenen Illustrationen zu Paradise Lost demgegenüber das Ziel, die subjektive visuelle Imaginationskraft vom Makel der Sündhaftigkeit zu befreien. Blakes Illustrationen mit ihren vom Geistigen her gedachten Figurenkonstellationen zielten auf eine sinnliche Erfahrung von Spiritualität, während Martins Himmels- und Höllenlandschaften in ihren absoluten Licht- und Dunkelwerten unsichtbar Göttliches ins Bild setzen sollten (s. Abb.).[49] Füssli scheint weder das eine noch das andere angestrebt zu haben. Er beschied sich mit dem Bild des gefallenen Engels, überführte diesen aber in eine Sphäre des Artifiziellen, in der er ein Dasein um der Kunst, nicht der Moral willen führte. Diese Trennung von Kunst und Moral dürfte in Verbindung stehen mit Füsslis Beeinflussung durch Rousseau, der in den 1760er Jahren Füssli zur Erkenntnis der Amoralität der Künste geführt hatte.[50] Satan als Kunstsymbol verweist gleichzeitig aber darauf, daß Füssli insofern gedanklich ein Vorläufer Blakes war, als für diesen Satan als das imaginative Prinzip der Ratio Gottes gegenüberstand.

Füsslis kunstreflexive Lesart von Paradise Lost unterscheidet die Milton-Galerie und alle mit ihr verbundenen Projekte einer Vervielfältigung der Bilder im Medium der Reproduktionsgraphik von den anfangs beschriebenen, durchaus als Anregung für Füssli wirksamen englischen Dichtergalerien. Bei John Boydell waren die Darstellungen von sehr illustrativem Charakter und verhielten sich dienend zur beigegebenen Ausgabe der Schauspiele Shake-

William Blake: Christus bietet sich als Erretter der Menschheit an. Illustration zu Buch III von Paradise Lost, 1807–1808

John Martin: Die Erschaffung des Lichtes. Illustration zu Buch VII von Paradise Lost, 1824

speares. Die komplexe Bild-Text-Beziehung, die in der Milton-Galerie allerorten und auch noch in Füsslis Frontispizen zur Du Roveray-Ausgabe spürbar ist, sprengt dagegen den Rahmen eines ökonomisch durchaus klug geplanten Dreierproduktes aus Ausstellung, Bildreproduktionen und Textedition.

Zwei Gründe, die Füsslis Haltung reproduzierender Druckgraphik gegenüber bestimmt haben dürften, wurden bereits erwähnt: seine grundsätzliche Unzufriedenheit mit den künstlerischen Möglichkeiten graphischer Techniken, die ihn auch die Stiche nach den Du Roveray-Bozzetti kritisieren ließ,[51] und ökonomische Überlegungen, die von der stark schwankenden Konjunktur für Druckgraphik abhängig waren. Füsslis Auffassung der Bild-Text-Beziehung in der poetischen Malerei ist als innerer Grund für seine eher ablehnende Haltung gegenüber der meist in Verbindung mit Texteditionen stehenden Druckgraphik diesen beiden hinzuzufügen. Diese Auffassung ließ einerseits die Druckgraphik nach Füsslis Milton-Galerie zu einer Marginalie werden. Sie wies andererseits aber den Du Roveray-Bozzetti eine künstlerische Bedeutung zu, die über ihre Funktion als Vorlage für Buchillustrationen weit hinausgeht.

1 Füssli 1973, S. 80.
2 S. Weinglass 1994, S. xiii und Anm. 17, sowie Nr. 67–69.
3 Zu Boydells Shakespeare Gallery s. Friedman 1976.
4 Es waren dies Bilder zu »A Midsummer Night's Dream« (Schiff 753, 754, 750), »The Tempest« (Schiff 742), »Macbeth« (Schiff 737), »King Henry IV« (Schiff 724), »King Henry V« (Schiff 725), »King Lear« (Schiff 739) und »Hamlet« (Schiff 731). Für die Nachstiche s. Weinglass 1994, Nr. 117–124.
5 S. Schiff 721 und 729. Nachstiche bei Weinglass 1994, Nr. 77 und 78.
6 S. Schiff 880, 881, 884, 885. Nachstiche bei Weinglass 1994 , Nr. 132, 133, 134.
7 Schiff I 1973, S. 162.
8 Zitiert nach einer uns dankenswerterweise von Professor David Weinglass zur Verfügung gestellten Abschrift von »MILTON. PROPOSALS FOR ENGRAVING AND PUBLISHING BY SUBSCRIPTION THIRTY CAPITAL PLATES, FROM SUBJECTS IN MILTON; TO BE PAINTED PRINCIPALLY, IF NOT ENTIRELY, BY HENRY FUSELI, R. A. And for copying them in a reduced Size to accompany a correct and magnificent Edition, embellished also with Forty-five elegant Vignettes, of his POETICAL WORKS, with Notes, Illustrations, and Translations of the Italian and Latin Poems. BY W. COWPER, OF THE INNER TEMPLE, ESQ. PRINTED FOR J. JOHNSON, IN ST. PAUL'S CHURCH-YARD; AND J. EDWARDS, IN PALL-MALL«.
9 S. den Brief Füsslis an seinen Gönner William Roscoe vom 22. Oktober 1791 und an denselben Adressaten vom 29. Mai 1792 in Weinglass 1982, S. 74f. und 80f. Es handelte sich um die Bilder »Satan und Tod, von der Sünde getrennt« (Schiff Lost 33 [Lost-Nummern bezeichnen diejenigen Werke, die für Schiff verloren waren und in dem Werkverzeichnis Schiff 1973 daher mit einer separaten Katalognumerierung versehen wurden]), »Eva vor ihrem Spiegelbild im Wasser zurückschreckend« (Schiff Lost 57; nicht in die Milton-Galerie aufgenommen), »Adam und Eva, von Satan beobachtet« (s. Schiff 888, 1021, unsere Kat.Nr. 38) und »Satan fliegt ohne Antwort auf vom Chaos« (Schiff 893; hier Kat.Nr. 35).
10 Schiff sieht in mangelnden Subskribenten für Stiche nach der Milton-Galerie nicht nur den Grund für die Aufgabe der Stichproduktion, sondern gleichzeitig auch eine Vorausdeutung auf den Mißerfolg der Ausstellungen von Füsslis Milton-Bildern in den Jahren 1799 und 1800 (Schiff I 1973, S. 163).
11 S. Friedman 1976, S. 84f.
12 S. Pointon 1970, S. 132.
13 S. Friedman 1976, S. 88, 91.
14 Weinglass 1994, Nr. 178–179, 188, 226, 260, 263–266, 284, 293. Nr. 226 »Die Vertreibung von Adam und Eva aus dem Paradies« kann, anders als bei Weinglass beschrieben, nicht nach dem Gemälde aus der Sarah Campbell Blaffer Foundation, Houston (unsere Kat.Nr. 64), entstanden sein, da Format und Haltung des Erzengels nicht übereinstimmen. Es ist vielmehr anzunehmen, daß Haughton in diesem Fall seinen Stich nach dem Du Roveray-Bozzetto fertigte oder aber als Vorbild ein verlorenes Original von Nr. 27 der Milton-Galerie benutzte.
15 S. die deutsche Übersetzung des Proposals im Journal für Literatur und Kunst 1806 Heft 4, S. 378-380.
16 Außer den elf Milton-Themen fertigte Haughton noch weitere elf Stiche nach anderen Vorlagen von Füsslis Hand; s. Weinglass 1994, Nr. 173, 175–176, 256–259, 285–286, 288.
17 Weinglass 1994, S. xxii.
18 Zwei weitere Milton-Illustrationen nach Füssli finden sich in »The Works of the British Poets, collated with the best editions: by Thomas Park«, Bd.1, London 1808. Es handelt sich um Illustrationen zu Buch I und Buch IX des Epos; s. Weinglass 1994, Nr. 180, 181. Übersichten über illustrierte Milton-Ausgaben seit dem 17. Jh. bei Collins Baker 1948 (zu Füssli s. ibid., S. 101f. und 104f.) und Wittreich 1978 II (zu Füssli s. ibid., S. 64f., 66f. und 70f.). S. auch Ravenhall 1980 (zu Füssli ibid., Kap. 8).
19 Behrendt 1988, S. 36.
20 Zu den Illustrationen Hamiltons s. Pointon 1970, S. 198. Tomory 1972, S. 113, äußerte die Vermutung, daß Füsslis kleines Ölbild »Die Verführung der Eva« (Schiff 1215), das sich ursprünglich im Besitz von Du Roveray befand (anders als irgendeiner der Bozzetti), ebenfalls für die Du Roveray-Ausgabe von 1802 bestimmt gewesen sein könnte, schließlich aber nur in Sharpes »Works of the British Poets« von 1805 Verwendung gefunden habe. Gegen diese Annahme sprechen die von den übrigen Bozzetti deutlich abweichenden Maße des Bildes und die Tatsache, daß es im Unterschied zu den Bozzetti auf Holz gemalt ist.
21 Es ist bekannt, daß Füssli die ersten drei Akte aus »Hamlet«, Adams Bitte um eine Gefährtin aus Buch VIII von Paradise Lost und eben Buch II des Epos für die großartigsten Hervorbringungen menschlichen Vorstellungsvermögens überhaupt gehalten hat (s. Wittreich 1978 I , S. 118).
22 Paradise Lost III, 621–742.
23 Vgl. Paradise Lost VI, 825–875.
24 Paradise Lost VI, 856–860.
25 Den Hinweis auf Raffaels „Hl. Michael" verdanke ich Christofer Conrad. Füssli hat das Bild vermutlich im Jahre 1802 auf seiner Parisreise im Louvre gesehen.
26 Zum »Engelssturz« Füsslis s. außerdem die von Weinglass 1994, S. xvii, zitierten Ergebnisse von M. Ravenhall.

27 Zur Tradition der Milton-Illustrationen s. Pointon 1970, S. xxxix. Für seine Du Roveray-Bozzetti hielt Füssli sich damit im Falle der Bücher I, II, III, VI und XII an die in der Tradition der Milton-Illustrationen etablierte Auswahl von Themen. Zum für Buch III üblichen »Uriel beobachtet Satan auf seinem Flug zur Erde« s. auch Behrendt 1988, S. 42f. Im Unterschied zur Bildtradition stellte Füssli für Buch I allerdings nicht »Satan ruft seine Legionen auf«, sondern »Satan über dem feurigen See, Beelzebub zu sich aufrufend« dar, das in einem Teil der Auflage dann jedoch mit der Bildunterschrift »Awake, arise, or be for ever fall'n« (Paradise Lost I, 330) versehen wurde, die sich auf das Aufrufen der Legionen bezieht.

28 Für Beispiele aus den 1780er Jahren s. Schiff 798, 802, 842, 880.

29 Schiff 1762 (unsere Kat.Nr. 22), Lost 35, inzwischen erkannt als ein Werk im Metropolitan Museum of Art (unsere Kat.Nr. 33), Lost 37 und 894 (unsere Kat.Nr. 37).

30 Zur Funktion des Gleichnisses bei Milton s. Widmer 1958.

31 So Schiff I 1973, S. 197.

32 Diese Meinung vertrat Pointon 1970, S. 133.

33 Für Füsslis früheste Umsetzungen homerischer Themen aus der Zeit zwischen 1760 und 1770 s. Schiff 323 und 324. Zum »Traum des Schäfers« s. Schiff I 1973, S. 147f.; zur »Wilden Jägerin« s. Feingold 1984.

34 Für die frühe Zeichnung zum »Traum des Schäfers« s. Schiff 829 (unsere Kat.Nr. 23) und die erste Version des »Nachtmahrs« Schiff 757 (unsere Kat.Nr. 166).

35 Bradley 1979–1980, S. 37.

36 Zu »ut pictura poesis« allgemein s. Lee 1940. Für eine Zusammenfassung der Entwicklung der »ut pictura poesis«-Diskussion im 18. Jh. in bezug auf Füssli s. Weil 1957, S. 67–81, auch S. 81–94.

37 Zitiert nach Knowles I 1831, S. 89. S. auch Schiff I 1973, S. 174, der diesen Text auf 1797 zu datieren scheint. Füssli hatte den 1766 erschienenen »Laokoon« spätestens 1794 kennengelernt (s. Weil 1957, S. 75). Ausführlicher nimmt Füssli zum Unterschied zwischen Malerei und Dichtung Stellung in seiner dritten, 1801 gehaltenen Vorlesung (s. Füessli 1803, 159–162).

38 In seinen 1801 gehaltenen Vorlesungen nannte Füssli als Ausfluß künstlerischer Phantasie ausdrücklich »Scylla, ... Sylphen, Gnomen und Feen, ... und unsre Hexen.« (Füessli 1803, S. 168).

39 Zum Einfluß Michelangelos auf Füsslis Stil und zur generellen stilistischen Genese seiner Kunst zwischen der Beeinflussung durch Michelangelo einerseits und die antiken Statuen der Dioskuren vom Montecavallo andererseits s. Schiff I 1973, S. 78, 86–88, auch S. 12.

40 »Things came to Raffaelle and Shakspeare; Michael Angelo and Milton came to things.« (Knowles III 1831, S. 140). Zur Datierung der Aphorismen s. Knowles I 1831, S. viii–ix, 160.

41 Füessli 1803, S. 205–207.

42 S. die in Ausst.Kat. Hamburg 1974, S. 32 und 82, zitierten Äußerungen Füsslis und Breitingers.

43 S. dazu Vogel 1995 II, S. 394–398.

44 So Winckelmann 1764 in seiner »Geschichte der Kunst des Alterthums«, zitiert nach Pizzo 1914 (1977), S. 57; ibid., S. 59 auch eine ähnliche Äußerung Lessings aus dem »Laokoon«.

45 S. den aus Paris geschriebenen Brief Füsslis, zitiert in Knowles I 1831, S. 255f.

46 Zur zeitgenössischen Sicht des Miltonschen Satans und Füsslis eher pessimistischer Abkehr vom revolutionären Gehalt der Figur s. Schiff I 1973, S. 197f. Zur besonderen Popularität von Paradise Lost in der Zeit von 1788 bis 1801 s. Pointon 1970, S. 96.

47 S. Widmer 1958, S. 268f., Paulson 1982, S. 193f., und Treadwell 1993, S. 368f.

48 S. Behrendt 1988, S. 40 und Treadwell 1993, S. 366.

49 Zu Blake und Martin s. Treadwell 1993, insb. S. 370–381. Bezeichnenderweise spielten schon in der Milton-Galerie im Unterschied zum bildnerischen Interesse Blakes an Paradise Lost die Erlösungsvisionen des zwölften Buches (Menschwerdung, Tod, Auferstehung und Himmelfahrt Christi) bei Füssli keine Rolle.

50 Zu diesem Aspekt der Rousseau-Rezeption Füsslis s. Ausst.Kat. Hamburg 1974, S. 25. Füssli artikulierte diesen Gedanken ausdrücklich auch im Jahrzehnt der Milton-Galerie, als er eine moralische Nützlichkeit der Künste bestenfalls als ein »Beiprodukt« beschreibt (ibid., S. 30).

51 S. dazu den Brief Füsslis an Du Roveray von 1802 in Weinglass 1982, S. 252f., in dem der Künstler die mangelnde Qualität der Stiche Bromleys nach seinen Bozzetti für Buch I und IV beklagt.

III FÜSSLIS FRAUEN – EROTISCHE MOMENTE

»Das Frauenzimmer, das imstande ist, seinen Geschmack kräftig zu entwickeln, ohne zu einem Blaustrumpf, einer Schlange oder einem Mannweib auszuarten, darf seine Hand einem feinsinnigen Manne geben, der es von sich weist, seinen Geist den herrschenden Phantomen eines verweichlichten Zeitalters zu opfern.«
Johann Heinrich Füssli, Aphorismen, Nr. 108

Eines der wichtigsten Themen der Milton-Galerie, in Füsslis Gesamtwerk und seiner Biographie ist das Verhältnis zwischen den Geschlechtern. In den vorgestellten Werken der Milton-Galerie sind Mann und Frau nicht nur durch Adam und Eva vertreten. Sie verkörpern sozusagen den biblischen Normalfall menschlicher Beziehungen, den Füssli durchaus zur Kenntnis nimmt. Die Milton-Galerie wird aber vor allem dort interessant, wo der Normalfall außer Kraft gesetzt ist, wenn beispielsweise Eva und Satan oder Satan und Sünde zu Protagonisten werden. »Füsslis Frauen« ist aus einem weiteren Grund ein eigenes Kapitel gewidmet. Unter der großen Zahl von Bildnissen ist eine Reihe von Werken, zumeist auf Papier, von außerordentlicher Qualität. Sie belegen nicht nur Füsslis eigene hochentwickelte Zeichenkunst, sie sind auch charakteristisch für den hohen Standard der Portraitkunst in England im 18. Jahrhundert insgesamt.

In Füsslis Werk sind ungefähr 140 Bilder von Frauen erhalten, vorwiegend sind es Zeichnungen, davon geben rund 120 Blätter Mrs. Fuseli wieder. Sie entstanden in dem Zeitraum zwischen 1790 und 1810. Daneben figurieren Frauen, zu denen er besondere emotionale und erotische Beziehungen hatte, vor allem aus seiner Zürcher Zeit.

Zu ihnen gehören »die Schwestern Hess«, die Schwestern seines Jugendfreundes Felix Hess. Im Haus der vermögenden und weltläufigen Familie Hess war Füssli während der kurzen Zeit in Zürich zwischen dem Italienaufenthalt und der Abreise nach London ein häufi-

Kat.Nr. 106
Martha Hess, Profil von rechts, 1778–1779
Vorlage für den Stich von J. H. Lips in Lavaters »Essai sur la Physiognomie« (1783)
Bleistift, 37,1 x 25,1 cm
Zürich, Kunsthaus, Inv.Nr. A.B. 1805
Schiff 575

Kat.Nr. 107*
Magdalena Schweizer-Hess, 1778–1779
Bleistift, 28,8 x 23,5 cm
Weimar, Staatliche Kunstsammlungen, Inv.Nr. KK 1451
Schiff 577

ger Gast. Zusammen mit Martha, Magdalena und Felix widmete sich Füssli einer Form der Unterhaltung, die heute vergessen ist; aus gemeinsamer Lektüre von Texten, häufig von Theaterstücken, entspannen sich lange Unterhaltungen. In einer frühen Zeichnung hat Füssli sich vorlesend dargestellt (Kat.Nr. 12). Eine der beiden Töchter Hess, Magdalena, wurde von Füssli wohl mehr höflich als leidenschaftlich umworben. Seine Zuneigung galt jedoch einer jungen Frau, die wie er zu den Soireen im Hause Hess eingeladen wurde.
Anna Landolt vom Rech war die Nichte Lavaters und das Objekt seiner schwärmerischen Verehrung. Obwohl die Nanna Gerufene einem anderen versprochen war, schrieb Füssli ihr Briefe voll glühender Zuneigung, und seine Abreise nach London hatte ihren Grund nicht zuletzt in der energischen Intervention des Vaters. Füsslis schönstes Gedicht »Nannas Auge« ist eine späte Frucht dieser unerfüllten Liebe. Es ist auf der Rückseite einer Zeichnung von Magdalena Hess niedergeschrieben, aber vermutlich an Anna Landolt gerichtet.

Augen derer, die ich liebe,
Meiner Seele Wallfahrt du,
Stern am Himmel meiner Triebe,
Meiner müden Wünsche Ruh.
Augen wie noch keines blickte,
Das der Liebe Pfeile schoß,
Das zum Engel mich entzückte,
Weil es Schmerzen in mich goss.

Augen wie sie Dichter malen,
Sah ich, rang und überwand,
Farb gibt Herzen, keine Qualen,
Dichterfarb ist Herzen Tand.
Blaues Schmachten, schwarzes Blitzen
Brittisches und Römer Feuer,
Mag ein schwarzes Aug erhitzen
Werden blaue Augen teur.

Aug, in dir malt ohne Farbe
Eine Seele sich, ein Herz,
Du verwundest ohne Narbe,
Wie du heilest ohne Schmerz.
Schmeichelnder als Frühlingslüfte
Doch wie Lilienodem stark,
Sanft wie junger Rosen Düfte
Dringst du durch mein tiefstes Mark.

Die Bezeichnung »M. H. Ostende« ist ein Hinweis, daß das Gedicht nach seiner Abreise aus Zürich entstand. Füssli schreibt im April aus London die folgenden Zeilen merkwürdigerweise nicht an, sondern *über* Anna Landolt (an seinen alten Freund Lavater).
»Sie ist mein und ich bin ihr, und haben will ich sie – ich will für sie arbeiten und schwitzen, und einsam liegen bis ich sie erringe […], ich bin versichert meines Lebens, daß nichts als der verfluchte Zürcher Verwandtschaftsschlendrian und etwas Geld sie mir diputiert – aber gieb sie preis oder nicht wenn sie Deine Niece ist – ich will mein erstes Recht auf sie geltend

Kat.Nr. 108*
Frau auf Balkon, offenbar die Gattin des Künstlers, 1791–1793
Feder und Sepia, schwarz, blau, rosa und gelb aquarelliert, 23,4 x 18,7 cm
Die Aufschrift lautet: »Him sleep opress'd (to, durchgestrichen) what time shrill chanticlere/the rosy coursers of Aurora sends.«
Auckland Art Gallery, New Zealand, Inv.Nr. 1965,44
Schiff 1777

machen oder über dem Versuch sterben – vielleicht auch töten –, was Gott und Natur zusammenfügt, das soll kein Kaufmann scheiden.«[1]

Füsslis Briefe jener Zeit sind deutlich von seinen dichterischen Ambitionen geprägt, so daß nicht leicht zu entscheiden ist, ob sie pathetische Rhetorik sind oder einer tiefen Verwirrung der Gefühle entspringen. Im Juni kommt wieder ein Brief aus London:

»Lieber Lavater – was für einen Abschied hast du von N. L. (Nanna Landolt) Den Bademer? Ist sie jetzt in Zürich? Gestern nachts habe ich *sie* im Bett bei mir gehabt – mein Bett zerwühlet – meine heißen, gerungnen Hände um sie gewunden – ihr Leib und meine *Seele* in meine zerschmolzen – meinen Geist, Odem und Kraft in sie hineingegossen.«[2]

Kurz darauf scheint sich Füssli plötzlich beruhigt zu haben. Mehr höflich interessiert als schwärmerisch erkundigt er sich nach dem Befinden Nannas. Der Sturm hatte sich offenbar gelegt. In den ersten Londoner Jahren sind die Berichte über Füsslis Privatleben spärlich, und auch sein Biograph John Knowles hält sich mit Informationen zurück.

Füssli heiratete am 30. Juni 1788 Miss Sophia Rawlins aus Bath Easton in der Nähe der Kurstadt Bath, da war der Maler 47 Jahre alt. Die Ehe dauerte 35 Jahre bis zu seinem Tod. Er gab seine Wohnung in der St. Martin's Lane auf und bezog mit seiner Frau ein Haus in No. 72, Queen Anne Street, East (die heutige Foley Street). Hier entstand der größte Teil der Bilder zur Milton-Galerie. Über Mrs. Fuseli weiß man leider zu wenig. Sophia scheint neben ihrem berühmten Mann eine eigenständige Persönlichkeit entwickelt zu haben, sie galt als ambitiös in gesellschaftlichen Dingen, als streitsüchtig und gelegentlich ziemlich vulgär im Privaten. Füsslis Zeichnungen seiner Frau gehören zu seinen schönsten Blättern und geben Aufschluß über eine von tiefem gegenseitigen Verständnis getragene Beziehung. Auffallend ist ein breites Spektrum von Charakterstudien, die vom häuslich-unschuldigen Wesen bis zur sadistischen Domina reichen. Füssli staffierte seine Frau mit luxuriösen modischen Kleidern und Hüten aus, in denen er sie häufig zeichnete. Diese schönen, oft mit Aquarellfarben angelegten Blätter lassen auf ihr ausgeprägtes modisches Bewußtsein und ein Faible für Frisuren schließen, das sie mit ihrem Mann teilte. Beide verbrachten

Kat.Nr. 109
Mrs. Fuseli (?) mit großen Haarwicklern und rosa Handschuhen, 1790
Bleistift, laviert, 31,6 x 19,7 cm
Zürich, Kunsthaus, Inv.Nr. 1914/32
Schiff 1084

Kat.Nr. 110
Mrs. Fuseli beim Spaziergang, 1790–1795
Bleistift, grau, blau und rot laviert, 43 x 28 cm
Eigentum der Gottfried Keller-Stiftung Depositär Kunsthaus Zürich, Inv.Nr. 1914/27
Schiff 1090

Kat.Nr. 111
Mrs. Fuseli mit breitrandigem Hut, in der Sofaecke kauernd, 1792–1795
Feder und Aquarell, 48 x 31,2 cm
Zürich, Kunsthaus, Inv.Nr. 1934/2
Schiff 1104
Die griechische Aufschrift lautet übersetzt: »Rastlos durch verwehte Moden / jagt ich meines Traumes Bild«

Kat.Nr. 112
Mrs. Fuseli mit Lockenfrisur, lesend, um 1796
Bleistift, Pinsel und Sepia, aquarelliert, 36,5 x 22,8 cm
Kunsthaus Zürich, Inv.Nr. 1938/629
Schiff 1109

Kat.Nr. 113*
Mrs. Fuseli mit großem Hut, um 1795
Feder, aquarelliert, 22,7 x 18,6 cm
Auckland Art Gallery, New Zealand, Inv.Nr. 1964-46
Schiff 1778

jeden Morgen lange Zeit vor dem Spiegel und ließen keine Erfindung der Londoner Figaros aus. Mrs. Fuselis Kopfputz veränderte sich innerhalb von zehn Jahren so verblüffend oft und radikal, daß man verschiedene Frauen zu sehen glaubt. Gert Schiff hat sich dem Phänomen Haare in der Familie Füssli angenommen und die Abfolge gestalterischer Kriterien, Herstellungsarten und modischer Accessoires der Frisuren erläutert.[3]

»Die ausgelassene Hand der Mode wirft keinen Spielball in der Lust, der nicht mit Gewinn von der Kunst aufgefangen werden könnte.«
Johann Heinrich Füssli, Aphorismen

Wenn es um die Frauen in Füsslis Leben geht, darf ein Name nicht fehlen: Mary Wollstonecraft. Füssli lernte sie im Jahr 1790 in der Buchhandlung von Joseph Johnson im St. Paul's Churchyard kennen, dem schon bekannten Dreh- und Angelpunkt für das Projekt der Milton-Galerie. Die dynamische, stets ziemlich unkonventionell wie eine Milchmagd gekleidete Mary widmete sich den revolutionären Ereignissen in Frankreich. Sie übersetzte Pamphlete ins Englische, die in London reißenden Absatz fanden, und schrieb enthusiastische Artikel in der »Analytical Review«. Ihre Schrift »A Vindication of the Rights of Women«, in nur sechs Wochen verfaßt, erschien 1792, bevor sie nach Frankreich ging, um vor Ort vom Fortgang der Revolution zu berichten.[4] »A Vindication...« ist eine emanzipatorische Abrechnung mit der Dominanz der Männer in der Gesellschaft ihrer Zeit, die ihren Niederschlag auch im selbstbewußten Umgang mit den moralischen Kategorien des Alltags fand. Kurz vor Marys Abreise kam es zu einem amourösen Zwischenfall im Hause Füssli. Mary, gerade einundreißig und zwanzig Jahre jünger als Henry, verliebte sich in den Maler, den sie glühend für seine Belesenheit und Bildung bewunderte. Füssli scheint ihre Gefühle kurze Zeit erwidert zu haben, und Mary schrieb an Freunde, er werde seine Frau ihr zuliebe verlassen. Sie versuchte, sich seinem (oder Mrs. Fuselis) Lebensstil anzupassen,

Kat.Nr. 114
Am Fenster sitzende Dame mit Ausblick auf blaue Landschaft, 1790–1795
Feder aquarelliert,
20,5 x 17,2 cm
Staatliche Museen Berlin, Kupferstichkabinett,
Inv.Nr. SdZ Nr. 2
Schiff 1063

Kat.Nr. 115
Frau in tänzerischer Bewegung, 1790–1800
Feder, braune Tusche, laviert,
21,1 x 16,5 cm
Staatliche Museen Berlin, Kupferstichkabinett,
Inv.Nr. SdZ Nr. 14
Schiff 1047

Kat.Nr. 116
Eingeschlafene Frau, den Kopf über die linke Schulter gewandt, 1790–1800
Pinsel in Grau, braune Tusche, grau und hellblau laviert,
23 x 18,5 cm
Staatliche Museen Berlin, Kupferstichkabinett,
Inv.Nr. SdZ Nr. 11
Schiff 1045

Kat.Nr. 117*
Küssendes Paar, 1770–1778
Bleistift, 15,5 x 19,4 cm
Stockholm, Nationalmuseum,
Inv.Nr. NM Z 38/1954
(aus dem Nachlaß von Sergel)
Schiff 536

114

115

117

116

Kat.Nr. 118
Kopf einer jungen Frau mit Flügelhaube und Halsband, 1795–1800
Bleistift und schwarze Kreide, 37 x 28,5 cm
London, The Trustees of the Victoria and Albert Museum, Inv.Nr. E 1034–1918
Schiff 1060

Kat.Nr. 119
Selbstbildnis im Alter von etwa 40 Jahren (II), 1780–1790
Schwarze Kreide, weiß gehöht, 27 x 20 cm
London, The Trustees of the Victoria and Albert Museum, Inv.Nr. E 1028–1918
Schiff 864

kaufte modische Hüte und teure Roben und erwarb Möbel für ihre bis dahin improvisierte Wohnung. Als Füssli seiner Ehefrau geradezu hartnäckig treu blieb, ging Mary zu ihr und bat um ihre Einwilligung, eine Ménage à trois zu führen. Mrs. Fuseli muß plötzlich bewußt geworden sein, wie tief die emotionale Verstrickung der beiden reichte, und wies die verzweifelte Mary aus dem Haus. In einem Brief bat Mary Füssli um Verzeihung und verließ London am 8. Dezember 1792.[5] Obwohl nicht wahrscheinlich ist, daß Füssli Bilder von Mary Wollstonecraft gemalt oder gezeichnet hat, gibt es eine Reihe von Blättern bislang unbekannter Frauen in seinem Werk. Als Mary nach England zurückkehrte, wagte sie sich nicht mehr in die Nähe der Füsslis, und nach offiziellen Angaben trafen sich Mary und Henry nur gelegentlich und zufällig. Aus Marys späterer Ehe mit William Godwin ging eine Tochter hervor, die spätere Gattin Shelleys und Verfasserin von »Frankenstein or the Modern Prometheus«, der zuerst 1818 erschien.[6]

Über andere Freundschaften und Verhältnisse zu Frauen weiß man wenig. Aus den erhaltenen und edierten Briefen erfährt man nicht mehr als eine gelegentliche Andeutung oder eine Anekdote. Henry und Sophia Fuseli waren häufig in Gesellschaft und unterwegs, obwohl Füssli kaum größere Reisen unternommen hat. Ob Füssli sich Frauen gegenüber grundsätzlich distanziert verhielt, ist nicht verbürgt, aber eine Szene, die er in einem seiner Briefe mitteilte, beleuchtet seine Einstellung. »Hier ist etwas für die interessante Sammlung von Tugendgeflechten der moralischen Sozietät! Es ist der Gebrauch hier, daß Damen vom ersten Range in der Fastenzeit durch Kot, Regen, Traufe zu Fuße durch gewisse Quartiere der Stadt gehen, Almosen für das Armenhaus zu sammeln; diese Damen besuchten Mylord und mich gestern – ihr Diener der Gnade, welche Göttin war die eine! Ein schmeichelnd Auge voll heiterm Himmelblau gebot dem meinen, eine kleine Lilienhand munterte die meine auf! Ich zitterte ihre Finger in meine, bückte mich über sie und: ‘Madame, que les membres de l’église sont heureux de trouver une telle main pour éveiller la charité des hérétiques!’ Mit vergnügtem Erstaunen über die Fürstengabe eines Zwanzigguldenstücks verneigte sie sich, gab mir einen Blick, lächelte, zäppelte weg.«[7]

In der Zeit, als der größte Teil seiner Zeichnungen von meist jungen Frauen entstanden, war Füssli schon über fünfzig. Wie man sich den Maler als Person damals vorstellen muß, beschreibt Benjamin Haydon in seinem Tagebuch: »Ich stellte mir vor, Füssli müsse ein Gigant sein. Ich hörte seine Tritte und sah eine kleine knochige Hand um die Kante der Tür, gefolgt von einem kleinen Mann mit einer weißen Löwenmähne in einem alten Hausmantel aus Flanell mit einem Strick um die Hüften und auf dem Kopf Mrs. Fuselis Nähkorb.«[8]

Von einer späten, verwirrenden Romanze ist noch zu berichten. Mrs. Sophia Otway Cave (1794–1849), später verheiratet mit einem irischen Gutsherren, war die Tochter des Wahlrechtsreformers Sir Frances Burdett. Ihre Mutter, die den gleichen Vornamen hatte, war die jüngste Tochter des Bankiers Thomas Coutts, mit der Füssli freundschaftlich verkehrte (s. das Kapitel »Johann Heinrich Füssli – Leben und Meinungen«). Füssli hätte also Sophias Großvater sein können. Im Kunsthaus Zürich gibt es 19 Briefe und kurze, ziemlich rätselhafte Billette des achtzigjährigen Füssli an die Fünfundzwanzigjährige, in denen er um diskrete Rendezvous nachsucht. In einem Billett fragt ihn Sophia hintersinnig, ob er das beigefügte Gedicht kenne – es ist sein eigenes Liebesgedicht »Augen derer, die ich liebe...«, das er Jahrzehnte zuvor Anna Landolt gewidmet hatte. Füssli hat Mrs. Otway Cave (Kat.Nr. 123) im verlorenen Profil wiedergegeben, als scheute sie den direkten Blick des Betrachters, zugleich aber wirkt ihr Gesicht mit der spitzen Nase etwas altjüngferlich. (Nebenbei ist bei dem Portrait Füsslis Abneigung oder Unfähigkeit, Hände wiederzugeben, besonders auffallend.) Obwohl er damals schon als alter Herr gelten mußte, fühlte sich Füssli zu sehr viel jüngeren Frauen hingezogen, die seine Nähe zumindest in einer Hinsicht geschätzt zu haben scheinen. Eine Reihe von Portraits der Debütantinnen in der Londoner Gesellschaft entstand in der Zeit zwischen 1810 und 1820, darunter die beiden Töchter seiner Gönnerin, der Countess of Guilford, die er im Zeichnen unterrichtete. Gert Schiff ver-

Kat.Nr. 120
Studie einer Dame
Feder, laviert, 37,5 x 22,5 cm
London, The Trustees of the Victoria and Albert Museum, Inv.Nr. 8815 A
Nicht bei Schiff

Kat.Nr. 121
Studie einer Dame
Feder, laviert, 36 x 21 cm
London, The Trustees of the Victoria and Albert Museum, Inv.Nr. 8688 B
Nicht bei Schiff (o. Abb.)

Kat.Nr. 122
Studie einer Dame
Feder, laviert, 26 x 19 cm
London, The Trustees of the Victoria and Albert Museum, Inv.Nr. 8815 D
Nicht bei Schiff

mutet wohl nicht ganz zu unrecht, Füsslis Spätwerk sei durch diese lebensvollen Kontakte bereichert worden.

Die vorstehende Auswahl der Zeichnungen aus dem Gesamtwerk wirft ein Licht auf Füsslis Frauen. Im Grunde können sie nicht isoliert betrachtet werden, denn die Grenze zwischen authentischem und stilisiertem Bildnis ist in Füsslis Werk fließend, wie das nächste Kapitel zeigen wird. Aus der anmutig lächelnden Mrs. Fuseli mit dem Nähkörbchen wird unvermittelt »Sophia mit der Rute«...

Füssli als Zeichner schöner Frauen ist eine Sache für sich, auch was die technische Seite angeht. In der Mehrzahl handelt es sich um Zeichnungen mit der Feder in brauner und schwarzer Tinte über einer Vorzeichnung in Bleistift. Füsslis hochentwickelte Technik der Lavierung läßt sich an den Blättern studieren. Mit wasserlöslichen Farben sind einzelne Partien in großzügigen Pinselstrichen angelegt und geben den Blättern eine Lebendigkeit und Frische der Darstellung, die bis heute spürbar ist. Diese Technik, mit stark verdünnter Farbe zu überarbeiten, war nicht neu; Füssli hatte sie schon an den Renaissancezeichnungen studiert, die er in seiner Jugendzeit im elterlichen Haus kopiert hatte. In England jedoch hatte die Aquarellierung unter den Zeichenkünsten stets eine gewisse Eigenständigkeit gehabt und am Ende des 18. Jahrhunderts erfuhr sie eine Verfeinerung, die Füssli an der Royal Academy und eigens gegründeten Gesellschaften, sogenannten »Watercolour Societies«, aufmerksam beobachtete. Im Gegensatz zu seiner malerischen Technik, durch modische Experimente beeinflußt und schon zu seinen Lebzeiten kritisiert, war seine Zeichenkunst unumstritten. Die Blätter mit den Frauendarstellungen gehören dabei zum besten, was er als Zeichner geschaffen hat.

Kat.Nr. 123
Portrait Mrs. Otway Cave, 1820–1825
Öl auf Leinwand, 91,5 x 71,1 cm
New York, Richard L. Feigen
Schiff 1506

Kat.Nr. 124
Ungedeutete Szene (Eifersucht), 1819–1825
Öl auf Leinwand, 91,5 x 71,5 cm
Winterthur, Museum Oskar Reinhart am Stadtgarten
Schiff 1501

1 Zit. nach Ausst.Kat. Zürich 1941, S. 18.
2 London, 16. Juni 1779. In: Füssli 1942, S. 192f.
3 S. Schiff 1974, S. 16–18.
4 Federmann 1927, S. 58f.
5 Knowles I 1831, S. 165–168. Nach ihrer Rückkehr 1795 versuchte sie noch einmal brieflich Kontakt mit Füssli aufzunehmen, aber er antwortete nicht.
6 Tomory 1972, S. 204–205.
7 Füssli 1942, S. 129.
8 Haydon 1926, Bd. I, S. 22. Zu Benjamin Robert Haydon (1786–1846) siehe auch: The Diary of Benjamin Robert Haydon, Hrsg. W. B. Pope, 5 Bände, Harvard 1960–1963.

IV DER ANDERE EROS: EVA UND SATAN

»Der Grad der Zuneigung wird immer durch den mehr oder weniger großen Eindruck von Überlegenheit bestimmt, den der Gegenstand auf sie macht. Die Frau liebkost, bemitleidet, verachtet und vergißt den ihr Unterlegenen; sie schätzt den ihr Ebenbürtigen, duldet ihn und zankt sich mit ihm; sie betet den an, der über ihr steht.«
Johann Heinrich Füssli, Aphorismen, Nr. 227

Der Aphorismus Füsslis scheint auf sehr konventionelle Weise die Geschlechterrolle festzuschreiben. Männer dominieren Frauen, weil Frauen dominante Männer lieben. Füsslis Sicht ist durchaus zeittypisch (oder zeitlos), und vor diesem Hintergrund erscheint eine Frau wie Mary Wollstonecraft wie eine Prophetin. Aber sein Aphorismus steht in einem merkwürdigen, fast unheimlichen Kontrast zu jenen Werken mit mehr oder minder erotischem Inhalt. In vielen seiner Zeichnungen thematisierte er das Verhältnis der Geschlechter ganz anders, in einer unkonventionellen und freizügigen Weise, die ihn aus seiner Zeit heraushebt.

Das Blatt, das vermutlich Mrs. Fuseli in der Pose einer Flagellantin zeigt (Kat.Nr. 125), verleitete Gert Schiff in den siebziger Jahren zu folgendem, überspitztem Bildkommentar: »Die Frau, die sich in einer anderen Zeichnung in etwas verschlamptem Négligé am Kaminfeuer wärmt, ist in der Literatur allgemein als 'Dirne' angesprochen worden. Dennoch ist auch sie dieselbe vertraute Gestalt (Mrs. Fuseli). Ihr Haar ist zwar nicht mit der Brennschere bearbeitet, aber doch kurzgeschnitten und bürgerlich hochgesteckt, als hätte sie einen großen Teil ihrer Eitelkeit hinter sich gelassen. Neben ihr kauert eine kleine Fairy, in der wir die Mrs. Fuseli der ersten Ehejahre erkennen; als Hausgeist symbolisert sie die Ordnung und Behaglichkeit, die sie dem Gatten gebracht hat. Die Rute in den Händen der Ver-

Kat.Nr. 125
Dirne mit Rute vor Kaminfeuer, am Boden Fairy, 1800–1805
Pinsel, 31,9 x 20,0 cm
Zürich, Kunsthaus, Inv.Nr. 1938/679
Schiff 1441

Kat.Nr. 126*
Mrs. Fuseli, am Tisch sitzend, die Linke auf Nähkorb gestützt, 1790–1792
Feder, aquarelliert, 22,7 x 18,1 cm
Auckland Art Gallery, New Zealand, Inv.Nr. 1965-49
Schiff 1775

Kat.Nr. 127
Erotische Burleske,
1770–1772
Feder, laviert, 29,3 x 42,0 cm
Florenz, Gabinetto Disegni e
Stampe degli Uffizi,
Inv.Nr. 6068 Horne
Schiff 539

Kat.Nr. 129
Szene, um 1770–1778
Feder und Sepia über Bleistift,
laviert, 32,8 x 45,0 cm
Römisches Album, Bl.71v,
Nr. 92
London, British Museum, Department of Prints and Drawings, Inv.Nr. 1885-3-14-284
Schiff 535

Kat.Nr. 128
Symplegma auf einem Altar
vor einer Herme des Priapos,
1770–1778
Feder, laviert, 26,1 x 37,6 cm
Florenz, Gabinetto Disegni e
Stampe degli Uffizi,
Inv.Nr. 6066 Horne
Schiff 538

Kat.Nr. 130
Bacchanal, 1770–1778
Feder, laviert, 22,5 x 19,5 cm
Florenz, Gabinetto Disegni e
Stampe degli Uffizi,
Inv.Nr. 6073 Horne
Schiff 544

gröberten scheint anzudeuten, daß sein müde gewordenes Fleisch jetzt mitunter der aufstachelnden Züchtigung bedarf.«[1] Das Zitat ist typisch für die Rezeption von Füsslis Erotika, die als Ersatz für fehlende autobiographische Zeugnisse interpretiert werden. Dennoch trifft Gert Schiff den feinen Grat zwischen dem unbescholtenen und berühmten Kunstprofessor und dem Adepten geheimer Leidenschaften.

In Füsslis umfangreichem zeichnerischen Schaffen ist die Zahl der Werke erotischen Inhalts vergleichsweise gering. Der erhaltene Bestand umfaßt einige Dutzend Arbeiten, bedenkt man aber, daß Mrs. Fuseli nach dem Tod des Gatten einen Teil der Blätter vernichtet hat, könnte die Produktion viel umfangreicher gewesen sein. Diese Zeichnungen, die formal Füsslis offizieller und öffentlicher Kunst in nichts nachstehen, sind keine Gelegenheitswerke, sondern als integraler Bestandteil seines Schaffens zu verstehen. In zwei Lebensabschnitten lassen sich größere Konvolute erotischer Zeichnungen ausmachen, in Füsslis römischer Zeit und im zweiten Jahrzehnt des 19. Jahrhunderts, als er in London lebte. Manche Blätter enthalten nicht mehr als versteckte Anspielungen, manche wirken wie Portraits von aufgeputzten Kokotten oder zeigen eindeutig sadomasochistische Szenen. Die römischen Zeichnungen kreisen um bacchantische Szenen im Gewand antiker Orgien, obwohl sie durchaus einen realen Hintergrund (Sergels Atelier!) gehabt haben dürften (Kat.Nr. 127–130).

Die Frauen in bizarren Kostümen und atemberaubend konstruierten Frisuren, die Füssli in späteren Jahren oft dargestellt hat, wurden nachträglich als Kurtisanen klassifiziert. Die Gründe liegen in der auffälligen, nicht bürgerlichen Kleidung und in dem offenen Blick auf den Betrachter, der den Dargestellten etwas Provozierendes gibt. Es sind eigenartige Erfindungen darunter wie die Szenen, in denen Frauen von nackten (»ithyphallischen«) Männern in ihren Boudoirs überrascht werden (Kat.Nr. 132). Auf vielen Zeichnungen zei-

Kat.Nr. 131*
Zwei Kurtisanen am Fenster, 1790
Pinsel und Sepia, aquarelliert, 22,2 x 17,8 cm
Belfast, Ulster Museum and Art Gallery, Inv.Nr. 786
Schiff 1048

Kat.Nr. 132
Kurtisane an einem Tisch mit einer Tasse Schokolade, von herantretendem ithyphallischen Mann überrascht, 1810–1820
Feder und braune Tusche, laviert, über Bleistift, 16,0 x 9,0 cm
Oxford, The Visitors of the Ashmolean Museum, DBB 668
Schiff 1616

Kat.Nr. 133*
Drei Frauen, ein Fenster verhängend, 1779
Bleistift und Pinsel, 18,3 x 18,6 cm
Auckland Art Gallery, New Zealand, Inv.Nr. 1965-52
Schiff 1742

Kat.Nr. 134*
Ungedeutete Szene, 1810 (Amavia findet ihren Ritter, Sir Mordent, verhext in Acrasias Lustlaube)
Feder über Bleistift, laviert, 31,0 x 39,8 cm
Auckland Art Gallery, New Zealand, Inv.Nr. 1965-75
Schiff 1805

gen die modisch gekleideten Frauen keine Anzeichen von Erstaunen oder gar Furcht angesichts des geisterhaften Auftretens der Nackten, so als bestünde ein geheimes Einverständnis über die Regeln eines erotischen Spiels.

Füsslis erotische Welt war von individuellen Spielregeln erfüllt. Fetische spielten eine wichtige Rolle, vor allem kunstvolle Frisuren und Schuhe (Kat.Nr. 138–139). Mrs. Fuseli ist offenkundig das wichtigste Objekt fetischistischer Phantasien, betrachtet man ihre stets kunstvoll gesteckten, geknoteten, gekräuselten Haargebilde. Bei den sogenannten Kurtisanen tauchen phallische und obeliskartig frisierte Häupter auf, mit hoch ausrasierten Nackenpartien und aufgesetzten Kämmen mit Phallusmotiven. Als fetischartiges Motiv tauchen Haare auch bei Füsslis männlichen Helden auf (Kat.Nr. 140). In der Sage von Achill wird bei Homer auch die Leichenfeier für Patroklos ausführlich geschildert, allerdings ohne die merkwürdige Opferung, die Achill vollzieht, als er sein Haar abschneidet, während er den aufgebahrten Leichnam des Patroklos mit langen Schritten umkreist. In der Szene »Dalila besucht Samson im Gefängnis« wird der Verlust der Haare (in der Psychoanalyse der Furcht vor Potenzverlust gleichgestellt) von der Frau in einer voyeuristischen Weise beobachtet (Kat.Nr. 142). Die psychosexuellen Implikationen von Füsslis offenkundigem Haarfetischismus hat Gert Schiff in seinem Aufsatz für den Hamburger Katalog ausführlich dargelegt und schließt: Sollte Füssli »unter die Unsterblichen aufgenommen sein, so ist er wahrscheinlich nach seinem Tode, wie die Seele Caesars im römischen Volksglauben, als ›Stella crinata‹ – Stern mit Haar (vulgo: Komet) am Himmel erschienen.«[2] Ein weniger auffallendes und deshalb kaum beachtetes Motiv fetischistischer Neigung waren für Füssli Schuhe, rote Schuhe (»red slippers«), die er den jungen Frauen in den Bildern der Milton-Galerie anzog. Sie stechen als Farbtupfer so deutlich aus den Kompositionen, daß man von einem ähnlich gearteten Faible sprechen kann.

Zu den Spielregeln in Füsslis zeichnerischem »secret life« gehörte auch das Beobachten, das häufig eine voyeuristische Komponente hat und manchmal bis zum Sadismus gesteigert wird. Manche Zeichnungen zeigen scheinbar harmlose Szenen, in denen bekleidete Frauen auf unbekleidete Männer blicken. Die Dargestellte auf der schönen Zeichnung »Dame vor Laokoon« (Kat.Nr. 141) könnte Maria Cosway sein. Sie war Malerin, hatte sich bei Kennern

135

136

Kat.Nr. 135
Ungedeutete Szene, 1809
Vielleicht aus Boccaccio,
Decamerone IV, 6
Feder, laviert, 20,3 x 25 cm
London, The Trustees of the Victoria and Albert Museum,
Inv.Nr. E 971–1927
Schiff 1400

Kat.Nr. 136*
Allegorie der Eitelkeit, 1811
Feder und Sepia über Bleistift, aquarelliert, 20,0 x 27,1 cm
Auckland Art Gallery, New Zealand, Inv.Nr. 1965-61
Schiff 1809

Kat.Nr. 137
Junger Mann, eine am Spinett sitzende Frau leidenschaftlich zurückziehend und küssend, 1819
Schwarze Kreide,
24,7 x 20,0 cm
Zürich, Kunsthaus,
Inv.Nr. 1914/10
Schiff 1584

Kat.Nr. 139
Kallipyga. Dame mit geschürztem Rock, vor einem von phallischen Stützen getragenen Spiegeltisch stehend, 1810–1820
Feder, 16,3 x 9,4 cm
Basel, Privatbesitz
Schiff 1618

137

139

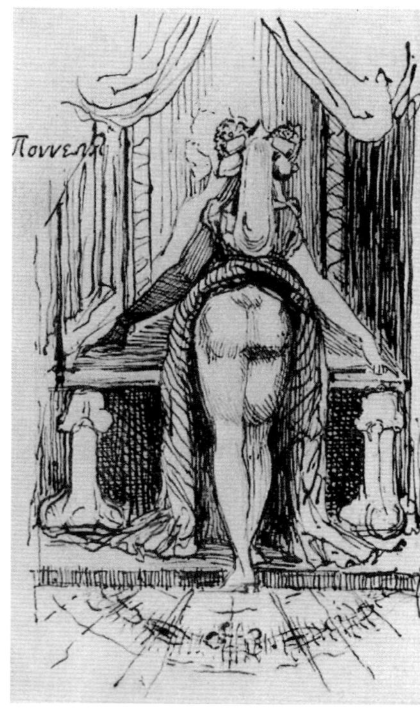

Kat.Nr. 138
Kurtisane mit Federschmuck,
1800–1810
Bleistift und Feder, aquarelliert, 28,3 x 20,0 cm
Eigentum der Gottfried Keller-Stiftung Depositär Kunsthaus Zürich, Inv.Nr. 1934-1
Schiff 1440

Kat.Nr. 140
Achilles opfert sein Haar am Scheiterhaufen des Patroklos,
1800–1805
Homer, Ilias XXXIII, 14
Feder, aquarelliert,
48,0 x 31,5 cm
Zürich, Kunsthaus,
Inv.Nr. 1916/22
Schiff 1359

Kat.Nr. 141
Dame vor Laokoon,
1802–1805
Bleistift, Feder, Pinsel und Sepia, 32 x 40,4 cm
Zürich, Kunsthaus,
Inv. Nr. 1913/7
Schiff 1072 (1072a)

Kat.Nr. 142
Dalila besucht Samson im Gefängnis zu Gaza,
1810–1805
Feder, getönt, 25,4 x 20,1 cm
Zürich, Kunsthaus,
Inv.Nr. 1914/19
Schiff 1414

138

140

141

142
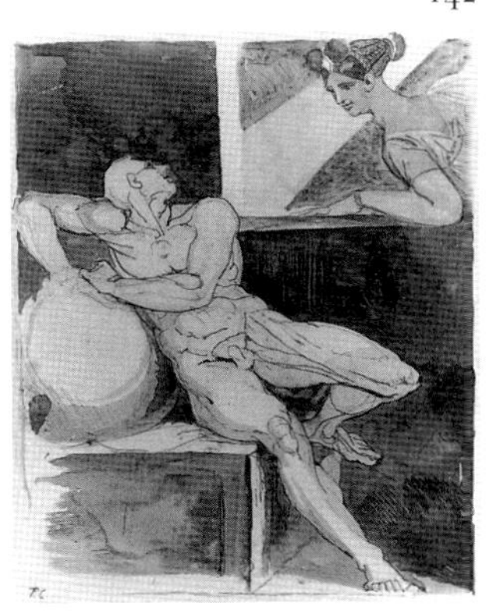

Kat.Nr. 144*
Siegfried vor Kriemhild kniend, um 1807
Bleistift, grau getönt, 48,0 x 36,0 cm
Auckland Art Gallery, New Zealand, Inv.Nr. 1965-69
Schiff 1797

Kat.Nr. 145*
Siegfried badet im Blut des Lindwurms, 1806
Nibelungenlied III, 104
Bleistift und Feder, grau laviert, 34,8 x 23,7 cm
Auckland Art Gallery, New Zealand, Inv.Nr 1965-54
Schiff 1796

bereits Ansehen erworben und wurde mit Angelika Kauffmann verglichen. Von schwärmerischem Enthusiasmus für die Kunst erfüllt, plante sie ihr größtes Werk als Kompilation aller Bilder aus dem Louvre. Das Wasserzeichen in dem Blatt zeigt die Jahreszahl 1802, so daß die Zeichnung während Füsslis Aufenthalt in Paris entstanden ist, wo die Laokoon-Gruppe als einer der Höhepunkte des Musée Napoleon im Louvre zu sehen war. Füssli hielt Maria Cosway für überschätzt und unbegabt und sparte nicht mit bissigen Kommentaren über ihre Kunst. Ihre affektierte Pose impliziert einen Naturalismus der antiken Laokoon-Gruppe, der ins Komische umschlägt, als erschrecke sie in einer Mischung aus hellem Entzücken und altjüngferlicher Hysterie vor einer Gruppe nackter Männer in merkwürdigen Umarmungen. Füssli konterkariert häufig wohlvertraute Motive (der Diskuswerfer oder die Rossebändiger), indem er sie in unorthodoxen Verfremdungen zeigte. Eine der ungewöhnlichsten Kompositionen dieser Art ist ein Blatt mit Brunhild und Gunther (Kat.Nr. 143), das die prekäre Situation des Mannes zeigt, den die überstarke Frau – Jacques-Louis Davids »Madame Recamier« hat Pate gestanden – demütigt, indem sie sich nicht nur seinem Zugriff entzieht, sondern ihn zum Objekt ihrer gleichgültigen Lust macht.

Das Bild der Frau in den erotischen Blättern offenbart ein dämonisches und furchteinflößendes Wesen, dem Männer, oft hilflos gefesselt, preisgegeben sind. Dazu steht Füsslis Männerwelt in eigenartigem Kontrast. Verbargen die schönen, jugendlichen Helden, die nach immer dem gleichen antikisierenden Typus geformt sind, ihre Ängste vor den überlegenen Dominas? Füsslis Männer sind Helden und heißen Odysseus, Siegfried oder Herakles. Aber sie erfahren vor diesem Hintergrund eine Brechung, die in der Figur Satans exemplarisch angelegt ist. David Weinglass deutet die Überbetonung männlicher Kraft und Schönheit in Füsslis heroischen Aktdarstellungen als »using his art as a form of personal exorcism.«[3]

Füsslis Freundschaften mit Männern waren dauerhafter und emotionaler als die Bindungen an Frauen. Seine Briefe, die vom Tonfall des »Sturm und Drang« geprägt sind, verraten

Kat.Nr. 143
Brunhild betrachtet den von ihr gefesselt an der Decke aufgehängten Gunther, 1807
Nibelungenlied X, 648–650
Bleistift und Feder, laviert, 48,3 x 31,7 cm
Nottingham, City of Nottingham Museums, Castle Museum and Art Gallery, Inv.Nr. NCM 1890–133
Schiff 1381

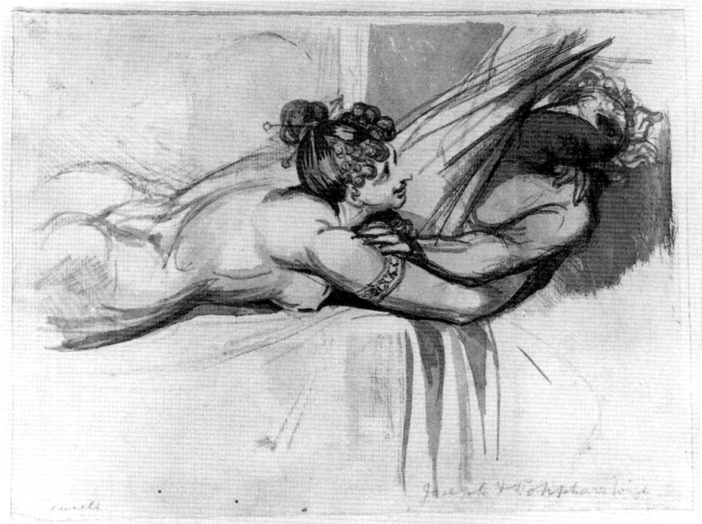

Kat.Nr. 146
Joseph, von Potiphars Frau versucht, 1800–1810
1. Mose 39,12
Pinsel, 20,5 x 27,5 cm
Zürich, Kunsthaus, Inv.Nr. 1938/634
Schiff 1350

Kat.Nr. 147
Prometheus, von Herakles gerettet, um 1810
Bleistift und Feder in Braun, laviert, 56,5 x 66,9 cm
London, British Museum, Department of Prints and Drawings, Inv.Nr. 1885-3-14-199
Nicht bei Schiff

den Versuch, sich in den Eros des anderen Geschlechts einzufühlen und ihn zur eigenen Empfindung zu stilisieren. In einem gefühlsgeladenen Brief an seinen Freund Lavater, anläßlich dessen bevorstehender Verlobung im Mai 1766 wendet er sich an das junge Paar: »Mein liebster Freund, Ich schreibe dir in der Trunkenheit der Freundschaft; ist unter dem Himmel ein Herz, das dich mir gleich liebet, obgleich zurückgehalten, verschmäht, verwundet! [...] Madam! Dies ist die Hand dessen der die 'Klagen' schrieb; damals zitterte sie mit Wehe, itzt bebt sie vor Freude. Das Herz, das Sie gefunden, das Sie vorgezogen, ist das Siegel Ihres Wertes. Ich habe wohl nicht nötig, Sie zu bitten, ihn zu lehren, noch ihn zu lernen, daß dieses noch nicht das Land entkörperter Geister ist und daß es eine Wollust gibt, die der Tugend geziemet. Ich lege Ihnen auf, ihn jeden Tag zweimal *für mich* zu küssen. Meine Seele wird oft um beider Lippen schweben –«[4]

Viele Figuren in Füsslis Werken tragen androgyne Züge, nicht nur Adam und Eva in der Milton-Galerie, auch die maskulinen Helden Satan und Odysseus.

Es gibt in Füsslis geheimem Schaffen eine Reihe von Zeichnungen, die unverhüllt sadomasochistische Szenen zeigen. Zwischen Brunhilds ruhigem Abwarten angesichts des verschnürt unter der Decke baumelnden Gunther (Kat.Nr. 143) und den Frauen, die sich an Knabenkörpern zu schaffen machen (Kat.Nr. 150), entfaltet sich ein interessantes Spektrum. Gert Schiff hat für den Katalog der Hamburger Ausstellung einen psychoanalytischen Exkurs zu Füsslis erotischen Zeichnungen geschrieben, aus dem das folgende Zitat stammt. »Das Unterwerfungsverlangen wurzelt in der Abwehr der Kastrationsangst. Das männliche Kind ist tief verstört durch die Entdeckung, daß die Mutter keinen Penis hat, und fühlt sich durch entsprechenden Verlust bedroht. Abermals ist sein Glaube in die Mutter als schützende, lebenserhaltende Kraft erschüttert; in das Bild der vorbehaltlos Liebenden mischt sich die furchtbare Drohung der Kastratrix. Der erwachsene Masochist unterwirft sich in angstvoller Wollust dieser Drohung. Indem er die dominierende Frau, der er sich anheimgibt, jedoch wiederum als ›phallisch‹ phantasiert, sucht er durch Identifikation die Unversehrtheit des eigenen Körpers zu sichern; im tiefsten Grunde möchte er in die schützende Ur-Einheit mit der Mutter zurückkehren.«[5] Der Text (vor mehr als 25 Jahre verfaßt) referiert in knappem Umriß Thesen Freuds über das Mutter-Sohn-Verhältnis. Sadismus und

Masochismus, sexuelle Abhängigkeit und Ängste spielen in Füsslis Zeichnungen offenkundig eine Rolle. Trotzdem bleiben Zweifel, ob sie in Freudschen Kategorien ein treffendes Äquivalent haben. Einen Hinweis auf die sexuellen Obsessionen, die in diesen Blättern verarbeitet sind, gibt die griechische Aufschrift der Zeichnung »Symplegma eines Mannes mit drei Frauen« (Kat.Nr. 148): »Diese Lust möge über meine Feinde kommen«. Sie stammt aus dem Prometheus des Aischylos und eröffnet zwei Interpretationsrichtungen. Ist eine indirekte Drohung an seine (das würde auch bedeuten: Füsslis) Feinde gemeint oder die ironische Umkehrung: So viel Lust wünsche ich auch Euch.
Diesem Teil seines Werkes hat Füssli (der sich bekanntlich nur sehr selten über seine eigene künstlerische Arbeit äußerte) nirgends programmatischen Stellenwert beigemessen, und nur wenige Freunde wußten von den erotischen Zeichnungen. Dennoch hat sie die Rezeption im 19. und 20. Jahrhundert stark beeinflußt. Schon als seine eigenen Zeitgenossen Kenntnis von diesem diskreten Œuvre erhielten, beeinflußte das ihre Sicht auf sein übriges Werk. So vertraute William Haydon am 5. Dezember 1815 seinem Tagebuch an:

»Die Triebkräfte in Füsslis Geist sind Blasphemie, Unzucht und Blut. Seine Frauen sind alle Huren und seine Männer Banditen. Sie sind Huren nicht aus Freude oder Lust, sondern aus Haß, aus feindseligem Groll gegen die Tugend, und seine Männer sind Schurken nicht aus kühnem Verlangen nach dem Wagnis, sondern aus einem zuchtlosen Aufruhr moralischer Unterdrückung; mit dem Blick von Dämonen haben sie das Betragen galvanisierter Frösche, die Kleidung von Marktschreiern und die Farbe pestilenzischer Krankheit. Solch eine monströse Vorstellungsweise ist niemals von einer liebenswerten Frau gezeugt worden.

Kat.Nr. 148
Symplegma eines Mannes mit drei Frauen, 1809–1810
Bleistift, grau und rosa getönt, 19 x 24,8 cm
London, The Trustees of the Victoria and Albert Museum, Inv.Nr. E 108–1952
Schiff 1620

Kat.Nr. 149
Frau, ein Kind zerschneidend (?), um 1800–1810
Bleistift, Feder und Sepia, 26,0 x 20,6 cm
Zürich, Kunsthaus, Inv.Nr. 1913/6
Schiff 1624

Kat.Nr. 150
Vier Kurtisanen, zwei nähend an Knabenkörper beschäftigt, um 1815–1820
Bleistift, Feder und Sepia, 23,0 x 18,8 cm
Gezeichnet auf ein Manuskriptblatt
Zürich, Kunsthaus, o. Inv.Nr.
Schiff 1626

Nein. Füssli ist gezeugt von irgendeinem höllischen Ungeheuer, aus der Leiche einer geschreckten Hexe, von irgendeiner Schauergestalt, deren Leidenschaften erregt und deren Geilheit angereizt waren durch die in feurigem Entzücken vollzogene Vermengung mit der breiigen Fäulnis eines verwesenden Leichnams.«[6]

Haydons atemlose Empörung zeigt, daß Füssli gegen Konventionen verstieß, wenn er im Bild festhielt, was Realität oder Wunschdenken war. Manche von Füsslis Bildern haben das Publikum, auch wenn es im Umgang mit Kunst so erfahren war wie Haydon, zutiefst bewegt, und der Vorwurf der Blasphemie und Obszönität ist vor diesem Hintergrund zu verstehen. Zugleich wird Füssli zu einem Visionär des Schreckens stilisert, und hier liegt der Kern von Haydons Beobachtungen. Auch das ist Füsslis »unterste Welt«.
Obwohl Füssli mit solchen Darstellungen in der Kunstgeschichte kein singulärer Fall ist, enthält sein ganzes Werk unzweifelhaft eine starke erotische Implikation. Es stellt sich die Frage nach dem pornographischen Hintergrund der erotischen Zeichnungen. Es war keine *verborgene* Welt voll Huren und Helden. Sein individuelles Interesse am Eros, sei es intellektuell oder in seinem Gefühlsleben begründet, ist auch bei den Bildern zur Milton-Galerie und bei der Auswahl und Darstellungsweise bestimmter Themen aufgefallen. Der Eros taucht in seinem Werk in mannigfaltigen Schattierungen und Brechungen auf, man denke an die Aufmachung der mokanten Fairy Mab, die den Betrachter auffordernd anblickt, oder an die laszive Nacktheit des Friar Puck. Pornographie bedeutet sexuelle Aktivität in stimulierender Absicht zu zeigen. Sie war auch zu Füsslis Zeit an strikte gesellschaftliche Konventionen gebunden und nur in einer reglementierten Öffentlichkeit möglich. Sicher ent-

standen diese Zeichnungen nicht, um sie anderen zu zeigen, und die Öffentlichkeit beschränkte sich vermutlich auf den Hausherrn und seine Gattin. Obwohl Füssli nur sehr wenige Zeichnungen geschaffen hat, die man explizit pornographisch nennen kann, sind seine zahlreichen erotischen Werke in seinem übrigen Schaffen virulent. Wenn dieser zweifellos interessante Ausschnitt aber andere Kriterien, wie seine literarische Bildung und kunsthistorische Kenntnisse, überlagert, so gerät auch die Interpretation seines gesamten Werks in Schieflage. Füsslis erotische Zeichnungen sind eine Komponente, nicht aber der Schlüssel zum Verständnis seiner Kunst.

1 Schiff 1974, S. 17.
2 Schiff 1974, S. 22.
3 Weinglass 1991, S. 315.
4 Füssli 1942, S. 133f.
5 Schiff 1974, S.18f.
6 Übersetzt von Schiff I 1973, S. 355.

V TRAUM UND SCHRECKEN

»Die Axt, das Rad, das Sägemehl und das blutbefleckte Laken sind kein legitimer Ersatz für das Schreckliche.«
Johann Heinrich Füssli, Aphorismen, Nr. 91

An dem Blatt »Furcht; drei kauernde Mädchen« (Kat.Nr. 151), das um 1780 entstand, fällt auf, daß Füssli für die bildliche Gestaltung des Begriffs »Furcht« nicht einfache Personifikationen verwendet. Indem er drei junge Frauen in ziemlich ähnlichen Gemütszuständen des Fürchtens darstellt, wechselt er zur Allegorie. Füssli zieht eine deutliche Grenze zwischen den Begriffen »Furcht« und »Schrecken«. Letzterer hat ein konkretes Gegenüber und wird ausgelöst von einer bestimmten Situation. Dagegen ist die Furcht ein unbestimmbares, irrationales und deshalb aus der Sicht des Künstlers kreatives Gefühl. Furcht gebiert Ungeheuer.[1] Wenn Füssli die emotionale Anteilnahme des Betrachters durch seine Bilder herausforderte, so war er darin kein Einzelfall. Seit der Mitte des 18. Jahrhunderts entwickelte sich eine Gegenbewegung zu den klassizistischen Theorien, die in England vor allem der Philosoph Edmund Burke (1729–1797) vertrat. Er veröffentlichte 1759 in London »A Philosophical Enquiry into the Origin of Our Ideas of the Sublime and Beautiful«, die zum vieldiskutierten Traktat wurde, den Füssli gekannt haben dürfte. Burke schreibt über den »Schrecken«: »Keine Gemütsbewegung beraubt den Verstand so wirkungsvoll seines Vermögens zu handeln und zu denken als Furcht. Denn Furcht ist die Vorstellung von Schmerz

Kat.Nr. 151
Furcht; drei kauernde Mädchen, um 1780–1782
Bleistift und weiße Kreide, 40,1 x 53,7 cm
Zürich, Kunsthaus, Inv.Nr. 1940/15
Schiff 839

Kat.Nr. 152
Die drei Parzen, 1781
Schwarze Kreide auf Ölpapier, 41,5 x 31,0 cm
Zürich, Kunsthaus, Inv.Nr. 1938/704
Schiff 808

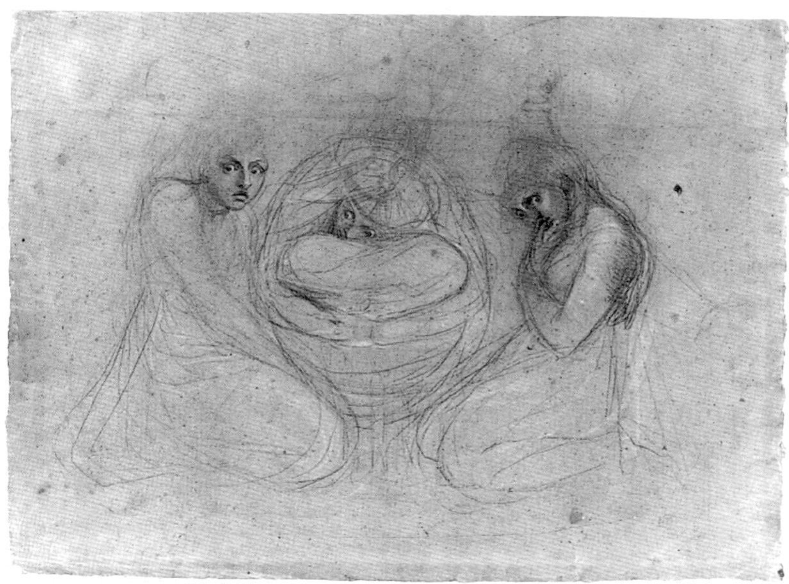

und Tod; sie ist in einer Weise wirksam, die einem tatsächlichen Schmerze gleichkommt. Daher ist alles, was sichtlich abschreckt, auch erhaben, ob nun die Ursache des Schreckens in der Größenordnung liegt oder nicht; denn es ist unmöglich, etwas als geringfügig oder verächtlich darzubieten, was sich als Gefahr darbietet.«[2] Die Verbindung von »Schrecken« und »Erhabenheit« wird bei Burke folgendermaßen differenziert: »Wenn die Gefahr oder der Schmerz zu nahe (auf den Betrachter d.V.) rücken, vermögen sie keine Lust zu verschaffen und sind nur furchtbar, aber in gewisser Distanz und gewissen Veränderungen können sie lustvoll sein.«[3] Füssli hatte sich mit diesem Phänomen seit den sechziger Jahren beschäftigt und in den siebziger Jahren erste Bilder geschaffen, die den Schrecken thematisieren, aber erst die Auseinandersetzung mit Milton hatte ihm die ästhetischen Möglichkeiten eröffnet. Der erwähnte Artikel über das »Erhabene« in Sulzers »Allgemeine Theorie der Schönen Künste« enthält eine Passage, die sich wie eine Replik auf Burke liest:

»Selbst die überwältigenden Leidenschaften können, wenn sie starke Seelen betreffen, etwas Erhabenes zeigen [...]. In jenen mutigen Leidenschaften ist das Gemüth selbst der Gegenstand der Bewunderung; hier aber bewundern wir die Größe des Gegenstandes, der das Leiden hervorbringt, und den wir in der leidenden Seele als in einem Spiegel erblicken. Man kann eine ähnliche Würckung durch Vorbildung des Gegenstandes selbst erreichen. Nämlich die überwältigenden Leidenschaften, wobey die Seele blos leidend scheinet, können, wie so eben angemerkt worden, erhaben geschildert werden;
Man kann aber das Erhabene auch durch die Gegenstände dieser Leidenschaft selbst erreichen, indem anstatt der Furcht, des Schreckens, der Verzweiflung die Gegenstände, von denen die Leidenschaften entstehen, geschildert werden; so ist Miltons Beschreibung der Hölle erhaben furchtbar.«[4]

Nimmt man den eingangs zitierten Aphorismus hinzu, den Füssli noch konkreter auf seine eigene Kunst bezog, so wird deutlich, daß die tiefe emotionale Bewegung des Betrachters nicht allein durch versatzstückhaft angeordnete Motive im Bild erreicht werden konnte. Das Publikum mußte sich mit den Gestalten identifizieren, sich in ihre Situation versetzen, um berührt zu sein. Indem Füssli nicht nur positiv besetzte Figuren zu Protagonisten machte, sondern die »negativen Helden« einführte, deren Stärke und Schönheit das Publikum in einen Zwiespalt brachte, schuf er die emotional aufgeladene Stimmung, die seine Bilder und ihn als Künstler berühmt werden ließ. Indem er den Zusammenhang zwischen dem Schrecken und dem Erhabenen erkannte und in seinen Bildern realisierte, stufte er sich in die höchste Kategorie der »Epic Painters« ein, wie er in seinen Akademie-Vorlesungen darlegte. Kurz sei noch einmal an Johnsons »Proposal« von 1791 erinnert, dem ersten faßbaren Konzept zur Milton-Galerie im Zusammenhang mit der geplanten Neuedition der Werke des Dichters. Dort hieß es: »Die wichtigsten Bestandteile des Erhabenen sind Großartigkeit und Einfachheit; [...] Das Erhabene wird man in das *Reine* und das *Vermischte* zu scheiden haben: wenn man dies betrachtet, scheint das Erstaunen (›astonishment‹) über jedes andere Gefühl zu herrschen; dies fügt ein Interesse hinzu, das aus unserer Natur und ihren Leidenschaften stammt.«[5]
Wenn Füssli den »Schrecken« thematisiert, so hat das eine zweifache Dimension. Zum einen zeigt er die Furcht im Bild, zum anderen löst er bei den Betrachtern das Gefühl von Furcht aus. Die folgenden Blätter sind Darstellungen des Schreckens, wie sie in Füsslis Spätwerk häufiger auftauchen. Achtzigjährig schuf er die Zeichnungen zu der romantischen Erzählung »Undine« (1812) von Friedrich de la Motte-Fouqué (Kat.Nr. 153–154).[6] Um die

Kat.Nr. 153
Kühleborn erschreckt Bertalda, 1819–1820
Friedrich de La Motte-Fouqué, Undine, 13. Kap.
Bleistift und schwarze Kreide, getönt, 32,2 x 20,6 cm
Zürich, Kunsthaus, Inv.Nr. 1940/19
Schiff 1564

Kat.Nr. 154*
Undine warnt Huldbrand vor der Rache Kühleborns, 1819–1822
Friedrich de La Motte-Fouqué, Undine, 13. Kap.
Bleistift aquarelliert, 48,1 x 31,9 cm
Auckland Art Gallery, New Zealand, Inv.Nr. 1965-67
Schiff 1822

Blätter zu verstehen, muß die Geschichte in aller Kürze erzählt werden. Eine Nixe will Mensch werden und muß sich dazu mit einem liebenden Mann vereinen, erst dann erhält sie eine Seele. Sie kommt zu einem Fischerpaar, das sie anstelle ihrer verstorbenen Tochter annimmt. Als sie erwachsen wird, bringt ihr Onkel Kühleborn sie mit dem Ritter Huldbrand zusammen. Nach ihrer Hochzeit leben beide einträchtig im Schloß des Ritters, bis Bertalda auftaucht. Sie ist zum Leben als Wassernixe verdammt, wie einst Undine, möchte ihrem Schicksal auf gleiche Weise entrinnen und wird zur Rivalin. Kühleborn stellt Bertalda hartnäckig nach, um sie zu vertreiben, und schließlich läßt Undine den Brunnen im Schloßhof zumauern. Als der Ritter eines Tages im Zorn seine Gattin beschimpft, verliert sie seine Liebe und muß ins Wasser zurückkehren. Der Weg ist frei für Bertalda, die den Brunnen wieder öffnen läßt, um sich in seinem Wasser zu spiegeln. Doch damit befreit sie Undine, die ihren untreuen Ritter schließlich in den nassen Tod hinabzieht.

Füssli wendete bestimmte formale Kriterien an, wenn er den Schrecken im Bild zeigen wollte. Ein wichtiges Mittel ist der Kontrast von Hell und Dunkel. Die Zeichnungen sind fast immer in Kohle und dunklen Lavierungen in Braun und Schwarz ausgeführt. Füssli verändert unvermittelt die Maßstäblichkeit, er verkleinert das normal Große, indem er das an sich Winzige aufbläht. Oder er engt den Bildraum so ein, daß die Figuren förmlich von den Rändern her bedrängt werden. Eine Zeichnung zeigt die frevelhafte Entschleierung der Götterstatue von Sais (Kat.Nr. 155). Groß von Statur und sichtlich böse über die plötzliche Entblößung thront die Göttin barbusig in hoher Nische, während einer der Krieger (es ist

Kat.Nr. 155
Zwei Krieger fliehen vor der Isis-Statue von Sais, 1805–1810
Bleistift, aquarelliert, 48,4 x 37,3 cm
Zürich, Kunsthaus, Inv.Nr. 1938/768
Schiff 1370

wieder einmal der »Borghesische Fechter«) das Weite sucht oder besser: zu fliehen versucht. Theatralisch wirken die Kontraste aus Hell und Dunkel, wenige präzise Details werden überlagert von locker aufgetragenen Lavierungen in Grau. Das Ganze hat einen Zug ins Groteske, der sicherlich nicht zufällig ist. Hier schlägt das Unheimliche, das die Situation in sich birgt, unvermittelt in eine Art ernste Komik um.

Häufig sind es Geistererscheinungen, vor denen sich die Personen in Füsslis Bildern fürchten. Mit dem Interesse für unerklärliche Vorgänge reagierte er auf eine literarische Strömung, die später »The Gothic Revival« genannt wurde. Ausgehend von einer modischen Mittelalterrezeption, waren seit den siebziger Jahren und vermehrt in den neunziger Jahren des 18. Jahrhunderts Bücher erschienen, die unheimliche und rätselhafte Stoffe verarbeiteten, zuerst Horace Walpoles schon 1764 veröffentlichte Novelle »The Castle of Otranto«, dann »Mysteries of Udolpho und The Italian« von Ann Radcliffe, »The Monk« (1791) von M. G. Lewis, »Marriage of Heaven and Hell« (1790) von William Blake, um nur einige zu nennen.

Der Glaube an Magie und übersinnliche Fähigkeiten, die in sogenannten Medien zutage traten, war in der Spätaufklärung und frühen Romantik weit verbreitet. 1792 tauchte Joanna Southcott als Prophetin und Wahrsagerin in England auf und geisterte durch die Gazetten, Füsslis Freund Lavater glaubte an Cagliostro und Mesmer, Füssli selbst schrieb für das »Conjurer's Magazine«, das ab 1791 erschien und sich ebenso naturwissenschaftlichen wie unerklärlichen Vorkommnissen widmete. In den Bildern der Milton-Galerie sind zahl-

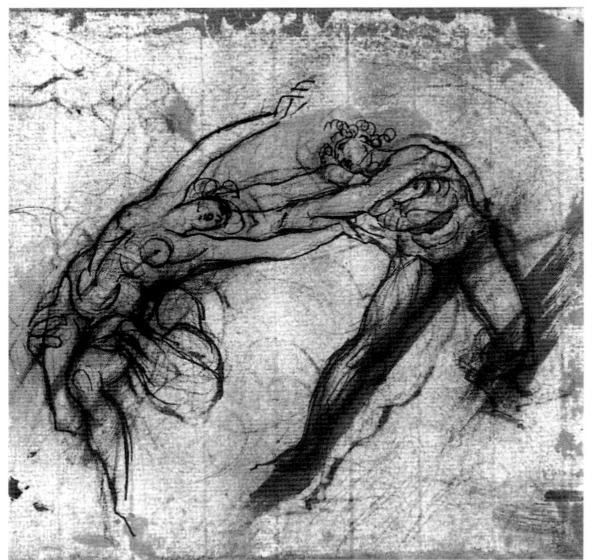

Kat.Nr. 156
Euridyke, beim Verlassen des Totenreiches von Hades dem Orpheus entrissen, 1780–1785
Ovid, Metamorphosen X, 53–63
Feder und Sepia über Bleistift, 18,7 x 18,7 cm
Winterthur, Museum Oskar Reinhart am Stadtgarten
Schiff 807

Kat.Nr. 158*
Odysseus und der Schatten des Ajas, 1804
Odyssee XI, 543 ff.
Öl auf Leinwand, 90,2 x 69,8 cm
New York, Richard L. Feigen
Schiff 1253

reiche Phänomene dargestellt, die sich den Erklärungen des naturwissenschaftlichen Zeitalters entzogen, in dem Füssli lebte. Seine erklärte Absicht, beim Betrachter Erstaunen, ja Schrecken auszulösen, hatte zur Folge, daß er sich mehr und mehr dem Absonderlichen, Abnormen und Unbekannten zuwandte.

Zum Thema des Irrationalen in der Kunst hat sich Füssli schriftlich so gut wie nicht geäußert, obwohl es sein gesamtes künstlerisches Schaffen durchzieht. Gerade *einen* Aphorismus hat er dem Traum gewidmet:

»Zu den am wenigsten erforschten Bereichen der Kunst zählen die Träume und das, was man die Personifikation der Denkungsart nennen könnte. Die Propheten, Sibyllen und Patriarchen Michelangelos sind verschiedene Erscheinungsformen *einer* großen Gesinnung. Der Traum Raffaels ist die charakteristische Darstellung eines Traumes; der Traum Michelangelos ist eine sittliche Inspiration, eine erhabene Gesinnung.
Nachsatz: Aus den drei Raffael zugeschriebenen und in Drucken Marcantonios, Giorgio Mantovanos und Agostino Venezianos bekannten visionären Bildern ist das letzte, von den Italienern »stregozzo«, von den Franzosen »la carcasse« genannt, hier gemeint: ein Ideengefüge, schwanger mit den eigentlichen Elementen von Träumen und fast ihr Inbegriff. Daß die Konzeption von Raffael sei, beruht auf keinem anderen Beweis, als auf dem Täfelchen Marcantonios und auf dem eigenen inneren Wert des Bildes, der so einheitlich ist, daß das ganze doch nie als ein Machwerk angesehen werden kann, obwohl eine der Hauptgestalten zweifellos nach einer andern in dem Karton der Schlacht zu Pisa kopiert ist.«
Johann Heinrich Füssli, Aphorismen, Nr. 231

Der erste Satz des Aphorismus ist nicht leicht zu verstehen, denn was ist mit »Personifikation der Denkungsart« gemeint? Verstand Füssli den Traum als eine »Denkungsart«? Das würde bedeuten, daß er ihm eine Funktion im schöpferischen Prozeß beimaß. Der Traum als Motor des Schöpferischen?

Mit »Personifikation« kann bei Füssli die *Darstellung* des Traumes im Kunstwerk gemeint sein. Interessanter erscheint ihm, den Traum als Teil eines »Ideengefüges« zu verstehen.

Kat.Nr. 157
Kriemhild sieht im Traum den toten Siegfried, 1805
Pinsel, aquarelliert und Deckfarben, 38,5 x 48,5 cm
Zürich, Kunsthaus, Inv.Nr. 1916/18
Schiff 1385

Das hatte er in der Milton-Galerie versucht, in der es ein halbes Dutzend Bilder gibt, die den Traum als Generator einer unwirklichen, phantastischen Welt vorstellen. Man fühlt sich an den Titel eines der bekanntesten Caprichos von Goya erinnert »Der Schlaf der Vernunft gebiert Ungeheuer«. Bei Füssli ist der Traum der Imagination gleichgestellt, die den Antrieb jeder schöpferischen Phantasie bildet, gleich ob sie sich als Literatur oder im Bild niederschlägt.

In seiner dritten Vorlesung für die Royal Academy über das Thema »Erfindung« sprach er indirekt über das Thema, indem er Quintilians Theorie bemühte: »Wir bezeichnen, sagt er (Quintilian, d.V.), mit dem Namen Visionen, was die Griechen Phantasien nennen; jenes Vermögen, wodurch die Bilder abwesender Dinge der Seele mit aller Stärke der auf uns durch ihre Gegenwart wirkenden Gegenstände vorschweben. Wer diese richtig zu fassen und zu denken weiß, wird sich der Leidenschaften bemeistern können. [...] Denn wenn diese Bilder uns dergestalt verfolgen, wo unser Gemüth in Ruhe ist, oder sich mit eitler Hoffnung nährt, oder sich in einer Art von wachendem Traume befindet, [...] warum sollten wir denn uns diese Täuschung des Gemüths nicht zunutze machen?« Füssli kommentiert Quintilian, indem er auf die Dichter verweist, unter denen vor allem Shakespeare und Milton die Phantasie anzuregen vermochten. Für die Malerei nennt er Raffael, Leonardo, Michelangelo und unter seinen Zeitgenossen Hogarth. Phantasie und Erfindung hängen für ihn eng zusammen. »Die Erfindung im engern Verstande erhält ihre Gegenstände von der Dichtkunst oder der beglaubigten Sage. Diese Gegenstände sind *episch* oder erhaben, *dramatisch* oder leidenschaftlich, *historisch* oder von der Wahrheit begränzt. Die erstere Art erregt *Erstaunen*; die zweite *rührt*; die dritte *belehrt*.«[7] Erstaunen, Ergriffenheit, Belehrung

Kat.Nr. 159
Ungedeutete Szene, 1782–1783
Schwarze Kreide, 53,3 x 65,4 cm
London, British Museum, Department of Prints and Drawings, Inv.Nr. 1856-5-10-1180
Schiff 834

werden in einen Zusammenhang gebracht, wobei das Erstaunen allen anderen Wirkungen vorausgeht. In seinen Traumbildern ist Füssli dieser Maxime nähergekommen als in seinen übrigen Werken. Im Spätwerk gibt es eine Reihe von Bildern mit Träumenden, die nicht primär die Geburten der Phantasie darstellen, sondern als Personifikationen des Traums zu verstehen sind.

Eine Gestalt ist schon aus der Milton-Galerie bekannt, die Queen Mab, die zur Entsenderin der bösen Träume wird. Füssli kannte die Figur aus Mercutios Erzählung in Romeo und Julia (I, 4): »die Hexe, welche Mädchen drückt, die auf dem Rücken ruhn, und sie so lehrt, die Männer besser zu ertragen« (Kat.Nr. 161). Auch auf dem Bild »The Shepherd's Dream« (Milton-Galerie Nr. 4) taucht sie ganz klein rechts unten auf und führt einen Alb an der Kette, der wiederum an die Gestalt des Nachtmahrs auf dem Gemälde von 1782 erinnert, um das es zum Schluß gehen soll.

Die Irrationalität als wichtiges Merkmal seiner Kunst läßt Füsslis theoretischen Ansatz in einem merkwürdigen Licht erscheinen. Bis in sein hohes Alter vertrat er eine Kunstlehre, die vom Klassizismus abgeleitet war und sich auf rationale Kriterien stützt. Aber gerade, wenn er diese Kriterien bewußt außer acht ließ, schuf er seine charakteristischsten Werke. Füssli war letztlich kein klassizistischer Künstler und darin anders als fast alle seine Kollegen und Freunde, die wie er in Rom studiert hatten.[8] Obwohl er als Professor der Royal Academy einer der ehrwürdigsten Institutionen dieser Art angehörte, lehnte er den Akademismus strikt ab. Seine genaue Kenntnis akademischer Konventionen ermöglichte ihm, die Regeln zu übertreten und sich ihrer Fesseln zu entledigen. Als er 1802 nach Paris reiste und auf Jacques-Louis David traf, den er in Rom kennengelernt hatte, war ein Eindruck bestimmend.[9] Die gigantische Kriegsbeute der Napoleonischen Feldzüge war im Louvre ausgestellt. Füssli sah die Werke, die er in Italien studiert hatte, in einem neuen Zusammenhang, herausgelöst aus ihrem topographischen und historischen Kontext, wie Versatzstücke einer Jahrhunderte dauernden künstlerischen Leistung von immensen Ausmaßen. Füssli war tief beeindruckt, obwohl dieses »Museum« genannte Konglomerat von Kunstwerken äußerlich keine Richtung, keine Begrenzung, kein Thema hatte. Er sah sich mit einer Ausstellung konfrontiert, die grundlegend anders war, als die Ausstellungen thematisch und formal geschlossener Gruppierungen von Kunstwerken, die es am Ende des 18. Jahrhunderts gegeben hatte – einschließlich seiner Milton-Galerie. Das Musée Napoleon war das Werk eines rationalen politischen Willens fernab von künstlerischen Ambitionen. David, der einflußreichste Vertreter der offiziellen Kunst, wollte den berühmten Reisenden mit anderen klassizistischen Künstlern bekanntmachen und am Hof Napoleons einführen, was Füssli ablehnte.[10] In seiner Abneigung gegen den herrschenden Stil avancierte der wichtigste Theoretiker des Klassizismus, Johann Joachim Winckelmann, dessen Werk er als Übersetzer genau kannte, fast zwangsläufig zum Feindbild. Über ihn schrieb Füssli mit galligem Sarkasmus: »Winckelmann mästete sich an den Brocken, die von Mengs' Tische fielen [...]. Er steigerte sich in frigide Phantastereien und platonische Schönheitsträume [...]. Ihm dankt Deutschland die Fesseln seiner Künstler und die engen Grenzen ihrer Ziele; von ihm haben sie gelernt, die Mittel für den Zweck zu nehmen und in einer hoffnungslosen Jagd nach dem, was sie Schönheit nennen, zu verlieren, was Schönheit allein interessant machen kann: Ausdruck und Geist.«[11]

In der negativen Zuspitzung des letzten Satzes verbirgt sich Füsslis eigenes künstlerisches Credo. Nur die Verknüpfung von Ausdruck *und* Geist zählte, das eine war ohne das andere wertlos. Die Klassizisten trennten die beiden Begriffe präzise und versuchten, Ausdruck durch Form zu erreichen. Die Perfektionierung der Form hatte den bestmöglichen Grad des Ausdrucks zur Folge. Hingegen ist für Füssli die Form nur Mittel zum Zweck. Dies erklärt seine Differenzierung der Begriffe »Kopie« und »Nachahmung«, zu der er sich wiederholt in seinen Aphorismen geäußert hat. »Der Nachahmer erhebt sich über den Kopisten dadurch, daß er das Individuum zu einem Typus verallgemeinert, der Idealist über den

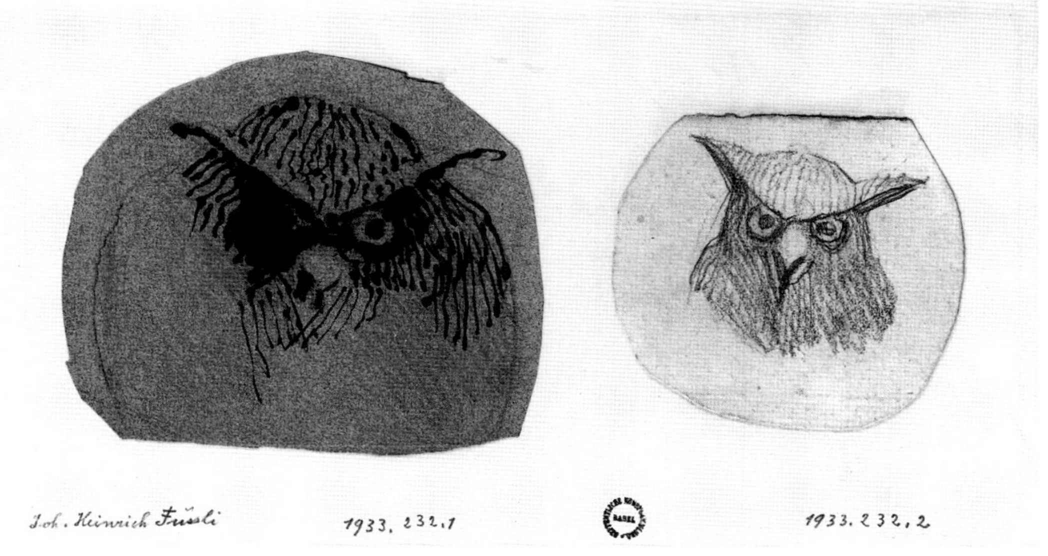

Kat.Nr. 163
Kopf einer Eule, 1810–1820
Feder und Sepia über Bleistift auf grauem Papier,
9,1 x 7,7 cm
Basel, Öffentliche Kunstsammlung, Kupferstichkabinett,
Inv.Nr. 1933.232:1
Schiff 1630

Kat.Nr. 164
Kopf einer Eule, 1810–1820
Bleistift auf grauem Karton,
6,7 x 6,1 cm
Basel, Öffentliche Kunstsammlung, Kupferstichkabinett,
Inv.Nr. 1933.232.2
Schiff 1631

Kat.Nr. 160
Amor und Psyche, um 1810
Öl auf Leinwand,
125 x 100 cm
Zürich, Kunsthaus, Geschenk der Schweizerischen Bankgesellschaft, Inv.Nr. 1994/12
Nicht bei Schiff

Kat.Nr. 161
Queen Mab, 1814
Shakespeare, Romeo und Julia I, 4
Öl auf Leinwand,
71,5 x 91,5 cm
Schaffhausen, Museum zu Allerheiligen, Sturzenegger-Stiftung
Schiff 1496

Kat.Nr. 162
Zwei schlafende nackte Mädchen, denen Fairy Mab erscheint, 1800–1820
Öl auf Leinwand, 91,5 x 71 cm
Succession de Maurice Yves Sandoz, La Tour-de-Peilz
Schiff 1504

Kat.Nr. 165
Zwei Skizzen a) Vampir, sich auf am Boden liegenden Mann stürzend
Bleistift mit Feder, Pinsel in Sepia, 33 x 19,6 cm
b) Jakob ringt mit dem Engel, 1815–1820
Bleistift, 33 x 20,5 cm
Zürich, Kunsthaus, Inv.Nr. 1940/135

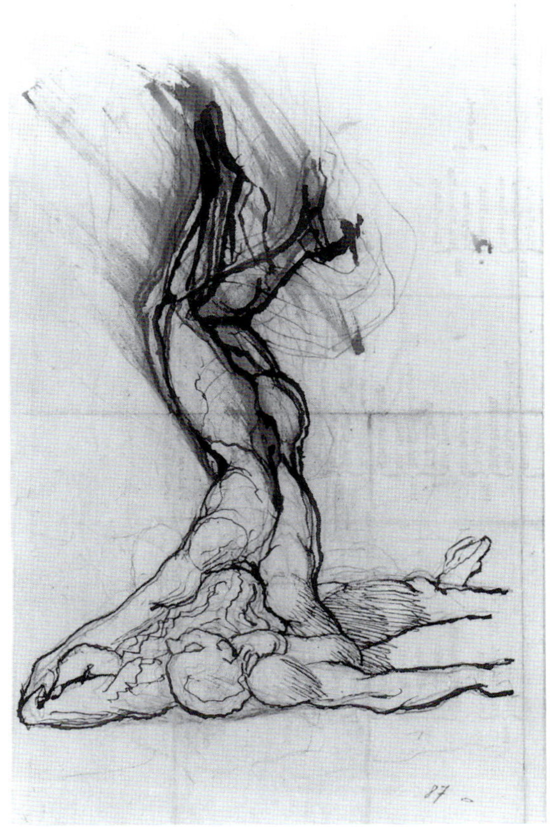

Nachahmer dadurch, daß er mehrere Typen vereinigt.«[12] In Füsslis Werk findet man beides, die verallgemeinernde Typisierung und ihr Resultat, die Idealisierung. Während die Typisierung an die formalen Mittel gebunden bleibt, ist die Idealisierung mit der oben erwähnten Gleichsetzung von »Ausdruck und Geist« zu erreichen und schließt die Nichtmeßbarkeit als essentielle Kategorie des Schöpferischen ein. – Diese prinzipielle Differenzierung trennt sein Schaffen vom Klassizismus. Vielleicht hat die Nachwelt deshalb versucht, aus Füssli einen Romantiker zu machen.

Epilog
Die Traum & Schrecken-Methode

»Sei gegrüßt, unterste Welt«

Im Jahr 1782 stellte Füssli zum ersten Mal sein Gemälde »Der Nachtmahr« in der Jahresausstellung der Royal Academy aus (Kat.Nr. 166).

»Shocking« schrieb Horace Walpole an den Rand seines Katalogexemplars. Von einer Betrachtung des Gemäldes wurde nervenschwachen Personen abgeraten.

Die Meinung der offiziellen Kunstkritik wechselte zwischen ratloser Skepsis und schroffer Ablehnung. Besonders »Der Nachtmahr« (aber auch »The Shepherd's Dream«, das Gemälde Nr. 4 der Milton-Galerie) wurde von jenen Kritikern, die der Kunstpolitik König George III. nahestanden, als frivol, grillenhaft und ohne jeden moralischen Nutzen abgekanzelt.[13] Bromley bezeichnete Füssli 1793 wegen seiner phantastischen Sujets als »libertin of painting« und lobte im Gegenzug die offizielle Historienmalerei, wie sie Benjamin West vertrat. Die Angriffe schadeten Füssli nicht. »Der Nachtmahr« war schnell berüchtigt, dann lange berühmt. Füssli war vor allem deshalb ein großer Wurf gelungen, weil er den Nerv der Zeit *vor* der Zeit getroffen hatte. Deshalb reagierte das Publikum erst irritiert und unverständig und dann begeistert. Füsslis »Nachtmahr« war mehr als ein zeitgemäßes Kunstwerk, es war modern. Das heißt, Füssli hatte ein Werk geschaffen, dessen Bezug zu einer damals noch neuen Strömung offenkundig war, ohne auf eine schon vertraute Komposition zurückzugreifen.

Darstellungen des Alptraums sind in der Kunst nicht ungewöhnlich, aber diese einprägsame Kombination von Gnom und Pferd mit einer Frau hat Füssli in die Kunst eingeführt. Keines der Motive ist aus der Luft gegriffen: sie sind in seinen gleichzeitigen Werken angelegt. In Gemälden und Zeichnungen taucht die hingelagerte Figur mehrfach auf, besonders auffallend in dem Gemälde »Herakles erlegt den Adler des Prometheus«, einem Stoff aus Hesiods Theogonie.[14] Der Gnom ist ein alter Bekannter, der aus Füsslis Beschäftigung mit Shakespeare stammt, hier ist es die leicht nachvollziehbare Umwandlung des Puck aus dem Sommernachtstraum;[15] das Lustlager ist aus den erotischen Zeichnungen vertraut, die Füssli in Rom geschaffen hatte. Das Pferd, der Nachtmahr, ist aus der volkstümlichen Bezeichnung entstanden, wenn auch mit gewissen Übertreibungen, vor allem bei den leuchtenden Augen, ein Effekt, der heute viel zu einfach herzustellen ist, als daß man sich in die unheimliche Wirkung auf Füsslis Zeitgenossen hineinversetzen könnte.[16] Die Beleuchtung der ganzen Szene wirkte auf die Betrachter in höchstem Maße unnatürlich und rätselhaft. Obwohl das Bild wie die meisten Werke Füsslis stark nachgedunkelt ist, verursachte das Weiß des Kleides und das leuchtende Augenpaar im Hintergrund einen geradezu mystischen Effekt.[17] Es ist bekannt, daß Füssli sich für Experimente mit Elektrizität interessierte, die sein Freund Dr. Joseph Priestley durchführte. Priestley war der Verfasser der »History of the Idea of Positive and Negative Electricity«, in der er die Theorie des »electric fluid« entwickelte, des elektrischen Fluidums, eines künstliches Lichtscheins, der Körper nach elektrischer Aufladung umgibt und vom Glimmen bis zum kalten Leuchten reichen konnte.

Und nicht zuletzt hat die erhitzt wirkende Schlafende, die wie paralysiert zu keiner Bewegung fähig ist, eine deutliche erotische Implikation. Der pferdeköpfige Nachtmahr galt im Volksglauben als Sinnbild wiederkehrender sexueller Begierde, der die Menschen willenlos ausgeliefert sind.[18] Aus literarischen Kenntnissen, naturwissenschaftlichen Beobachtungen, volkstümlicher Überlieferung und phantastischen Erfindungen schafft Füssli ein Amalgam, dessen Komponenten nicht mehr zu trennen sind. Dieses Bild ist symptomatisch für seine Schaffensweise, mit einer vergleichsweise einfachen Komposition einen komplexen Inhalt zu vermitteln. In einem der Aphorismen schrieb er dazu: »Aller äußerliche Apparat vernichtet den Schrecken, so wie aller Schmuck die Erhabenheit: der ausführliche Katalog aller Ingredienzien des Hexenkessels im 'Macbeth' zerstört den Schrecken, den geheimnisvolle Dunkelheit mit sich bringt, und der Pomp des Serails bei Rubens macht seine Helden zunichte.«[19]

Die Berühmtheit des Bildes lag zum einen in der Wirkung des Originals begründet, wobei die Ausstellungen in der Royal Academy als eine Art Test dienten, um die Reaktionen des Publikums abzuschätzen, und Füssli schuf immerhin drei Repliken. Zu einer der Wiederholungen, die sich heute im Goethe-Museum in Frankfurt am Main befindet, schrieb Charles Darwin ein Gedicht, das die damalige Wirkung auf die Betrachter beschreibt:

»So in his Nightmare, through the evening fog,
Flits the squab fiend o'er fern, and lake, and bog;
Seeks some love-wilder'd maid with sleep opress'd
Alights, and grinning sits upon her breast –
Such as of late, amid the murky sky,
Was marked by *Fuseli's* poetic eye;
Whose daring tints, with Shakespeare's happiest grace,
Gave to the airy phantom form and place –
Back o'er her pillow sinks her blushing head,
Her snow-white limbs hang helpless from the bed;
While with quick sighs and suffocative breath,
Her interrupted heart-pulse swims in death«[20]

Darwins Gedicht findet sich als gereimter Kommentar auf einem der Stiche nach dem Gemälde. Füssli nutzte die damals gängigen Medien, um seine Werke zu verbreiten, obwohl er kein typischer Lieferant für Stichvorlagen war, wie manche seiner Zeitgenossen, beispielsweise Thomas Stothard (1755–1834), dessen Entwürfe in die Tausende gehen. Insgesamt sind rund 300 von Füsslis Kompositionen, das ist ein Achtel seiner gesamten künstlerischen Produktion, in verschiedenen Drucktechniken reproduziert worden. Davon sind die elf Graphiken, die Moses Haughton von Bildern der Milton-Galerie gemacht hat, ein quantitativ kleiner Teil. (Über den schwunghaften Handel mit Reproduktionen nach Füsslis Bildern, auch unter den Verlegern, berichtet David Weinglass in der Einleitung zu seinem Buch über Füsslis Druckgraphik.)[21] Als noch während der Ausstellung des »Nightmare« 1782 Stiche mit der entsprechenden Werbung auf den Markt kamen, stieg die Beliebtheit des Bildes sprunghaft an. Sieben verschiedene Reproduktionen des Gemäldes sind bis zur Mitte des 19. Jahrhunderts hergestellt worden und, was erstaunlich ist, mehr als dreißig Persiflagen,[22] wohl das wichtigste Indiz für seine Beliebtheit. Füsslis Rezeption als Künstler erfolgte also auf zweifache Weise: Zum einen durch die regelmäßigen Ausstellungen seiner Werke an prominenten Orten wie der Royal Academy oder bei Mr. Christie in Pall Mall, zum anderen durch die Reproduktionen, die in großer Zahl in Umlauf gesetzt wurden. Ein kleiner Teil war beim Publikum wirklich beliebt, darunter die Stiche nach »Der Nachtmahr«, »Satan flieht, von Ithuriels Speer berührt«, »Friar Puck« und die burlesken Shakespeare-Themen.

Füssli gehörte das ganze 19. Jahrhundert hindurch zu den berühmten Künstlern, wenn seine Popularität auch in der Neugier des Publikums gründete und, wie bei der Milton-Galerie, mit einer gewissen Verzögerung eintrat. Erst nach 1800, als Füssli schon über fünfzig war, geriet sein Werk ins Blickfeld einer großen Öffentlichkeit.[23]

Es ist also nicht leicht auszumachen, in welche Epoche er als Künstler gehört. Seine Jugendzeit fällt in Spätbarock und Rokoko, wovon sich kaum mehr als Spuren in seinem Frühwerk finden. Füsslis intellektuelle Ausbildung reicht in die Zeit in Zürich zurück, wo er Kontakt zu einem der interessantesten geistigen Zirkel Europas hat; vor dem Hintergrund einer umfassenden literarischen Bildung erarbeitet er sich in Italien in wenigen Jahren sein bildnerisches Repertoire. Seine Ausbildung in Rom erfolgt im Kreis der Klassizisten, von denen er sich, wie berichtet, später vehement distanziert. Im Spannungsfeld von Klassizismus und dem frühen Historismus beginnt er in England als bildender Künstler zu arbeiten. Seinen Anfang als Maler markieren Werke wie »Die Nachtmahr«, »Satan flieht, von Ithuriels Speer berührt« oder »Der Traum des Schäfers«, die zwar lange vor der Romantik auf dem Kontinent entstanden, aber erst nach 1800 als »romantische Kunstwerke« ihre breite Rezeption erfuhren.

Füssli vereint als Künstlerpersönlichkeit zwei Eigenschaften, die ihn von seinen Zeitgenossen unterscheiden. Er verarbeitete rasch und sicher künstlerische und literarische Strömungen, die in ihren Anfängen durchaus den Charakter modischer Erscheinungen haben mochten und deren Dauerhaftigkeit nicht absehbar sein konnte.

Sein auffallend großes literarisches und kunsthistorisches Wissen exponiert ihn als Künstler unter seinen Kollegen und ermöglichte ihm den Umgang mit den aufgeklärten Intellektuellen und den ambitionierten Laien der aristokratischen Gesellschaft. Seine ausgeprägte Fähigkeit, über sein Wissen aus dem Gedächtnis zu verfügen und es in neuen Zusammenhängen zu qualifizieren, ist ein charakteristisches Phänomen der Aufklärung, das sich in den Bildern wiederfindet. Viele Werke wirken wie Pasticcios aus Versatzstücken oder bildlichen Zitaten, die mit sehr unterschiedlichen Inhalten besetzt sein können, wobei der gelegentlich spürbare ironische Unterton die Fähigkeit zur Distanzierung verrät. Das ausgeprägte Interesse für die Randerscheinungen der Wahrnehmung – sein Interesse an den vielfältigen und letztlich unergründbaren Prozessen der Imagination – und ihrer Darstellbarkeit in Kunstwerken, wird zuerst in der europäischen Aufklärung sichtbar. Sein Faible für die Erforschung naturwissenschaftlicher Phänomene, für das Mikroskop, die Lehre von der Elektrizität und die Insektenkunde, teilt Füssli mit vielen aufgeklärten Geistern seiner Zeit. Füsslis »Zeit« war lang, und der größere Teil seiner Werke entstand bekanntlich, als die Repräsentanten der Aufklärung in Europa schon abgetreten waren. Paradoxerweise ist seine Kunst also zugleich modern (gelegentlich auch modisch) und anachronistisch, und sein Hauptwerk, die Milton-Galerie, markiert, obgleich kaum merklich, einen Wendepunkt der Kunst um 1800. Sie entsteht aus einer konventionellen Idee und mit konventionellen

Kat.Nr. 166
Der Nachtmahr, 1781
Öl auf Leinwand,
101 x 127 cm
Detroit, The Detroit Institute
of Arts, Founders Society
Purchase with founds from
Mr. and Mrs. Bert L. Smokler
and Mr. und Mrs. Lawrence A.
Fleischman, Inv.Nr. 55.5. A.
and B.
Schiff 757

Mitteln. Trotzdem enthält sie viele Bilder, die in ihrer Zeit moderne Kunstwerke waren. Diese Spannbreite ist Füsslis eigentliche Qualität als Künstler.[24]
Zu Beginn war die rhetorische Frage nach »Füsslis Kunst« gestellt worden. Sie läßt sich also nicht in einem Satz beantworten. Füssli fügt sich nicht in bereits vorgefaßte Kategorien, und bis zu einem gewissen Grade war er sich dieses Charakteristikums bewußt. Er ist »in seiner Zeit« nur einem weiteren Künstler vergleichbar, Francisco Goya, der ihn jedoch zweifellos überragt. Die Mit- und Nachwelt hat – glücklicherweise – stets ihre Schwierigkeiten, solchen individualistischen Gestalten gerecht zu werden, darunter auch die wirklich *großen Geister.*[25]
Auf seiner Schweizer Reise macht sich Johann Wolfgang Goethe am 9. August 1797 auf einem Tagebuchblatt Notizen –

»Über Heinrich Füeßli's Arbeiten

Die Sujets, die er wählt sind sämmtlich abenteuerlich
und entweder tragisch oder humoristisch,
die ersten wirken auf Einbildungskraft und Gefühl,
die zweiten auf Einbildungskraft und Geist.
Die sinnliche Darstellung braucht er in beyden Fällen nur als Vehikel.
Kein ächtes Kunstwerk soll auf Einbildungskraft wirken wollen; das ist Sache der Poesie.
Bey Füesli's sind Poesie und Mahlerei immer im Streit, und sie lassen
den Zuschauer niemals zum ruhigen Genuß kommen;
man schätzt ihn als Dichter,
und als bildender Künstler macht er den Zuschauer immer ungeduldig.
Naturell. Frühere Bildung. Italiänische Einwirkung.
Studien, welchen Weg er genommen hat.
Manier in allem, besonders in der Anatomie, dadurch auch in den Stellungen.
Mahlerisch, poetisches Genie.
Charakteristisches. Gewisse Idiosynkrasien des Gefallen, der Liebhaberey.
Mädchen in gewissen Formen. Lage. Wollüstige Hingelegenheit,
Wirkung Shakespeares, des Jahrhunderts, Englands.

Miltonische Gallerie.«

1 Über das Thema »Schrecken« in der englischen Literatur der Zeit s. Tomory 1972, S. 93.

2 Zit. nach Ausst.Kat. Hamburg 1974, S. 83f.; weiterführend: Klaus Poenicke, »Eine Geschichte der Angst? Appropriationen des Erhabenen in der englischen Ästhetik des 18. Jahrhunderts«. In: Das Erhabene. Zwischen Grenzerfahrung und Größenwahn. Hrsg. Christine Pries, Weinheim 1989.

3 Edmund Burke, Philosophical Enquiry... (London 1759), Hrsg. J. T. Boulton, London 1959, S. 40. Vgl. auch Vogel 1995 II, S. 54–56.

4 J.H. Füssli, »Das Erhabene«, Artikel für Johann Georg Sulzers Allgemeine Theorie der Schönen Künste, Zweiter Teil, Leipzig 1792.

5 Vgl. Kapitel I, Anm 27.

6 Klemm 1986, S. 93ff.

7 Füssli 1803, S. 192.

8 S. auch Vogel 1995 I, S. 394ff.

9 Schiff I 1973, S. 271ff.

10 Knowles I 1831, S. 257ff.

11 J. H. Füssli, »A Characteristic Sketch of the Principal Instruction, Ancient and Modern, which we possess«. In: Knowles III 1831, S. 13f. (Übersetzung in Ausst.Kat. Hamburg 1974, S. 37–38).

12 Johann Heinrich Füssli, Aphorismen, Nr. 101. Füsslis fügt einen weiteren Aphorismus hinzu: »Der Nachahmer vereinigt durch Vergleichung und Geschmack die verstreuten Teile des verwandten Vortrefflichen; der Idealist hält 'mit des Geistes Auge' das Mögliche fest und verkörpert es in einer konkreten Gestalt; ersterer beschränkt sich auf Eigenart und Grad einzelner Kräfte, vereinigt aus einer Vielheit verschiedenartiger Vortrefflichkeiten alles, was in keinem notwendigen inneren Widerspruch zu sich selber steht [...]. Johann Heinrich Füssli, Aphorismen, Nr. 102.

13 Schiff I 1973, S. 168.

14 Schiff 711; vgl. auch »Warwick, schwörend an der Leiche Gloucesters« aus Shakespeare, King Henry, lavierte Federzeichnung, 1776, Schiff 436; »Ezzelin und Meduna«, Gemälde, 1779, Schiff 360; »Ezzelin Bracciaferro an der Leiche seiner von ihm getöteten Gemahlin Meduna«, Rötelzeichnung 1779, Schiff 417.

15 Schiff 751; als als böser Zwerg taucht er auf dem Gemälde »Cobweb« auf (Schiff 752); vgl. auch »Titania liebkost Bottom mit dem Eselskopf« nach Shakespeares »A Midsummer Night's Dream« für Boydells Shakespeare-Galerie, Gemälde, Schiff 753.

16 Über das Pferd als Motiv zur Nightmare siehe Tomory 1972, S. 31ff.

17 Füssli setzte den Effekt später mehrfach ein, zum Beispiel in den leuchtenden Augen des blinden Milton (Milton-Galerie Nr. 40).

18 Auf der Rückseite befindet sich ein Damenbildnis (Schiff 759), das für ein Portrait von Anna Landolt gehalten wird. Anna Landolt, die Füsslis Werben einst zurückgewiesen hatte, erhält Nacht für Nacht Besuch des Tieres, das sich auf ihre Brust hockt. Füsslis sexuelle Begierde bleibt für immer unerfüllt und ist zugleich unauslöschlich; diese Interpretation bei Andrus 1995.

19 Johann Heinrich Füssli, Aphorismen, Nr. 58.

20 Knowles III 1831, S. 65.

21 Weinglass 1994, S. XIX–XXI.

22 »The Nightmare«, von Thomas Burke (1749–1815) nach der Fassung von 1781, Kupferstich in Punktiermanier (London 1783), 19,2 x 23,1 cm; »The Nightmare«, von Laurede (?) nach der Fassung von 1781, Kupferstich in Punktiermanier, gedruckt in Braun (London 1782), 19,2 x 22,1 cm; »Le Cochemar«, von Ville Neuve nach der Fassung von 1781, Farbaquatinta (Paris 1784), 13,0 x 15,5 cm; »The Nightmare« von Thomas Burke (1749–1815) nach der Fassung von 1781, Wiederauflage, Kupferstich in Punktiermanier (London 1804), 19,2 x 23,3 cm; »The Nightmare« von William Raddon (1816–1862) nach einer verlorenen Replik des gleichen Themas, Kupferstich (1827), 18,4 x 23,0 cm; »The Nightmare« von Samuel Sartian (1830-1906) nach dem Stich von William Raddon, Mezzotinto (1849), 12,6 x 16,5 cm; »The Nightmare« von Jean Baptiste Amedée Guillaume (1822–1893) nach einer Nachzeichnung von Ulysse Parent, Stahlstich (1863), 11,5 x 14,0 cm. Dazu 3 Stiche nach der Version für das Buch »The Botanic Garden« von Erasmus Darwin.

23 »Der hat in der Kunst viel erreicht, der einem die Neugierde erweckt; der hat alles erreicht, der sie erweckt und rastlos auf der gleichen Höhe erhält. Falle nieder vor dem Genie Homers.« Johann Heinrich Füssli, Aphorismen, Nr. 123.

24 »Das Leben ist schnell, die Kunst ist langsam, die Gelegenheit spröde, die Ausführung unzuverlässig und das Urteil parteiisch.« Johann Heinrich Füssli, Aphorismen, Nr. 1.

25 J. W. Goethe, Werke (Sophien-Ausgabe), Band 47, Weimar 1896, S. 347. Goethes Tagebuchnotizen sind vor dem Hintergrund der Sturm-und-Drang-Phase in der damaligen Dichtung zu verstehen, die er zu diesem Zeitpunkt bereits kritisch einschätzte. Übrigens befand sich der Dichter, als er sich die Notizen zu Füssli machte, auf der Reise nach Stuttgart, wo er auf eine ihm geordnet erscheinende Welt treffen sollte.

JOHN MILTON (1608–1674)

Ein Literatenleben

Am Ende des 17. Jahrhunderts sammelte ein Antiquar namens John Aubrey Informationen über berühmte Männer Englands, unter ihnen John Milton. In seiner fast noch zeitgenössischen Kurzbiographie des Dichters beschreibt Aubrey nicht nur dessen private Seite, die auch den Stoff für Füsslis Darstellungen zu Episoden aus dem Leben Miltons in der Milton-Galerie abgab. Aubrey deutet auch die Auswirkungen der englischen Bürgerkriege der Jahre 1642–1646 und 1648 auf das Leben Miltons an, in denen sich Miltons Hoffnungen auf politische Freiheit nicht erfüllten und deren Ausgang die resignativen Untertöne seines Epos Paradise Lost mitbestimmte:

»MR JOHN MILTON kam aus einer Oxfordshire-Familie. Sein Großvater war ein Römisch-Katholischer aus Holton in Oxfordshire, unweit Shotover. Die Ausbildung seines Vaters vollzog sich am Christ Church, an der Universität Oxfd.; und sein Großvater enterbte ihn, weil er nicht beim Katholischen Glauben blieb (er fand eine Bibel auf Englisch in seiner Kammer). Also kam jener hierauf nach London, und wurde öffentl. Schreiber (ohne Lehrling gewesen zu sein; ein Freund verhalf ihm dazu) und erwarb sich damit einen großen Besitz, und schied viele Jahre vor seinem Tod aus dem Amte. Er war ein tüchtiger Mann; liebte die Musique: componirte etliche Lieder, die jetzt in Druck sind, das von *Oriana* zumal. Man hat mir gesagt, der Vater habe für den Landgrafen von Hessen ein Lied zu 4 Stimmen geschrieben, für das seine Hoheit eine goldene Medaille, oder ein nobles Präsent schickte. Er starb um 1647: von seiner Wohnstatt im Wachturm zur Beisetzung überführt nach *Cripple-gate*-Kürch.

Sein Sohn John ward am 9ten Decembris 1608, *Die Veneris*, ein halb Stund nach 6 am Morgen in Bread Street in London geboren, im Hause *Spread Eagle*, welches seinem Vater gehörte (der noch ein weiteres Haus in der Straße: die *Rose*, und weitere Häuser an anderen Orten besaß). Anno Domini 1619 war er zehn Jahre alt: und da war er schon ein Dichter. Sein Schulmeister damals war ein Puritaner, in Essex, der ihm das Haar kurzschor. Zur Schule ging er beim alten Mr Gill, in die *Paule's Schoole.* Ging mit fünfzehn – ganz auf eigne Rechnung – auf das Christ's College in Cambridge, wo er mindestens acht Jahre verblieb. Dann reiste er nach Frankreich & Italien (hatte Sir H. Wottons Recommendationsbriefe dabei). Zu Genf schloß er mit dem gelehrten genfer Dr Deodati enge Freundschaft. Man machte ihn mit Sir Henry Wotton bekannt, Botschafter in Venedig, der sich an seiner Gesellschaft ergötzte. Er blieb mehrere Jahre auf dem Continent, und kehrte just bey Ausbruch der Bürgerkriege heim nach England. [...]

Unmittelbar nach seiner Rückkehr nahm er Logis bey Mr Russell's, einem Schneider in S^t^Bride's Churchyard, und nahm seiner Schwester zween Söhne unter seine Fittiche, Edward & John Philips, der erstere 10, der andere 9 Jahre alt: und setzte sie im Laufe eines Jahrs in den Stand, einen lateinischen Autor prima vista zu übersetzen. [...]

Seine erste Frau (Mrs. Powell, eine Königstreue) wuchs auf & und lebte da, wo's mit Geselligkeit & und Kurzweyl, tanzen etc. hoch herging. Und als sie mit ihrem Gatten bey Mr Russell's, in St Bride's Churchyard, lebte, da fand sie's sehr einsam: keiner kam ihr Gesellschaft zu leisten; oft hörte sie die Neffen geprügelt & und heulen. Dies Leben war ihr ein Graus, und so ging sie zu ihren Eltern nach Fosthill. Nach einer Weile schickt er nach ihr; und ich glaub', mit seinem Bedienten sprang man übel um; doch im Hinblick auf eine Schändung des Ehebetts habe ich nie den geringsten Verdacht gehört; noch hatte er, in diesem Betracht, die mindeste Eifersucht. *Zwei* Anschauungen auf *einem* Kissen vertragen sich nicht: sie war Royalistin und ging zu ihrer Mutter zum Quartier des Königs bey Oxford. Ich hab immerhin so viel Nachsicht mit ihr, daß sie wohl kaum sein Ehelager schändete – allein welcher Mann, der nachdenkliche zumal, sieht gern sein Weib umschwärmt & und bestürmt von den Söhnen des Mars, u. zw. aus dem feindlichen Lager? Er trennte sich von ihr und schrieb den *Triplechord* zwecks Scheidung aus. Er hatte eine zweite Frau, namens Katharina Woodcock. Kein Kind von ihr am Leben. Er heiratete seine dritte Frau, Elizabeth Minshull, im Jahr vor der Gr. Pest: eine sittsame Person; friedlicher & und umgänglicher Charakter. Hat zwei Töchter, die noch am Leben: Deborah war seine Amanuensis (er lehrte sie Latein, und brachte ihr bey, ihm Griechisch vorzulesen, als er sein Augenlicht verloren). Daß ihm das Augenlicht schwand, kündigte sich zuerst an, als er versus Salmasium schrieb: und bevor dies ganz vollendet war, war ein Auge gänzlich blind. Beim Schreiben weiterer Bücher, hernach, ließ die Sehkraft des anderen Auges nach. Etwa 20 Jahre vor seinem Tod erlosch sein Augenlicht. Sein Vater hatte mit 84 noch ohne Brille gelesen. Seine Mutter hatte ziemlich schwache Augen gehabt, und recht bald nach ihrem 30ten Lebensjahr Augengläser gebraucht.

Seine harmonische & und ingeniöse Seele wohnte in einem schönen & und wohlproportionirten Körper. Er war ein frugaler Mann. War kaum so groß wie ich (*quaere*, wieviel Fuß ich groß bin – resp., von mittlerer Statur). Er hatte braunes Haar. Hatte ungemein zarte Haut – so zart, daß sie ihn *Unsere Lady von Christ's College* nannten. Ovales Gesicht. Sein Auge ein dunkles Grau. Er war sehr gesund und frei von allen Gebresten; nahm selten Arzney (nur bisweilen etwas Manna): erst gegen sein Ende zu ward er, im Frühjahr & Herbst, von der Gicht heimgesucht. Er hatte eine köstliche wohlklingende Stimme und ein gutes (musikalisches) Handwerk. Sein Vater lehrte es ihn. Hatte in seinem Haus eine Truhenorgel: auf der spielte er meist. Von sehr heiterem Gemüth. Sogar in seinen Gicht-Anfällen war er stets heiter, und sang. Seine Witwe hat ein Bildnis von ihm als Cambridge-Scholar: recht gut gemalt, und ähnlich: man sollte es stechen lassen, denn die Frontispize in seinen Büchern gleichen ihm ganz und gar nicht. Er hatte ein sehr gutes Gedächtnis; jedenfalls glaube ich, daß seine Methode des Denkens & Ordnens seinem Erinnerungsvermögen sehr zugute kam. Seine Leibesübung bestand vorwiegend aus Spaziren. Er war ein Früh-Aufsteher (*scil.* um 4 Uhr *manè*), ja sogar als er sein Augenlicht verloren. Zum Vorlesen hatte er einen Bedienten. Der las ihm zuerst aus der Hebräischen Bibel vor, das war um 4 h, manè, plus 1/2. Dann dachte er nach. Um 7 kam sein Mann wieder zu ihm, und las ihm erneut vor, und schrieb bis zum Dinner; an Umfang war das Schreiben dem Vorlesen gleich. Seine Tochter Deborah konnte ihm auf Lateinisch, Italiänisch & und Französisch, und Griechisch vorlesen; heiratete nach Dublin, einen Mr Clarke (verkauft Seiden etc.), ist dem Vater sehr ähnlich. Die andere Schwester heißt Mary, ist mehr nach der Mutter geschlagen. Nach dem Dinner pflegte er 3 oder vier Stunden auf einmal zu spaziren (wo er lebte, hatte er stets einen Garten); ging gegen 9 zu Bett. Enthaltsamer Mann, trank selten zwischen den Mahlzeiten. Ungemein angenehm im Gespräch und bei Dinner, Supper etc. – aber ein Satyriker. (Er prononcirte den Buchstaben R *(littera canina)* sehr hart: unfehlbares Indiz für einen satyrischen Witz: sagte mir *John Dreyden*).

In der ganzen Zeit der Niederschrift seines *Paradise Lost* setzte sein schöpferischer Antrieb jeweils zum herbstlichen Äquinoktium ein und endete jeweils zu den Vernalien oder um die Zeit (etwa im May, glaub ich) und dies währte 4 oder 5 Jahre so. Er begann damit etwa 2 Jahre nach der Ankunft des Königs, und schloß die Arbeit circa drei Jahre nach der Restauration des Königs ab. Im 4ten Buch des *Paradise Lost* stehen etwa 6 Verse, wo Satan die Sonne anruft, welche – wie sich Mr E. Philip erinnert – ca. 15 oder 16 Jahre schon vor dem ersten Gedanken an dieses Poem als Anfang einer Tragödie vorgesehen waren, die er entworfen, von der er indes durch andere Geschäfte abgelenkt worden war.
Die Gebildeten statteten ihm zahlreiche Visiten ab – mehr als ihm lieb war. Durch anhaltende Bitten drang man in ihn, nach Frankreich und Italien zu gehen. Ausländer kamen zuhauf, um ihn zu sehen, und wunderten sich sehr über ihn und boten ihm große Vorzüge, wenn er zu ihnen herüber käme; und der einzige Beweggrund mehrerer Ausländer nach England zu kommen, war überhaupt: Oliver Cromwell zu sehen und – John Milton; wollten auch das Haus & Zimmer sehen, wo er geboren. Im Ausland wurde er viel mehr bewundert, als zu Hause. [...]
Was immer er gegen die Monarchie schrieb: es entsprang keiner Animosität gegen die Person des Königs, oder irgendeinem Partey-Interesse, sondern seinem Streben nach der Freiheit des Menschen, vor der er glaubte, sie sey unter einem freien Staatswesen größer als unter der Herrschaft der Monarchie. Was ihn zu dieser Erkenntnis hatte kommen lassen, waren sein vertrauter Umgang mit Livius und den römischen Autoren, und die Größe, zu der die römische Republique sich erhoben, sowie die Tapferkeit ihrer großen Feldherren.«

Aus: Mr. John Aubrey's Lebens-Entwürfe. Deutsch von Wolfgang Schlüter, Frankfurt a.M. 1994, S. 247–253.

JOHANN HEINRICH FÜSSLI/HENRY FUSELI (1741–1825)

Ein Künstlerleben

Das Folgende ist ein Auszug aus der ersten, 1831 erschienenen Biographie Johann Heinrich Füsslis, verfaßt von John Knowles (1781–1841), einem Kunstliebhaber und Sammler, den Füssli 1805 kennengelernt hatte, der in den beiden letzten Lebensjahrzehnten des Künstlers dessen enger Freund war und der nach Füsslis Tod als sein Nachlaßverwalter fungierte:

»Henry Füessli (so nämlich lautet der Familienname) wurde als zweiter Sohn des John Caspar Füessli geboren am 7. Februar 1741 A. D. in Zürich in der Schweiz, in der Stadt, die seit vielen Generationen seiner Familie Heimat war. Sein Vater, John Caspar, ein Maler von Portraits und hin und wieder Landschaften, zeichnete sich durch seine literarischen Fähigkeiten aus; in seiner Jugend war er in Deutschland gereist und war Schüler von Kupetzky gewesen, dem berühmtesten Portraitmaler seiner Zeit. Kurz nach seiner Rückkehr in seine Heimatstadt hatte er Elizabeth Waser geheiratet, eine hervorragende Frau, aber von zurückhaltendem Wesen, die ihre Aufmerksamkeit allein Haus und Familie und dem Studium religiöser Bücher schenkte. Aus seiner Ehe gingen achtzehn Kinder hervor, von denen nur drei das Mannesalter erreichten, – Rodolph, der seinem Vater als Maler nachfolgte und der später Bibliothekar des deutschen Kaisers wurde, nachdem er in Wien ansässig geworden war; Henry, der Gegenstand dieser Biographie; und Caspar, bekannt durch seine kenntnis- und detailreichen Werke zur Insektenkunde. Obwohl John Caspar Füessli, der Vater, weitgereist und nicht unvertraut war mit den höfischen Sitten und die eines Höflings zu leben verstand, so hatte er doch die Haltung eines unabhängigen Weltmannes angenommen und sich eine brüske und direkte Art zu sprechen angewöhnt. Aber da er mit Gelehrsamkeit und Talent gesegnet war, wurde sein Haus von den bedeutendsten Vertretern der Literatur und Künste aus Zürich und Umgebung frequentiert. Er war auch Schriftsteller und nebst anderen Werken veröffentlichte er Lebensbeschreibungen der schweizerischen Maler, bei denen sein Sohn Henry ihm in Komposition und Stil eine große Hilfe war.

Henry Füssli zeigte schon sehr früh eine Vorliebe für das Zeichnen und auch für Insektenkunde; aber dem ersteren wurde vom Vater Einhalt geboten, der aus eigener Erfahrung um die Schwierigkeit wußte, in den schönen Künsten Herausragendes zu leisten, wenn nicht eines Mannes ganze Aufmerksamkeit und Streben ihnen galt. Er hatte deshalb seinen Sohn für den Klerikerstand bestimmt in der Erwartung, daß er in der Kirche eine vorteilhafte Karriere werde machen können, und war der Meinung, daß jegliches andere Interesse, das mehr als gewöhnlich Henrys Aufmerksamkeit beanspruchen würde, ihn von den theologischen Studien abhalten und daher schädlich für seine Aussichten sein würde. Sein Sohn immatrikulierte sich im Collegium Carolinum und machte dort schließlich seinen Abschluß als Magister Artium. Obwohl er in der Gesellschaft ein Neuling und von Natur aus durchaus schüchtern war, so erkannte er in seiner Scharfsicht bald, wer von seinen Mitstudenten über das größte Talent verfügte und mit wem der Umgang ihm daher Freude bereiten würde. Also suchte er die Bekanntschaft von Lavater, Usteri, Toman, Jacob und Felix Hess,

Namen, die der deutschen Literatur wohlbekannt sind, und schloß dauerhafte Freundschaften mit ihnen. Zu dieser Zeit waren die berühmten Bodmer und Breitinger Professoren am Collegium Carolinum. Sie waren enge Freunde des älteren Füessli und schenkten infolge dieser persönlichen Verbindung dem jungen Studenten mehr Aufmerksamkeit als gewöhnlich. Seine von Natur aus gute Konstitution und die bemerkenswerte Flexibilität seines Geistes befähigten Füssli, seinen Studien viele Stunden am Tag ohne eine einzige Unterbrechung nachzugehen. Tatsächlich war er zu jeder geistigen Anstrengung fähig, wie groß sie auch sein mochte. So fand er auch Zeit, beachtliche Kenntnisse des Englischen, Französischen und Italienischen zu erwerben. Zu diesen Sprachen fühlte er sich hingezogen nicht nur aufgrund seines Wunsches, in Zukunft Reisen zu unternehmen, sondern auch um in der Lage zu sein, einige der berühmtesten Dichter überhaupt im Original lesen zu können. Er war begeistert von den Stücken Shakespeares und versuchte sich an einer Übersetzung von ›Macbeth‹ ins Deutsche. Die Werke Rousseaus wurden eifrig von ihm verschlungen. Und die poetischen Höhenflüge Dantes weckten nicht nur starke Gefühle in ihm, sondern waren auch Gegenstand für seinen kühnen Zeichenstift, den er trotz zahlloser anderer Studien nicht zur Seite gelegt hatte. [...] Da er am Collegium einen sehr guten Ruf genoß, und seine Gesellschaft aufgrund seiner geistreichen Konversation und seines fundierten Wissens in der Altphilologie und in geistlicher und weltlicher Geschichte von anderen gesucht wurde, war unter seinen Freunden die Neugierde groß, ob Füsslis Antrittspredigt Erfolg beschieden sein würde. Darum wissend, war diese von ihm mit charakteristischem Humor als eine Predigt gegen die Neugierde aus dem 17. Kapitel der Apostelgeschichte, Vers 18 ›Was will dieser Schwätzer sagen?‹ entwickelt worden. Die neue Art des Predigens, zu der auch Füssli sich bekannte und die er von vielen Zürcher Kanzeln verbreitete, das Ungewohnte seines Stils, die Originalität seiner Ideen und seine erregte Sprache gefielen den Kennern, waren aber ›Perlen vor den Säuen‹ im Falle der gewöhnlichen Leute. In den Augen der Menge blieb der junge Prediger daher erfolglos.

Die Werke Rousseaus, Voltaires und anderer, die mit ihren Schriften eine Reform der politischen und moralischen Zustände in der Gesellschaft herbeiführen wollten, befeuerten seine Vorstellungskraft, und Lavater, Jacob und Felix Hess und er waren entschlossen, sich für Verbesserungen in ihrer Heimatstadt einzusetzen. Alsbald bot sich ihrem Eifer eine Gelegenheit. Schon längere Zeit hatten sich Gerüchte um die Persönlichkeit eines Magistraten gerankt, des Hohen Landvogtes Grebel, in denen er mit tyrannischen und unterdrückerischen Akten in Verbindung gebracht wurde, unter anderem daß er sich unrechtmäßig Grundbesitz verschafft und den rechtmäßigen Eigentümern damit Hohn gesprochen habe. Die jugendlichen Freunde stellten sorgfältige Nachforschungen in dieser Sache an und fanden heraus, daß es gute Gründe dafür gab, den Berichten Glauben zu schenken. Vor allem Füssli und Lavater beschlossen, sich die Sache der Geschädigten zu eigen zu machen und verfaßten eine Flugschrift mit dem Titel ›Der ungerechte Landvogt oder Klagen eines Patrioten‹, in der sie in kraftvoller und glühender Sprache die begangenen Ungerechtigkeiten aufzählten und die Stadtregierung aufriefen, den Fall zu untersuchen und den Missetäter zu bestrafen. Der mannhafte Ton, in dem die Schrift verfaßt war, und die Fakten, die zum Beleg der Anschuldigungen zusammengetragen worden waren, machten einen solchen Eindruck auf den Rat der Stadt Zürich, daß die Obrigkeit verlautbaren ließ, die Vorkommnisse würden untersucht, wenn der Autor der Flugschrift sich zu erkennen gäbe. Füssli und Lavater traten kühn hervor und bekannten sich zur Urheberschaft der Schrift. Die Beweisaufnahme wurde unternommen und die gänzliche Richtigkeit der Anschuldigung erwiesen. Ein rechtschaffenes Urteil wurde gesprochen und der Grundbesitz zurückerstattet; und der schuldige Magistrat machte sich davon, um der Strafe, die er aufgrund seiner Verbrechen so sehr verdiente, zu entgehen. Das mutige Vorgehen Füsslis und seiner Freunde war eine Zeitlang vorzügliches Gesprächsthema der Zürcher Öffentlichkeit, und ihre Vaterlandsliebe wurde allenthalben gelobt. Aber die Schande, die ihretwegen über den Angeklagten gekommen war, wurde von dessen mächtiger Familie leidvoll verspürt, die annahm, daß aufgrund der familiären Verbindung ein Teil der Schmach auch auf sie entfiele. Die möglichen Folgen solcher verletzter Gefühle wurden von den Familien unserer jungen Männer sehr ernst genommen, und sie hielten es daher für klug, ihnen zu raten, sich für eine gewisse Zeit aus der Stadt zu entfernen. Es kam Füssli und seinen Freunden sehr gelegen, daß der gelehrte Sulzer, der in Berlin als Professor für Mathematik am Joachimsthaler Gymnasium lehrte, zu dieser Zeit in Zürich weilte. Sulzer, der lebhaft Anteil genommen hatte an dem Rechtsstreit, in den diese jungen Leute verwickelt waren, stand kurz vor seiner Rückkehr nach Berlin und bot ihnen an, sie mit sich zu nehmen: diese Gelegenheit galt es nicht zu versäumen, und er, Füssli, Lavater, Jacob und Felix Hess reisten am Anfang des Jahres 1763 aus Zürich ab. Nachdem sie eine kurze Zeit in Berlin verweilt hatten, brachte Sulzer seine jungen Freunde bei Professor Spalding unter, der in Barth in Vorpommern wohnte. Füssli setzte hier seine altphilologischen Studien mit Eifer fort und vernachlässigte auch die schönen Künste nicht.

Der Grund für Füsslis baldige Rückkehr in die Hauptstadt Berlin war, daß zu dieser Zeit eine Reihe deutscher und Schweizer Literaten vorhatte, in einen regelmäßigen Austausch literarischer Äußerungen zwischen diesen Ländern und England einzutreten. Füsslis Lehrer und Freunde Bodmer, Breitinger und Sulzer waren überaus interessiert an diesem Vorhaben und trugen aktiv zur Verwirklichung dieses Planes bei. Diese Philosophen waren der Meinung, daß niemand besser als Füssli geeignet sei, diesen Austausch zu unternehmen. Der britische Botschafter am preußischen Hof war zu dieser Zeit Sir Andrew Mitchell, der ein Freund Sulzers war und dem Füssli folglich vorgestellt wurde. Sir Andrew gefiel die Gesellschaft Füsslis, und da er Sulzer jeden Gefallen tun wollte, machte er, der gerade nach England zurückkehren wollte, das freigebige Angebot, seinen jungen Freund mit nach London zu nehmen. Er versprach, ihn dort zu protegieren und ihm die Entrees zu verschaffen, die ihm bei der Erfüllung seiner Mission nützlich sein würden. Dieses Angebot konnte man nicht ablehnen, und Füssli verließ daher Berlin zusammen mit Sir Andrew und erreichte England zum Jahresende 1763. Sir Andrew Mitchell erfüllte alle seine Versprechungen, denn bei ihrer Ankunft in London lag ihm sehr daran, seinen Protegé Männern von Rang, Vermögen oder Talent vorzustellen. Füssli merkte dabei bald, daß sein Name für einen Engländer schwer auszusprechen war und änderte kurz darauf die Anordnung der Buchstaben und unterschrieb nun mit ›*Fusseli*‹. Seine geistige Unabhängigkeit ließ es Füssli aber unmöglich erscheinen, seinen Freunden finanziell verpflichtet zu bleiben. Er arbeitete daher hart und erhielt glücklicherweise viele Aufträge von Verlegern zur Übersetzung französischer, italienischer und deutscher Schriften ins Englische. Im Jahre 1765 veröffentlichte er (unter Nennung seines Namens) eine Übersetzung von Abbé Winckelmanns ›Gedanken über die Nachahmung der griechischen Werke in Malerei und Bildhauerkunst‹, die er seinem Freund und Gönner Lord Scarsdale widmete.

Der Geschmack an den schönen Künsten war erst kürzlich in England wirklich geweckt worden, und einige der vornehmsten Maler, Bildhauer und Architekten hatten eine Gesellschaft zur Beförderung derselben gegründet. Von dieser Tatsache erhoffte man, daß die Öffentlichkeit den Künstlern vermehrt Unterstützung zukommen lassen werde. Füssli ließ sich davon zu neuen Anstrengungen mit dem Zeichenstift anregen, und alle seine freien

Stunden widmete er dem Zeichnen und Radieren historischer Themen. Er bemühte sich, Gelegenheit zu einer Vorstellung bei Mr. (später Sir Joshua) Reynolds zu erhalten und zeigte diesem ein Portfolio von Zeichnungen und kleinen Radierungen. Sir Joshua, den der Stil, die Großartigkeit und Originalität der Werke sehr beeindruckte, fragte Füssli, wie lange er aus Italien zurückgekehrt wieder im Lande sei. Füssli antwortete ihm, daß er dieses glückliche Land nie gesehen habe, worauf sich jener sehr erstaunt gab und, um zu zeigen, wie hoch er Füsslis Talent schätzte, diesen um Erlaubnis ersuchte, einige seiner Zeichnungen für sich selbst kopieren zu lassen. Nachdem er solche Ermutigung und solches Lob vom größten Maler seiner Zeit erfahren hatte, widmete Füssli fast seine ganze Aufmerksamkeit dem Zeichnen und versuchte sich auf Empfehlung von Reynolds im Malen mit Ölfarben. Füssli war nun entschlossen, die Schreibfeder gegen den Malerpinsel einzutauschen und sein Leben der Malerei zu widmen. Seine Wünsche richteten sich daher auf Rom, den Sitz der schönen Künste. [...] Zuerst reiste Füssli nach Mailand, wo er einige Tage mit der Besichtigung der dortigen Kunstschätze zubrachte, verweilte dann kurze Zeit in Florenz und traf am 9. Februar 1770 in Rom ein. Kurz nachdem er Wohnung genommen hatte in der ›ewigen Stadt‹ änderte er erneut die Schreibweise seines Namens. Er tat dies, um sich der italienischen Aussprache anzupassen, und unterzeichnete fortan und für immer mit ›*Fuseli*‹.

Sein Ziel war es, die Kunstwerke zu sehen, die in Rom gesammelt oder ausgeführt worden waren, und dann zu seiner eigenen Vervollkommnung jedes einzelne Werk eingehend zu studieren. Er verwandte wenig Zeit darauf, die Proportionen der antiken Skulpturen zu vermessen oder die Fresken oder Ölbilder der großen Meister der neueren Zeit zu kopieren, sondern beschäftigte sich mit dem Studium der Prinzipien, nach denen sie gearbeitet hatten, um ein wenig ihrer Kraft und ihres Geistes in seine eigenen Werke eingehen zu lassen. Obwohl er den Werken Raffaels, Correggios und Tizians und der anderen großen Männer, die Italien hervorgebracht hatte, große Aufmerksamkeit schenkte, betrachtete er doch die Antike und Michael Angelo als seine Meister und formte seinen eigenen Stil nach ihren Prinzipien. Durch diese gezielten Studien und durch große Anstrengungen seinerseits war Fuselis Fortschritt rapide, und er erlangte schon bald eine Kühnheit und Großartigkeit in der Zeichnung, die die italienischen Künstler überraschten. Einer von ihnen war so beeindruckt von einer seiner Kompositionen, daß er ausrief: ›Michael Angelo ist wiederauferstanden!‹ [...] 1778 nahm Fuseli Abschied von Rom und ließ seine Freunde dort mit großem Bedauern zurück. Was die Italiener insgesamt angeht, so war er jedoch nicht sehr von ihnen eingenommen, da sie, wie er sagte, ›lebhaft und unterhaltend sind, es ihnen aber durchaus zum Nachteil gereicht, daß man sich in ihrer Gegenwart nie sicher fühlt.‹

Als Fuseli nach England zurückkehrte, war Sir Joshua Reynolds auf dem Höhepunkt seines Ruhms als Portraitmaler, aber seine Fähigkeiten als Historienmaler wurden nicht ausreichend gewürdigt, so daß einige seiner besten Werke bis zu seinem Tod in seinem Besitz blieben. Mindestens in ähnlichem, wenn nicht höherem Ansehen als Historienmaler stand hingegen Benjamin West. Fuseli wunderte sich sehr darüber und hielt mit seiner Meinung in schriftlichen und mündlichen Äußerungen nicht zurück, denn er gehörte niemals zu den Bewunderern von West, auch wenn er dessen Fähigkeiten in der Komposition schätzte. Seiner Meinung nach verfügte West aber nicht in ausreichendem Maße über diejenigen Qualitäten in der Kunst, die historischen Darstellungen erst ihren Wert verleihen – Erfindung und Kühnheit in der Zeichnung; und da Fuseli bestrebt war zu zeigen, was er in diesen Bereichen zu leisten fähig war, stellte er in der Royal Academy im Jahre 1780 die folgenden Bilder aus: ›Ezzelin brütet über dem Leichnam Medunas, die er getötet hat wegen ihrer

Untreue während seiner Abwesenheit im Heiligen Land‹, ›Satan flieht, von Ithuriels Speer berührt‹, ›Jason erscheint vor Pelias, dem der Anblick eines Mannes mit einer einzelnen Sandale als todbringend geweissagt worden ist‹. Diese Bilder hoben ihn nach der Meinung der besten Kritiker in die höchsten Ränge der Kunst. [...]
1788 am 30. Juni heiratete Fuseli Miss Sophia Rawlins aus Bath Easton in der Nähe von Bath, eine junge Dame aus ehrbarer Familie und von anziehendem Äußeren. In Mrs. Fuseli fand er eine exzellente Gattin, mit der er 35 Jahre lang glücklich zusammenlebte. Diese neuen Lebensumstände veranlaßten ihn zu klugen Änderungen wenn nicht in seinem Denken, so doch in seinem Handeln. Bislang war er allen Vereinigungen, die sich der Lehre der schönen Künste widmeten, abgeneigt gewesen und hatte es daher auch abgelehnt, während seines Italienaufenthalts zu einer der ausländischen Akademien zu gehören. Auch hatte er nie auf die wiederholte Empfehlung seiner Freunde gehört, sich der Royal Academy zur Aufnahme zu präsentieren. Aber da er nun ein verheirateter Mann und keineswegs wohlhabend war, überwand er angesichts der Aussicht auf die Pension, die den Witwen der Mitglieder der Royal Academy gewährt wurde, seinen Widerwillen. Er stellte einen Antrag und zwang sich dazu, die untertänige Bitte um Aufnahme zu äußern, die die Mitglieder dieser wie auch jeder anderen gewählten Körperschaft als ihr verbrieftes Recht von jedem Kandidaten einfordern, und wurde am 3. November 1788 zum Assoziierten der Royal Academy ernannt. [...] Zum Königlichen Akademiker wurde Fuseli am 10. Februar 1790 gemacht und am 29. Juni 1799 zum Professor für Malerei berufen. Zum Verwalter der Royal Academy wurde er schließlich im Dezember 1804 gewählt. Das Gehalt und die geräumige Dienstwohnung, die mit diesem Amt verbunden waren, versetzten ihn in die Lage, nun zumindest teilweise unabhängig von lukrativen Aufträgen leben zu können. Obwohl er zu diesem Zeitpunkt bereits 64 Jahre alt war, war er nach wie vor im Vollbesitz seiner geistigen und körperlichen Kräfte. Angesichts seines Geschmacks und seiner Kenntnisse in den höheren Regionen der schönen Künste hätte es daher keine bessere Wahl von seiten der Mitglieder der Royal Academy geben können, wie dies im übrigen auch seine Majestät Georg III. bestätigte, als der Präsident der Royal Academy, Mr. West, ihm den Entschluß der Akademiker zur Genehmigung vorlegte. [...] Anfang 1825 hielt Fuseli seine letzte Reihe von Vorlesungen, sicherlich mit weniger Nachdruck als früher, aber doch ohne offensichtliche Ermüdung; auch bereitete er einige Bilder für die nachfolgende Ausstellung in der Royal Academy vor. Ungeachtet dieser Beweise für seine ihm noch verbliebenen Kräfte, klagte Fuseli bei einem Besuch in Putney Hill bei der Countess von Guilford am Sonntag, den 10. April des Jahres 1825, über Unpäßlichkeit, als er im dortigen Lustgarten spazierenging. Ich besuchte ihn an allen folgenden Tagen und habe Grund anzunehmen, daß er von Anfang an davon überzeugt war, sich von dieser Krankheit nicht wieder zu erholen. Als ich ihn am Freitag (am Abend bevor er starb) verließ, war er gesammelt und geistig offenbar in keiner Weise beeinträchtigt, aber seine Aussprache war schon undeutlich. Die letzten Worte, die er an seinen Arzt richtete, waren auf Latein, doch in seiner Kehle hörte man schon das Gurgeln des Todes. Ein Brief von Lady Guilford informierte mich dann, daß Fuseli am Morgen des 16. April 1825 um halb 11 Uhr ohne ersichtlichen Schmerz und im Vollbesitz seiner geistigen Kräfte gestorben war.
Es scheint mir angemessen, Fuseli nun ein wenig als Person und in seinen Gewohnheiten zu beschreiben. Er war von verhältnismäßig kleiner Statur, ungefähr 5 Fuß 2Inches groß, seine Glieder waren wohl proportioniert, seine Schultern und seine Brust breit. Seine Gesichtsfarbe war hell, seine Stirn hoch, seine Augen waren groß und blau und eigentümlich ausdrucksvoll und durchdringend. Seine Nase war groß und etwas gebogen; sein Mund

war ziemlich breit. Obwohl seine Züge nicht wirklich ausgewogen waren, so war doch der Ausdruck seines Gesichtes in höchstem Maße intelligent und energisch und, ganz im Einklang mit der Schnelligkeit seines Denkens, in erstaunlichem Maße wandlungsfähig. Er war als Person und in bezug auf seine Kleidung sauber und gepflegt und sehr umständlich was sein Haar anging, das er jeden Tag mit Puder frisieren ließ. Einmal abgesehen von einigen persönlichen Absonderlichkeiten, war Fuseli ein überaus methodischer Mensch: sein Tagesablauf, der fast unabänderlich geregelt war, kann davon Zeugnis ablegen. Wenn das Wetter gut war, ging er für gewöhnlich ein oder zwei Stunden vor dem Frühstück spazieren; war es schlecht, las er einen klassischen Autor. Beim Frühstück, das üblicherweise eine Stunde dauerte, sah er sich insektenkundliche Zeichnungen an oder las eine entsprechende Studie. Nach Beendigung seiner Mahlzeit begab er sich in die Obhut seines Friseurs und las dabei Homer auf Griechisch. Um halb 11 Uhr ging er in sein Arbeitszimmer und beschäftigte sich bis um 4 Uhr mit der Malerei; dann zog er sich um und ging bis zum Abendessen spazieren. Am Abend unterhielt er sich damit, Druckgraphik zu studieren, zu zeichnen oder die populäre Literatur der Zeit zu lesen, wenn er sich nicht in Gesellschaft befand.

Ich habe oben erwähnt, daß Fuseli für den geistlichen Stand ausgebildet und als eine Voraussetzung dafür schon in jungen Jahren in Altphilologie unterrichtet worden war, um Kenntnisse in den sogenannten gelehrten Sprachen zu erwerben. Seine Neigung veranlaßte ihn, diese Studien auch später fortzusetzen und sich darin als überaus versiert zu erweisen. Er schrieb das Lateinische und Griechische fehlerfrei und verwirrte des öfteren gelehrte Professoren, wenn diese versuchten, die antike Quelle für Fuselis eigene, in eine klassische Sprache gekleidete Gedanken zu finden. Auch die modernen Sprachen beherrschte er fließend, denn er schrieb sowohl das Französische wie das Italienische, Deutsche und Englische mit derselben Leichtigkeit. Fuselis Kenntnisse der englischen Dichtung und Literatur waren überaus weitreichend. Nur wenige Männer außer ihm hatten längere Passagen aus den Schriften Chaucers, Spensers, Shakespeares, Miltons und Drydens memoriert und gedanklich so durchdrungen wie er. Insbesondere mit Shakespeare und Milton war er überaus vertraut, mit dem ersteren schon von Jugendtagen an durch die Übersetzungen ins Deutsche seines Lehrers Bodmer, der überaus belesen in englischer Dichtung war und auch ›Paradise Lost‹ ins Deutsche übersetzt hatte. Trotz der Vorliebe, die Fuseli für antike Autoren, insbesondere Homer, hegte, hielt er daher die ersten drei Akte des ›Hamlet‹ und das zweite Buch von ›Paradise Lost‹ für die großartigsten Höhenflüge menschlicher Einbildungskraft. Er war beschlagen auch was die Werke ausländischer Dichter angeht, von denen sein liebster Dante war. Dessen bildhafte Sprache hinterließ bei ihm den allertiefsten Eindruck und gab seinem kühnen Zeichenstift viele Themen ein. Zugegebenermaßen war sich Fuseli seiner verschiedenen Begabungen durchaus bewußt und hat sich selbst niemals unterschätzt, obwohl er dies gerne bei anderen tat, insbesondere bei einigen seiner Künstlerkollegen, von denen er überaus verächtlich sprach, da ihre Kenntnisse der Literatur oder sogar der Rechtschreibung mangelhaft waren. Wenn er mit ihnen gesprochen hatte, pflegte er zu sagen: ›Ich fühle mich gedemütigt, als ob ich einer von ihnen wäre.‹

Im Gespräch war Fuseli außerordentlich brillant, und es war beständig sein Ziel, sich in Gesellschaft hervorzutun. Er war jedoch umständlichen Diskussionen abgeneigt und ergriff oft für kurze Zeit die Partei der Schwächeren, nur um seine rhetorische Stärke zu demonstrieren. Stellte sich dann heraus, daß sein Gesprächspartner ihm überlegen war, nahm er zu einer geistreichen Entgegnung Zuflucht und beendete das Gespräch. Einen Rivalen konnte er in Gesellschaft nur schwer ertragen und wurde ungeduldig, wenn er keinen

Anteil am Gespräch hatte. Seine Meinung äußerte er im Gespräch außerordentlich geschwind; seine Sprache war nervös, seine Worte wohl gesetzt. Er war sehr geistreich, manchmal im spielerischen, meist jedoch im beißend sarkastischen Sinne. Seine Ideen waren oft ungewöhnlich, meist sehr amüsant und quollen aus ihm hervor in einer nur ihm eigenen Sprechweise und Vitalität, die ihre Wirkung noch steigerte. Fuselis professionelle Meisterschaft, sein schneller Verstand, seine große Gelehrsamkeit und seine Fähigkeiten in bezug auf die Altphilologie und die Literatur im allgemeinen veranlaßten die Leute, seine Gesellschaft zu suchen. Er hätte daher die Möglichkeit gehabt, mit den hervorragendsten und begabtesten Männern seiner Zeit Umgang zu pflegen, doch war Fuseli seit seiner Kindheit scheu und wenig geeignet, schnell Bekanntschaften zu schließen.
Man konnte Fuseli selten dazu bewegen, über die Religion zu sprechen, und da er, wie das bei Ausländern häufig der Fall ist, sich zu keiner bestimmten Konfession bekannte, ist es schwierig, eine klare Vorstellung von seiner religiösen Weltsicht zu geben. Wie auf allen anderen Gebieten auch machte er sich ganz eigene Gedanken zum Glauben ungeachtet formaler Fragen, der Liturgie oder vorgefaßter Meinungen. Niemand, mit dem ich mich je unterhalten habe, hatte jedoch eine höhere oder erhabenere Vorstellung von den Eigenschaften und der Güte der Gottheit und keiner verfügte über ein tiefgehenderes Verständnis der Bibel.«

Kompiliert und übersetzt von Claudia Hattendorff

Aus: John Knowles, The Life and the Writings of Henry Fuseli, Bd. 1, London 1831, S. 3f., 6, 11–13, 19–21, 26–33, 42f., 46–51, 62f., 158f., 177, 224f., 284, 337, 350f., 353, 355f., 358, 360f., 363, 365f., 371, 389.

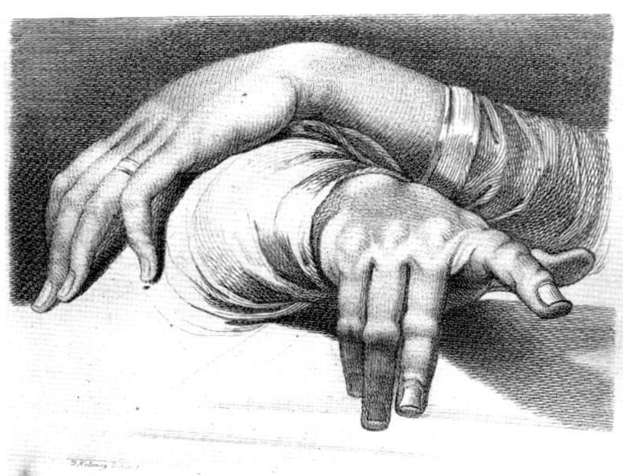

BIBLIOGRAPHIE

Die Bibliographie umfaßt Bücher und Aufsätze zur Milton-Galerie sowie ausgewählte, in den Aufsätzen verwendete Literatur. Die Monographie zu Füssli von Gert Schiff, die in von David Weinglass überarbeiteter Form in Kürze erneut erscheinen wird, wird eine umfassende Bibliographie enthalten.

Allentuck 1974
Marcia Allentuck, »Henry Fuseli on Engravings of his Milton Paintings: An Unpublished Letter«. In: The Burlington Magazine 116, 1974 (April), S. 214

Altick 1986
Richard D. Altick, Paintings from Books – Art and Literature in Britain, 1760–1900, Colombus/Ohio 1986

Andrus 1995
Z. Dana Andrus, »Some Implications for Another Reading of Henry Fuseli's The Nightmare«. In: Gazette des Beaux-Arts 76, 1995 (Dezember), S. 235–252

Angerstein 1823
John Young, A Catalogue of the Celebrated Collection of Pictures of the late John Julius Angerstein, Esq., London 1823 (Exemplar im Schweizerischen Institut für Kunstwissenschaft, Zürich)

Antal 1973
Frederick Antal, Füssli Studien, Dresden 1973

Ausst.Kat. Hamburg 1974
Werner Hofmann (Hg.), Gert Schiff, Ausst.Kat. Johann Heinrich Füssli 1741–1825. Hamburger Kunsthalle, München 1974

Ausst.Kat. Zürich 1941
Ausst.Kat. Johann Heinrich Füssli 1741–1825. Kunsthaus Zürich, Zürich 1941

Bechthold 1989
M. Bechthold, »Die ›Nachtmahr‹: Johann Heinrich Füsslis Alptraumdarstellung«. In: Das Münster 42, 1989, S. 150–152

Behrendt 1988
Stephen C. Behrendt, »The Function of Illustration – Intentional and Unintentional«. In: Joachim Möller (Hg.), Imagination on a Long Rein. English Literature Illustrated, Marburg 1988, S. 29–44

Boorsch 1972
Suzanne Boorsch, »The 1688 ›Paradise Lost‹ and Dr. Aldrich«. In: Metropolitan Museum Journal 6, 1972, S. 133–150

Bradley 1979–1980
Laurel Bradley, »Eighteenth-Century Paintings and Illustrations of Spenser's ›Faerie Queene‹: A Study in Taste«. In: Marsyas. Studies in the History of Art 20, 1979–1980, S. 31–51

Briggs 1976
Katharine Mary Briggs, Encyclopaedia of Fairies, Hobgoblins, Brownies, Bogies and Other Supernatural Creatures, New York 1976

Broadbent 1973
John Broadbent (Hg.), John Milton: Introductions, Cambridge 1973

Brown 1991
Glen Richard Brown, Historical Discontinuity and Henry Fuseli's Writing on Art, Ph.D. Stanford University 1991

Butlin 1988
Martin Butlin, Aspects of Painting 1550–1800 from the Collection of The Sarah Campbell Blaffer Foundation, Houston und London 1988

Collins Baker 1948
C. H. Collins Baker, »Some Illustrators of Milton's Paradise Lost (1688–1850)«. In: The Library 5. Ser., III, 1, 1948 (June), S. 1–21, 101–119

Cunningham I–II 1868
A. Cunningham, The Lives of the Most Eminent British Painters and Sculptors, 2 Bde., New York 1868 (1. Auflage New York 1830)

Dixon Hunt 1973
John Dixon Hunt, »Milton's Illustrators«. In: John Broadbent (Hg.), John Milton: Introductions, Cambridge 1973, S. 208–225

Federmann 1927
Arnold Federmann, Johann Heinrich Füssli. Dichter und Maler. 1741–1825, Zürich und Leipzig 1927 (= Monographien zur Schweizer Kunst Bd. 1)

Feingold 1984
Lawrence Feingold, »Fuseli, Another Nightmare: ›The Night-Hag Visiting Lapland Witches‹«. In: Metropolitan Museum Journal 17, 1984, S. 49–61

Friedman 1976
Winifred H. Friedman, Boydell's Shakespeare Gallery, Ph. D. Harvard 1974, New York und London 1976 (=Outstanding dissertations in the fine arts)

Füessli 1803
Heinrich Füessli, Vorlesungen über die Malerei. Aus dem Englischen von Johann Joachim Eschenburg, Braunschweig 1803

Füssli 1942
Heinrich Füssli, Briefe. Hrsg. v. Walter Muschg, Basel 1942

Füssli 1944
Heinrich Füssli, Aphorismen über die Kunst. Übersetzt u. hrsg. v. Eudo C. Mason, Basel 1944

Füssli 1973
Johann Heinrich Füssli, Sämtliche Gedichte. Hrsg. v. Martin Bircher und Karl S. Guthke, Zürich 1973

Hahn 1982
Karl-Friedrich Hahn, »›Füssli im Gespräch mit Bodmer‹ – Ein sokratischer Dialog«. In: Gerhard Charles Rump, Wilfried Heindrichs (Hg.), Interaktionsanalysen. Aspekte dialogischer Kommunikation, Hildesheim 1982, S. 177–206

Hammelmann 1957
Hanns A. Hammelmann, »Eighteenth Century English Illustrators, Henry Fuseli R.A.«. In: The Book Collector 6, 1957 Nr. 4, S. 350–360

Hammerschmidt 1985
Hildegard Hammerschmidt-Hummel: »Johann Heinrich Füsslis Illustrationen zu Shakespeares ›Macbeth‹ unter besonderer Berücksichtigung seiner Kunsttheorie«. In: Arcadia 20, 1985 Nr. 20, S. 225–238

Haydon 1926
The Autobiography and Memoirs of Benjamin Robert Haydon. Hrsg. v. Tom Taylor, 2 Bde., London 1926

Hofmann 1952
Werner Hofmann, »Zu Füsslis geschichtlicher Stellung«. In: Zeitschrift für Kunstgeschichte 15, 1952, S. 167–169

Irwin 1959
D. Irwin, »Fuseli's Milton Gallery. The Unpublished Letters«. In: The Burlington Magazine 101, 1959, S. 436–440

Janson 1963
Horst W. Janson, »Fuseli's ›Nightmare‹«. In: Arts and Sciences 2, 1963 Nr. 1, S. 23–28

Kashey 1994
Robert Kashey, Elisabeth Kashey, Ausst.Kat. Nineteenth Century European Paintings, Drawings and Sculpture. Shepherd Gallery, New York, Fall Exhibition 29. 11. 1994 – 14. 1. 1995, New York 1994

Klemm 1986
Christian Klemm, Johann Heinrich Füssli. Zeichnungen, Zürich 1986 (= Kunsthaus Zürich, Sammlungsheft 12)

Knowles I–III 1831
John Knowles, The Life and the Writings of Henry Fuseli, 3 Bde., Nachdruck der Ausg. London 1831, Millwood-New York 1982

Lee 1940
Rensselaer W. Lee, »The Humanistic Theory of Painting«. In: The Art Bulletin 22, 1940, S. 197–269

Macandrew 1959/60
Hugh Macandrew, »Henry Fuseli and William Roscoe«. In: The Liverpool Bulletin 8, 1959/60 (= The Walker Art Gallery Number), S. 5–52

Macandrew 1963
Hugh Macandrew, »Selected Letters from the Correspondence of Henry Fuseli and William Roscoe of Liverpool«. In: Gazette des Beaux-Arts 62, 1963 (Oktober), S. 205–228

Miller 1990
Dwight C. Miller, »Another Drawing by Giacomo del Po for Milton's Paradise Lost«. In: Master Drawings 28, 1990 Nr. 2, S. 181–185

Newlyn 1993
Lucy Newlyn, »Paradise Lost« and the Romantic Reader, Oxford 1993

Paulson 1982
Ronald Paulson, Book and Painting. Shakespeare, Milton and the Bible. Literary Texts and the Emergence of English Painting, Knoxville 1982

Pizzo 1914 (1977)
Enrico Pizzo, Miltons Verlornes Paradies im deutschen Urteile des 18. Jahrhunderts, Berlin 1914 (= Literarhistorische Forschungen), Reprint Nendeln 1977

Pointon 1970
Marcia R. Pointon, Milton & English Art, Manchester 1970

Praz 1954
Mario Praz, The Romantic Agony, London 1954 (2. Auflage)

Ravenhall 1980
Mary Dennis Ravenhall, Illustrations of Paradise Lost in England 1688–1802, Ph. D. University of Illinois at Urbana-Champaign, Ann Arbor 1980

Sage 1973
Lorna Sage, »Milton in Literary History«. In: John Broadbent (Hg.), John Milton: Introductions, Cambridge 1973, S. 298–340

Sauzau-Boetti 1979
Anne-Marie Sauzau-Boetti, »Der Nachtmahr«. In: Kunst Bulletin, 1979 (Februar), S. 2–5

Schiff 1963
Gert Schiff, Johann Heinrich Füssli's Milton Galerie, Zürich 1963

Schiff 1964
Gert Schiff, »Johann Heinrich Füssli in Zürich«. In: Librorum. Zeitschrift der Schweizerischen Bibliophilen-Gesellschaft 7, 1964 Heft 2, S. 130–154

Schiff I–II 1973
Gert Schiff, Johann Heinrich Füssli 1741–1825, 2 Bde., Zürich und München 1973 (= Œuvrekataloge Schweizer Künstler)

Schiff 1974
Gert Schiff, »Füssli, Luzifer und Medusa«. In: Werner Hofmann (Hg.), Gert Schiff, Ausst.Kat. Johann Heinrich Füssli 1741–1825. Hamburger Kunsthalle, München 1974, S 9–22

Schiff 1978
Gert Schiff, Images of Horror and Fantasy, New York 1978

Schneck 1969
Jerome Schneck, »Henry Fuseli, ›Nightmare‹ and Sleep Paralysis«. In: Journal of the American Medical Association 207, 1969 Nr. 4 27, S. 725 ff.

Schnyder-Seidel 1986
Barbara Schnyder-Seidel, J. H. Füssli und seine schönen Zürcherinnen. Verwirrungen um Bildnisse im Umkreis von Goethe, Füssli und Tischbein, Zürich 1986

Schoenberg 1992
Estella Schoenberg, »Seventeenth-Century Propaganda in English Book Illustration«. In: Mosaic 25, 1992 Nr. 2, S. 1–24

Shannon 1986
Helen Shannon, »Henry Fuseli 1741–1825: The Nightmare 1781«. In: Art Education 39, 1986 (July), S. 30f.

Shawcross 1975
John I. Shawcross, »The First Illustrations for Paradise Lost«. In: Milton Quarterly 9, 1975, Nr. 1, S. 43–46

Starobinski 1962
Jean Starobinski, »The Nightmare of Johann Heinrich Füssli«. In: Documenta Geigy. Ten Years of Psychopharmacology. Report from the Third Congress of the Collegium Internationale Neuropsychopharmacologicum, München 1962

Steadman 1959
John M. Steadman: »Heroic Virtue and the Divine Image in Paradise Lost«. In: Journal of the Warburg and Courtauld Institutes 22, 1959, S. 88–105

Todd 1954
Ruthven Todd: »Fuseli and Blake: Companions in Mystery«. In: Art News 26, 1954 (Februar), S. 57f.

Tomory 1958
Peter A. Tomory: »Henry Fuseli (1741–1825). ›Satan's First Address to Eve‹«. In: The Auckland City Art Gallery Quarterly, 1958, Nr. 4

Tomory 1972
Peter A. Tomory, The Life and Art of Henry Fuseli, London 1972

Tomory 1986
Peter A. Tomory, »Henry Fuseli's ›Milton When a Youth‹«. In: Art Bulletin of Victoria, 1986, S. 26–35

Treadwell 1993
James Treadwell, »Blake, John Martin, and the Illustration of ›Paradise Lost‹«. In: Word & Image 9, 1993, Nr. 4, S. 363–382

Vitzthum 1970
Walter Vitzthum, »Giacomo del Pò, illustrateur de Milton«. In: L'Œil 190, 1970, S. 28–31

Vogel 1995 I
Matthias Vogel, »Visionen des Untergangs: Menschen im Angesicht des Sublimen bei Füssli und Blake«. In: Zeitschrift für schweizerische Archäologie und Kunstgeschichte 52, 1995, Nr. 1, S. 49–58

Vogel 1995 II
Matthias Vogel, »Johann Heinrich Füssli: ein romantischer Klassizist oder ein Klassizistischer Romantiker«. In: Kunst + Architektur in der Schweiz 46, 1995, Nr. 4, S. 392–401

Weil 1957
Brigitte Weil, Über das Verhältnis von Malerei und Dichtung bei Johann Heinrich Füssli, Diss. Mainz 1957

Weinglass 1982
David H.Weinglass (Hg.), The Collected English Letters of Henry Fuseli, New York 1982

Weinglass 1991
David H. Weinglass, »›The Elysium of Fancy‹: Aspects of Henry Fuseli's Erotic Art«. In: Peter Wagner (Hg.), Erotica and the Enlightenment, Frankfurt am Main u. a. 1991 (= Britannia. Texts in English, Band 2), S. 294–353

Weinglass 1994
David H.Weinglass, Prints and Engraved Illustrations by and after Henry Fuseli: A Catalogue raisonné, Aldershot 1994

Whitley 1928
William T. Whitley, Artists and their Friends in England 1700–1799, Bd. 2, London und Boston 1928

Widmer 1958
Kingsley Widmer, »The Iconography of Renunciation: The Miltonic Simile«. In: Journal of English Literary History 25, 1958, S. 258–269

Wittreich 1978 I
Joseph A. Wittreich, »Fuseli, Henry«. In: William B. Hunter (Hg.): A Milton Encyclopedia, Bd. 3, Lewisburg-London 1978, S. 116–118

Wittreich 1978 II
Joseph A. Wittreich, »Illustrators«. In: William B. Hunter (Hg.): A Milton Encyclopedia, Bd. 4, Lewisburg-London 1978, S. 55–78

PHOTONACHWEIS

Aargauer Kunsthaus Aarau: Kat.Nr. 37
Franziska Adriani, Stuttgart: Kat.Nr. 1, Kat.Nr. 16, o. Kat.Nr. S. 85, Kat.Nr. 94, Kat.Nr. 96, Kat.Nr. 98, Kat.Nr. 100, Kat.Nr. 102, Kat.Nr. 104
By courtesy of Agnew's, London: Kat.Nr. 40
© 1997, The Art Institute of Chicago, All Rights Reserved: Kat.Nr. 85
© Ashmolean Museum, Oxford: Kat.Nr. 27, Kat.Nr. 132
Auckland Art Gallery collection: Kat.Nr. 8, Kat.Nr. 34, Kat.Nr. 52, Kat.Nr. 108, Kat.Nr. 113, Kat.Nr. 126, Kat.Nr. 133, Kat.Nr. 134, Kat.Nr. 136, Kat.Nr. 144, Kat.Nr. 145, Kat.Nr. 154
Privatsammlung Basel: Kat.Nr. 93
Nicolò Orsi Battaglini, fotografo, Firenze: Kat.Nr. 127, Kat.Nr. 128, Kat.Nr. 130
By courtesy of Galerie Bartha, Basel: Kat.Nr. 76
Martin Bauer, Basel: Kat.Nr. 63
Christian Baur, Basel: Kat.Nr. 66, Kat.Nr. 73, Kat.Nr. 91
Joachim Blauel – ARTOTHEK: Kat.Nr. 97
By courtesy of Marc Blondeau, Paris: Kat.Nr. 56
Bridgeman Art Library, London: Kat.Nr. 70
Copyright British Museum, London: Kat.Nr. 18, Kat.Nr. 32, Kat.Nr. 51, Kat.Nr. 65, Kat.Nr. 71, Kat.Nr. 72, Kat.Nr. 80, Kat.Nr. 86, Kat.Nr. 129, Kat.Nr. 147, Kat.Nr. 159
© Dallas Museum of Art, 1996. All Rights Reserved: Kat.Nr. 28
Louise Decoppet, Photographe, Yverdon: Kat.Nr. 105, Kat.Nr. 162
© The Detroit Institute of Arts: Kat.Nr. 166
By courtesy of Richard L. Feigen, New York: Kat.Nr. 123, Kat.Nr. 158
Folger Shakespeare Library, Washington: Kat.Nr. 68
B. E. Freeman, London: Kat.Nr. 41
Jean Grau, Luzern: Kat.Nr. 19
Foto-Atelier Louis Held, Weimar: Kat.Nr. 5, Kat.Nr. 6, Kat.Nr. 107
By courtesy of Galerie Koller, Zürich: Kat.Nr. 67
Kunstmuseum Winterthur: Kat.Nr. 57
Kurpfälzisches Museum der Stadt Heidelberg: Kat.Nr. 87
Layland Ross Limited, Nottingham: Kat.Nr. 143
© 1980 The Metropolitan Museum of Art: Kat.Nr. 33
Museum Oskar Reinhart am Stadtgarten Winterthur: Kat.Nr. 103, Kat.Nr. 124, Kat.Nr. 156,
Museum zu Allerheiligen Schaffhausen: Kat.Nr. 161
National Gallery of Victoria, Melbourne, Australia: Kat.Nr. 84
Nationalmuseum, Stockholm: Kat.Nr. 4, Kat.Nr. 17, Kat.Nr. 117
By courtesy of the The National Portrait Gallery, London: Kat.Nr. 2, Kat.Nr. 3
Öffentliche Kunstsammlung Basel, Hausaufnahme: Kat.Nr. 163, Kat.Nr. 164,
Öffentliche Kunstsammlung Basel, Martin Bühler: Kat.Nr. 9
Color Fotolabor Dr. Parisini, Wien: Kat.Nr. 23
© 1997 Trustees of Princeton University: Kat.Nr. 25
© Tate Gallery, London 1997: Kat.Nr. 22
Sarah Campbell Blaffer Foundation, Houston: Kat.Nr. 64
Copyright Schweizerisches Institut für Kunstwissenschaft: Kat.Nr. 89, o. Kat.Nr. S. 2, Kat.Nr. 7, Kat.Nr. 14, Kat.Nr. 20, Kat.Nr. 21, Kat.Nr. 26, Kat.Nr. 35, Kat.Nr. 44, Kat.Nr. 49, o. Kat.Nr. S. 45, o. Kat.Nr. S. 46, Kat.Nr. 58, Kat.Nr. 60, Kat.Nr. 61, Kat.Nr. 77, Kat.Nr. 81, Kat.Nr. 92, Kat.Nr. 95, Kat.Nr. 101
Copyright Schweizerisches Institut für Kunstwissenschaft, Zürich/Frick Art Reference Library: Kat.Nr. 36
Staatliche Museen zu Berlin, Kupferstichkabinett: Kat.Nr. 114, Kat.Nr. 115, Kat.Nr. 116
Stanford University Museum of Art: Kat.Nr. 38
Photograph reproduced with the kind permission of the Trustees of the Ulster Museum Belfast: Kat.Nr. 74, Kat.Nr. 83, Kat.Nr. 131
© The Board and the Trustees of the Victoria & Albert Museum: Kat.Nr. 118, Kat.Nr. 119, Kat.Nr. 120, Kat.Nr. 122, Kat.Nr. 135, Kat.Nr. 148
Elke Walford, Fotowerkstatt Hamburger Kunsthalle: Kat.Nr. 46
Board of Trustees of the National Museums and Galleries on Merseyside (Walker Art Gallery): Kat.Nr. 82, Kat.Nr. 90
Zindman/Fremont: Kat.Nr. 43
© 1997 by Kunsthaus Zürich. Alle Rechte vorbehalten: Kat.Nr. 10, Kat.Nr. 11, Kat.Nr. 12, Kat.Nr. 15, Kat.Nr. 30, Kat.Nr. 39, Kat.Nr. 45, Kat.Nr. 48, Kat.Nr. 50, Kat.Nr. 53, Kat.Nr. 62, Kat.Nr. 78, Kat.Nr. 88, Kat.Nr. 99, Kat.Nr. 106, Kat.Nr. 109, Kat.Nr. 110, Kat.Nr. 111, Kat.Nr. 112, Kat.Nr. 125, Kat.Nr. 137, Kat.Nr. 138, Kat.Nr. 140, Kat.Nr. 141, Kat.Nr. 146, Kat.Nr. 149, Kat.Nr. 150, Kat.Nr. 151, Kat.Nr. 152, Kat.Nr. 153, Kat.Nr. 155, Kat.Nr. 157, Kat.Nr. 160, Kat.Nr. 165
Ausst. Kat. Raphael dans les collections françaises. Paris, Galeries nationales du Grand Palais, Paris 1983, Abb. S. 90: Abb. S. 90
W. H. Friedman: Boydell's Shakespeare Gallery, New York und London 1976, Abb. 10, 11: o. Kat.Nr. S. 16
M. R. Pointon, Milton & English Art, Manchester 1970, Abb. 45, 137: Abb. S. 91, Abb. S. 96
Gert Schiff, Johann Heinrich Füssli 1741–1825, Bd. 2, Zürich und München 1973, Abb. 366, 1762b, 1019, 1764, 1618: Kat.Nr. 13, Kat.Nr. 24, Kat.Nr. 31, Kat.Nr. 54, Kat.Nr. 139
J. D. Wees, Ausst. Kat. »Darkness Visible«. The Prints of John Martin. Williamstown/Mass., Sterling & Francine Clark Art Institute, Kat.Nr. 15: Abb. S. 97

Dieser Katalog von Christoph Becker und Claudia Hattendorff erscheint anläßlich der Ausstellung »Johann Heinrich Füssli – Das Verlorene Paradies« in der Staatsgalerie Stuttgart vom 27. September 1997 bis 11. Januar 1998

Verlagslektorat: Maria Platte
Umschlaggestaltung: Peter Steiner
Herstellung: Christine Müller
Gesetzt aus der Baskerville
Reproduktionen: Repromayer, Reutlingen
Gesamtherstellung: Dr. Cantz'sche Druckerei, Ostfildern bei Stuttgart

Erschienen im
Verlag Gerd Hatje, Senefelderstraße 12,
73760 Ostfildern-Ruit
Tel. (0)711/44050
Fax (0)711/4405220

ISBN 3-7757-0665-8
Printed in Germany

Umschlagabbildung: Detail aus »Satan flieht, von Ithuriels Speer berührt«, 1779 (Kat.Nr. 16)